edition suhrkamp
Neue Folge Band 241

Neue Historische Bibliothek
Herausgegeben von Hans-Ulrich Wehler

In diesem Band werden Entstehung, Entwicklung und gegenwärtiger Standort der bundesrepublikanischen Wirtschaftsgesellschaft untersucht.

Ein Schwerpunkt liegt auf der entscheidenden Start- und Durchbruchsphase der westdeutschen Wirtschaft. Auf der Grundlage von Quellen, die durch die Öffnung der Archive zugänglich geworden sind, und neuer Forschungsergebnisse werden Verlauf und Hintergründe des wirtschaftlichen Geschehens dargestellt und jene ›Weichenstellungen‹ herausgearbeitet, die die wirtschaftliche Entwicklung der Bundesrepublik seitdem bestimmt haben. Dabei steht die Rolle, die die Rekonstruktionskräfte (›Wirtschaftswunder‹), die Währungs- und Wirtschaftsreform von 1948, der Marshallplan und die Koreakrise für Wirtschaft und Wirtschaftsordnung der Bundesrepublik gespielt haben, im Zentrum der Untersuchung.

Darüber hinaus stellt der Band die wirtschaftliche Entwicklung der Jahre 1950 bis 1980, die dieser Weichenstellung folgte, in den langfristigen Zusammenhang der deutschen Wirtschaftsgeschichte. Es wird erörtert, ob die Wirtschaft der Bundesrepublik kontinuierlich Trends und Zyklen der ersten Hälfte des zwanzigsten Jahrhunderts fortgesetzt hat, oder ob sie nach der Zäsur des Jahres 1945 neuen Bewegungsgesetzen gefolgt ist. Anhand von Längsschnitten auf den Gebieten des wirtschaftlichen Wachstums, der Konjunktur, des wirtschaftlichen Strukturwandels, der Einkommens- und Vermögensverteilung und des Außenhandels werden der Wandel der Wirtschaftspolitik in den sechziger und siebziger Jahren und künftige Entwicklungstendenzen diskutiert.

Die Geschichte der Bundesrepublik Deutschland ist vor allem Wirtschaftsgeschichte. Um des westeuropäischen Wiederaufbaus willen gegründet, ist die Bundesrepublik mit ihrer Wirtschaft groß geworden; noch heute verdankt sie Ansehen und Stellung in der Welt nicht diplomatischem Rang, sondern wirtschaftlicher Macht.

Bis Anfang der fünfziger Jahre waren die Weichen gestellt. Währungsreform, Marktwirtschaft, Marshallplan und schließlich der Koreaboom schienen eine neue Epoche krisenfreien Kapitalismus zu begründen. Aber der Sonderweg war nicht von Dauer. Am Ende ihrer Rekonstruktionsperiode ist die Bundesrepublik eine Industrienation wie (fast) jede andere.

Werner Abelshauser, geb. 1944, ist Wirtschafts- und Sozialhistoriker an der Ruhr-Universität Bochum.

Werner Abelshauser
Wirtschaftsgeschichte der
Bundesrepublik Deutschland
(1945-1980)

Suhrkamp

edition suhrkamp 1241
Neue Folge Band 241
Erste Auflage 1983
© Suhrkamp Verlag Frankfurt am Main 1983
Erstausgabe
Alle Rechte vorbehalten, insbesondere das der Übersetzung,
des öffentlichen Vortrags
sowie der Übertragung durch Rundfunk und Fernsehen,
auch einzelner Teile.
Satz: Georg Wagner, Nördlingen
Druck: Nomos Verlagsgesellschaft, Baden-Baden
Umschlagentwurf: Willy Fleckhaus
Printed in Germany

2 3 4 5 6 – 88 87 86 85 84 83

Inhalt

Vorwort

Die Erfahrungen der frühen Jahre stehen wieder hoch im Kurs. Je unsicherer der Weg der westdeutschen Wirtschaft in die Zukunft der achtziger Jahre zu werden droht, desto eindringlicher klingt die Beschwörung der Vergangenheit. Das sollten eigentlich günstige Voraussetzungen sein, um eine Zwischenbilanz der westdeutschen Wirtschaftsgeschichte nach 1945 zu ziehen – auch wenn sie, wie die vorliegende, den Bedürfnissen nach stimulierender Rückbesinnung wenig entgegenkommt. Der Weg der westdeutschen Wirtschaft aus dem Zusammenbruch von 1945 liefert – das sei vorweggenommen – kein Modell ökonomischer Zukunftsbewältigung; die Sonderbedingungen der Nachkriegszeit lassen sich – glücklicherweise – nicht reproduzieren. Um so wichtiger ist es, den Weg zu kennen, der hinter uns liegt, um den gegenwärtigen Standort bestimmen zu können.

Der Versuch, die Ergebnisse eines Jahrzehnts zeitgeschichtlicher Forschung zusammenzufassen, muß sich auf wenige, zentrale Fragen konzentrieren. Eine systematische, umfassend angelegte Darstellung war nicht beabsichtigt. Wegen der geringen zeitlichen Distanz zum Gegenstand ist das wohl heute auch noch nicht möglich. Es mag auch heroisch anmuten, eine Wirtschafts*geschichte* der Bundesrepublik bis in die Gegenwart fortzuführen und dabei den offenen Rand der unmittelbaren Zeitgeschichte zu erreichen. Ob es gelungen ist, muß der Leser entscheiden.

Der Verfasser hat vielen zu danken, die ihm direkt oder indirekt bei der Arbeit geholfen haben. Mehr als sich das in den knappen Anmerkungen niederschlagen konnte, ist er der Arbeit von Knut Borchardt (München), Werner Glastetter (Bielefeld), Mathias Manz (Bietigheim), Dietmar Petzina (Bochum) und Harald Winkel (Hohenheim) verpflichtet. Hans-Ulrich Wehler hat das Manuskript kritisch durchgesehen. Elisabeth Benson besorgte die Abschrift. Michael Drupp half beim Zeichnen der Abbildungen, Berit Hloch bei der Anfertigung der Bibliographie und bei redaktionellen Arbeiten. Ihnen allen sei dafür herzlich gedankt.

Neuenhof, im März 1983   W. A.

I. Einleitung

Die Geschichte der Bundesrepublik Deutschland ist vor allem ihre Wirtschaftsgeschichte. Nichts hat den westdeutschen Staat stärker geprägt als seine wirtschaftliche Entwicklung. Auf keinem anderen Gebiet sind seine Leistungen greifbarer als dort: Ihnen verdankt die zweite, die westdeutsche Republik jene Stabilität und Handlungsfreiheit, die der Republik von Weimar gefehlt haben. Um des westeuropäischen Wiederaufbaus willen gegründet, ist die Bundesrepublik mit ihrer Wirtschaft groß geworden. Heute messen sich ihr Ansehen und ihre Stellung in der Welt nicht am Status eines geteilten und in seinen Lebensfragen von Großmächten abhängigen Landes, sondern an seiner wirtschaftlichen Macht.

Die Bundesrepublik gleicht einer Wirtschaft auf der Suche nach ihrem politischen Daseinszweck. Von den großen politischen Problemen, die ihre Gründung überschatteten, ist bis heute kaum eines gelöst. Die Deutschen im Westen wie im Osten haben ihre neue nationale Identität noch nicht gefunden; die deutsche Frage ist offen. Sie scheint sich heute drängender zu stellen als noch vor Jahren. Was immer die Ostpolitik an konkreten Vorteilen gebracht hat, Fortschritte in der Sache waren es nicht. Nicht weiter vorangekommen ist auch der europäische Einigungsprozeß, in dem die Bundesrepublik ihren Platz finden könnte. Die Europäische Gemeinschaft steht am Beginn der achtziger Jahre weiter davon entfernt, ihre politische Einheit zu finden, als dies am Ende der vierziger Jahre für Westeuropa den Anschein hatte. Freilich ist sie schon jetzt eine *wirtschaftliche* Weltmacht, und Westdeutschland in dieser Hinsicht ihr gewichtigstes Mitglied. Die Bundesrepublik hat die Republik von Weimar längst an Dauer übertroffen, aber hat sie, am Stand dieser Grundfragen ihrer staatlichen Existenz gemessen, überhaupt schon eine ›Geschichte‹?

Sie hat eine Wirtschaftsgeschichte. Die Wirtschaft schuf nicht nur die materielle Grundlage für die Entfaltung stabiler Formen der Demokratie im Inneren und für die internationale Emanzipation der Rechtsnachfolgerin des ›Dritten Reiches‹, sie war selber auch Vehikel für ›nationale‹ Identifikation der Westdeutschen oder wenigstens ihres staatlichen Selbstverständnisses. Aus der

Perspektive von 1945 betrachtet ist das eine überraschende Wendung, schien doch gerade die *materielle* Not unüberwindlich. Vor diesem Hintergrund haben die wirtschaftlichen Leistungen der Bundesrepublik schon bald alles weit übertroffen, was sich ihre Bürger in den ersten Jahren nach der Katastrophe erhofft und ausländische Beobachter, je nach Standort, erwartet oder befürchtet hatten. Dem Weg, den die Bundesrepublik zur Lösung ihres Wirtschaftsproblems einschlug, wurde in den fünfziger Jahren im In- und Ausland große Beachtung gezollt. Vor allem die Deutschen selber sahen sich auf einem Sonderweg krisenfreier kapitalistischer Entwicklung, der mit der Wirtschaftsreform von 1948 (>Soziale Marktwirtschaft<) beschritten wurde. Inzwischen ist auch dieser Weg steiler und steiniger geworden und längst nicht mehr krisenfrei. Nach bewegter Vergangenheit ist die Bundesrepublik eine Industrienation wie (fast) jede andere geworden.

Von außen her gesehen reduziert sich das westdeutsche >Wirtschaftswunder< schon immer auf ein pragmatisches Zusammenspiel von Glück, deutscher Tüchtigkeit und harter Arbeit. Die >Soziale Marktwirtschaft< war kein Exportartikel der fünfziger Jahre. Als jedoch in den späten sechziger Jahren das Wort von der >Unregierbarkeit< der Industriestaaten des Westens die Runde machte und der gesellschaftliche Interessenausgleich in den alten Demokratien schwieriger wurde, rückte das >Modell Deutschland< auch dort stärker ins Blickfeld. Zugegeben, in Westdeutschland sicherte der wirtschaftliche Erfolg der frühen Jahre die materielle Basis für jenen satten Grundkonsens, der den Interessenausgleich der sozialen Gruppen untereinander erleichterte. Aber hatte nicht auch andrerseits gerade die Bereitschaft zum Konsens wirtschaftlichen Erfolg und gesellschaftliche Stabilität erst herbeigeführt?

Die Bundesrepublik hat mithin eine Wirtschaftsgeschichte. Aber wann fängt sie an? Der Hinweis auf das Gründungsdatum des westdeutschen Staates, der 23. Mai 1949, an dem Konrad Adenauer als Präsident des Parlamentarischen Rats das Grundgesetz verkündete, hilft nicht viel weiter. Die Weichen für den Lauf der Wirtschaft und die Konzeption der Wirtschaftsordnung waren lange vor diesem Ereignis gestellt. Selbst der von vielen Zeitgenossen als der eigentliche Gründungstag der trizonalen Republik betrachtete Tag der Währungsreform, der 20. Juni 1948, wäre ein unzulängliches Datum, um eine Wirtschaftsgeschichte der Bundesrepublik beginnen zu lassen. Die ›Vorwährungszeit‹ ist keineswegs nur eine Phase der Stagnation und des Chaos. In den Jahren von 1945 bis 1948 wurden – nicht selten zu Lasten der Versorgung der Bevölkerung – die Grundlagen der wirtschaftlichen Rekonstruktion gelegt und weitreichende Entscheidungen für den Weg der westdeutschen Wirtschaft gefällt. Der Wiederaufbau setzte früher ein, als es die Gründungslegende der Bundesrepublik zu wissen behauptet. Nicht 1948, das Jahr der Währungsreform, der Liberalisierung des inneren Marktes und des Marshallplans, sondern 1947, das Jahr der ›Lähmungskrise‹ und der ›Tausend Kalorien‹, aber auch der Ankurbelung der Kohleförderung und der Care-Pakete, das Jahr, in dem sich die Lücken der geschwächten Infrastruktur wieder schlossen und die Hortungslager füllten, ist das wirtschaftliche Gründungsjahr der Bundesrepublik Deutschland. Zur Wirtschaftsgeschichte des westdeutschen Staates gehört deshalb auch und vor allem seine pränatale Phase.

Für den Wirtschaftshistoriker problematischer ist die Frage, wie weit er sich – ohne das Risiko des Absturzes – dem offenen Rand der Zeitgeschichte nähern kann, soll und darf. Das Terrain bietet der klassischen historischen Methode der kritischen Sichtung der Quellen nur begrenzte Möglichkeiten. Die meisten staatlichen und verbandlichen Archivbestände sind der Forschung auf dreißig Jahre verschlossen, so daß nur zu den Archivquellen, die bis Anfang der fünfziger Jahre angefallen sind, Zugang besteht. Ihre Bedeutung reicht aber weit über die Zeit hinaus, in der sie entstanden sind. In den Jahren von 1945 bis 1953, von den ersten Versuchen einer Wiederbelebung der ohnmächtigen Wirtschaft in den Besatzungszonen bis zum Ende des Korea-Booms, vom Zusammenbruch des »Dritten Reiches« bis zum Ende der ersten Regierung Adenauer, wurde die Entwicklung der westdeutschen Wirtschaft und Gesellschaft auf eine, wie es heute scheint, langfristig gültige Grundlage gestellt. Sicher fällt in das Jahr 1953 nicht das Ende der Periode besonderer Wachstumsbedingungen, die den Wiederaufstieg der Bundesrepublik so dynamisch geformt haben. Doch am Ende dieses ersten Abschnittes der Rekonstruktion steht der Durchbruch zu stabilem und schnellem Wachstum, erlangt die Bundesrepublik schrittweise ihre politische Handlungsfreiheit, sind die meisten grundlegenden ordnungspolitischen Entscheidungen in Wirtschaft und Gesellschaft gefallen. Selbst dort, wo wichtige gesetzliche Regelungen von wirtschaftlicher Relevanz erst später getroffen werden, wie im Falle des Bundesbankgesetzes (1956), des Kartellgesetzes (1957) oder des Außenwirtschaftsgesetzes (1961), ist über die Praxis schon vorher entschieden gewesen.

Die Grundlagen dieses Entwicklungsmusters – deutlich modifiziert erst in der zweiten Hälfte der sechziger Jahre – beruhen auf deutschen Entwürfen und den präformierenden Eingriffen der Besatzungsmächte in den Jahren von 1945 bis 1949, ihre Umsetzung in gesellschafts- und wirtschaftspolitische Entscheidungen ebenso wie wichtige Korrekturen an den Entwürfen selber erfolgten in den ersten Jahren der Kanzlerschaft Adenauers. Erfahrungen und Mythen aus diesen ersten Nachkriegsjahren prägen – heute mehr denn je – die wirtschaftspolitische Diskussion. Die wirtschaftlichen Begleitumstände der Gründung und des Aufstiegs der Bundesrepublik sind zur Legende geworden. Der außerordentliche Erfolg der westdeutschen Wirtschaft in den fünfziger Jahren hat die Anfänge ihrer Entwicklung für lange Zeit einer kritischen Betrachtung entzogen. Es ist deshalb an der Zeit, jene rasch zum Mythos abgesunkenen Vorstellungen der Zeitgenossen über Ursachen, Zusammenhänge und Motive des wirtschaftlichen Geschehens und Handelns in der Phase der ›Weichenstellungen‹ am gegenwärtigen Kenntnisstand zu überprüfen.

Im Hinblick auf die langfristige Entwicklung der westdeutschen Wirtschaft stellen sich andere Fragen. Gelten für sie nach der Zäsur von 1945 neue Bewegungsgesetze, deren Paragraphen während der Start- und Durchbruchsphase formuliert worden sind? Oder folgt die Bundesrepublik, nachdem die Besonderheiten der Nachkriegszeit vorüber sind, erneut den Trends und Zyklen der ersten Hälfte des 20. Jahrhunderts? Kann der Blick auf das langfristige Entwicklungsmuster der deutschen Wirtschaftsgesellschaft mehr zu ihrer gegenwärtigen Ortsbestimmung beitragen, als es nach dem Einschnitt am Ende des Krieges denkbar schien? Den Unterschieden in der Fragestellung – nach der wirtschafts- und ordnungspolitischen Weichenstellung und ihren Folgen einerseits, nach der Kontinuität des Entwicklungsmusters andererseits – entsprechen auch unterschiedliche Formen des methodischen Zugriffs. Die Analyse der Rolle der Rekonstruktionskräfte, der Währungs- und Wirtschaftsreform, des Marshallplans und der Korea-Krise für den Wiederaufstieg der westdeutschen

Wirtschaft und ihre weitere Entwicklung in den fünfziger Jahren kann sich auf die kritische Durchsicht archivalischer Quellen stützen, nachdem das Material der staatlichen Archive in der Bundesrepublik, in den USA und in Großbritannien in den vergangenen 15 Jahren schrittweise zugänglich und damit Grundlage zeitgeschichtlicher Forschung geworden ist. Dieser aus der Sicht des Historikers entscheidende Vorzug und ihre exemplarische und weitgreifende Bedeutung für den gesamten Untersuchungszeitraum machen es notwendig, dieser Periode mehr Raum und Aufmerksamkeit zu widmen, als es den Proportionen einer rein chronologischen Darstellung entsprechen würde.

Der Versuch, die wirtschaftliche Entwicklung der Bundesrepublik in den langfristigen Zusammenhang der deutschen Wirtschaftsgeschichte einzuordnen, muß sich anderer Methoden bedienen. Archivalische Quellen – selbst wenn sie verfügbar wären – könnten zu dieser Fragestellung wenig beitragen. Viel mehr als bei der Analyse der ›Weichenstellungen‹ treten hier Ansätze der Wachstums-, Konjunktur-, Verteilungs- und Außenwirtschaftstheorie in den Vordergrund, deren beanspruchter Erklärungswert der empirischen Überprüfung standhalten muß. Aus der ›Vogelperspektive‹ säkularer Trends und Zyklen muß sich zeigen, ob die Entwicklung nach dem Zweiten Weltkrieg nicht doch angemessener in einem viel weiter gespannten Rahmen zu beurteilen ist.

II. Wirtschaftliche Weichenstellungen
in Westdeutschland

1. Ausgangsbedingungen

a) Die wirtschaftliche Teilung Deutschlands

Deutschland wurde de facto geteilt, als die drei Alliierten der Anti-Hitler-Koalition die Teilung politisch nicht mehr wollten. Frühere Pläne zur »Zerstückelung« des Deutschen Reiches, um Mitteleuropa neu zu ordnen, hatten sie stillschweigend wieder aufgegeben. Diese Überlegungen waren auf der Konferenz von Teheran relativ konkret, auf der Konferenz von Jalta noch vage diskutiert worden. Die Absicht, im alliierten »Dismemberment Committee«, das in Moskau tagte, einen entsprechenden Passus für die Kapitulationsurkunde auszuarbeiten, wurde nicht mehr realisiert. Vor allem in den USA, die sich in der Frage der Teilung Deutschlands weit mehr exponiert hatten als die Sowjetunion und Großbritannien, setzte sich nach dem Ende der Morgenthau-Episode die Auffassung des State Department durch, Deutschlands Einheit müsse respektiert und Deutschland langfristig auf die Seite der USA gezogen werden.[1] Offiziell war die Teilungsplanung der Kriegskonferenzen jedoch nicht revidiert worden. In diesem Schwebezustand gestaltete sich die Aufgabe der nach der Konferenz von Teheran gegründeten »European Advisory Commission« (EAC), für die bevorstehende Besetzung Deutschlands »zeitlich begrenzte« Besatzungszonen nach militärisch-strategischen und logistischen Überlegungen zu bilden, besonders heikel. Zwar sollten die Demarkationslinien nur den – sonst unvermeidlichen – Wettlauf der verbündeten Armeen um günstige Ausgangspositionen für die wirtschaftliche und politische Kontrolle Deutschlands verhindern und politische Ziele ebenso wie ökonomische dem untergeordnet werden; tatsächlich entsprach aber bereits die in London vereinbarte Grenzziehung für drei Besatzungszonen sowohl der Fläche als auch der ökonomischen Substanz nach allen Anforderungen nach Gleichgewichtigkeit, die eine längere Besatzungsperiode stellte. Die nachträgliche Ausgliederung der französischen Zone aus der amerikanischen Südzone und der britischen Nordwestzone änderte an diesem Bild nur wenig (vgl. Tabelle 1). Frankreich, das erst nach Unterzeichnung des zweiten Zonenprotokolls am 11. November 1944 Mitglied der EAC wurde, hatte tatsächlich versucht, durch einen schnellen militärischen Vorstoß auf Stuttgart vollendete Tatsachen zu schaffen. Es mußte sich allerdings nach Unterzeichnung des dritten, endgültigen Zonenprotokolls am 26. Juli 1945 auf die dort festgelegten Demarkationslinien zurückziehen.

Der westliche Teil Deutschlands war noch unter dem gemeinsamen Kommando des Supreme Headquarters Allied Expeditio-

Tabelle 1: Fläche, Bevölkerung und Industrialisierungsgrad der deutschen Besatzungszonen

	Fläche (1937; v. H.)	Wohnbevölkerung (1939; v. H.)	Nettoproduktionswert[a] pro Einwohner (1936; in RM)
Britische Zone	20,8	28,5	596
Sowjetische Zone	22,8	21,9	546
Amerikanische Zone	22,8	20,6	427
Französische Zone	8,5	7,6	417
Saargebiet[b]	0,5	1,3	500
Großberlin	0,2	6,3	697
Ostgebiete[c]	24,3	13,8	229
Deutsches Reich	100,0[d]	100,0[e]	494
Zweizonen-Gebiet	43,6	49,1	525
Dreizonen-Gebiet	52,1	56,7	510

a Nettoproduktionswert der Industrie = Wertsumme der erzeugten Güter abzüglich Vorleistungen, aber einschließlich der Abschreibung und der Kostensteuern.
b Im 3. Zonenprotokoll als Teil der französischen Besatzungszone ausgewiesen.
c Im 3. Zonenprotokoll als Teil der sowjetischen Besatzungszone ausgewiesen.
d 100 : 470 543,8 qkm.
e 100 : 69 316 526

Quelle: Statistisches Handbuch (Stat. Hb.) von Deutschland 1928-1944, Hg. Länderrat des Amerikanischen Besatzungsgebiets, München 1949, S. 8; Die Deutsche Industrie, Schriftenreihe des Reichsamts für Wehrwirtschaftliche Planung, Heft 1, Berlin 1939, S. 146 f.

nary Force (SHAEF) unter General Dwight D. Eisenhower besetzt worden. In dem von den alliierten Armeen besetzten Gebiet, dem Kontrollgebiet des obersten Befehlshabers, der als Militärgouverneur die höchste gesetzgebende, rechtsprechende und vollziehende Gewalt ausübte, wurden auf der Basis bestehender kriegswirtschaftlicher Einrichtungen auf der unteren Ebene einheitliche Voraussetzungen geschaffen, um die ökonomischen Grundfunktionen des öffentlichen Bereichs, wie Strom-, Wasser- und Gasversorgung, Nahverkehr und Nahrungsmittelverteilung, aufrechtzuerhalten bzw. wieder in Gang zu setzen. Am 14. Juli 1945, also wenige Tage vor Beginn der Potsdamer Konferenz, übernahmen aber die schon vorher gebildeten Militärregierungen auch in den Westzonen das Kommando.

Eine autonome Besatzungspolitik in voneinander unabhängigen Zonen konnte insbesondere für Amerikaner, Briten und Sowjets nicht erstrebenswert sein. Der hohe Grad der Interzonenverflechtung machte eine nach Zonen getrennte Verwirklichung des Besatzungszieles wenig wahrscheinlich. Auf der Konferenz von Potsdam (17. Juli bis 2. August 1945) galt es deshalb, einen Modus zu finden, wonach der alliierte Kontrollrat möglichst viele gesamtdeutsche Funktionen – vor allem im wirtschaftlichen Bereich – gemeinsam wahrnehmen konnte. Die Konferenz von Potsdam bot aber auch Amerikanern und Briten die Chance, ihre Deutschlandpolitik miteinander abzustimmen. In Großbritannien hatte das Kriegsministerium bisher vergeblich versucht, im Rahmen der EAC eine gemeinsame Deutschlandpolitik zu entwickeln.

Im Oktober 1944 veröffentlichte es daher ein Deutschland-Handbuch, das weder eine grundsätzliche Aussage zur Wirtschaftspolitik noch spezielle Instruktionen zu wichtigen Einzelproblemen wie der Ernährung oder der Kohleversorgung enthielt. Auch in der Reparationsfrage legte sich die britische Regierung nicht fest. Sie wollte zwei Ziele pragmatisch verbinden: Deutschlands Kriegspotential zerstören, aber gleichzeitig den verbleibenden Rest der Industrie wieder in Gang setzen. London war realistisch genug zu wissen, daß die Alliierten die Hauptziele ihrer Besatzungspolitik – Demilitarisierung, Entnazifizierung und Wiedergutmachung – weder unter politischen Wirren noch durch ein wirtschaftliches Chaos schnell verwirklichen könnten. Die vage Formulierung der britischen Richtlinien und die dilatorische Behandlung der Deutschlandfrage entsprachen auch dem Wunsch

Londons, in den Kernfragen der Deutschlandpolitik mit Washington zusammenzuarbeiten. In den USA war aber zu diesem Zeitpunkt die Diskussion über die Behandlung Deutschlands noch in vollem Gange.

Im State Department setzte sich im Laufe des Jahres 1943 die Auffassung durch, die Einheit Deutschlands müsse erhalten bleiben, es müsse weitgehend dezentral verwaltet, die deutsche Kriegsmaschinerie auf Friedenswirtschaft umgestellt und der deutsche Außenhandel zugunsten der ›Vereinigten Nationen‹ wieder aufgebaut werden. Ihren Niederschlag fand diese Politik in der unveröffentlichten Denkschrift ›H-24 Germany‹ des State Department, die von vier Unterausschüssen des Beratungskomitees für Nachkriegspolitik verfaßt und im Juli 1943 von Außenminister Cordell Hull gebilligt wurde.[2] Zwar enthielt die Denkschrift auch Teilungsalternativen, doch setzte sich schließlich ein entschiedener Trend zugunsten einer Einheit Deutschlands durch. In diesem Geist wurde das ›Handbuch für die Militärregierung in Deutschland‹ abgefaßt, das SHAEF für die Zeit der Besetzung seinen militärischen und zivilen Verwaltungsbeamten als Richtlinienkatalog zur Verfügung stellen wollte. Gegen diese traditionelle Richtung der Deutschlandpolitik, die an Vorbilder aus der Zeit nach dem Ersten Weltkrieg anknüpfte, stellte Henry Morgenthau, Finanzminister der Regierung Roosevelt, sein auf Teilung und Schwächung Deutschlands ausgerichtetes ›Program to Prevent Germany from Starting a World War III‹. Morgenthau gelang es zunächst, den Präsidenten für sein Programm zu gewinnen, das vorsah, »in den neuerrichteten Staaten Deutschlands den Aufbau oder die Erweiterung von Schlüsselindustrien, die Grundlage des deutschen Kriegspotentials sein könnten«,[3] zu verhindern. Morgenthaus Plan trug, unausgesprochen, der Tatsache Rechnung, daß die amerikanische Industrieproduktion sich seit Kriegsbeginn nahezu verdoppelt hatte. Deutschlands Ausscheiden aus dem Weltmarkt hätte die Absatzchancen der amerikanischen Industrie verbessert und ihre Anpassung an die Friedenswirtschaft erleichtert. Der Plan vernachlässigte jedoch nicht nur das Problem der ökonomischen Verflechtung Deutschlands mit Europa, er hätte auch einen dramatischen Bruch in der traditionellen, an der Priorität des inneramerikanischen Marktes orientierten Handelspolitik bedeutet. Darüber hinaus war der Plan nur in einem weltpolitischen Szenario vorstellbar, das von der Zusammenarbeit zwischen den USA und der Sowjetunion bestimmt war. Die Idee einer Fortsetzung der Anti-Hitler-Koalition über den deutschen Zusammenbruch hinaus, um der Welt gemeinsam eine neue Friedensordnung zu geben, hatte aber zu diesem Zeitpunkt in den USA schon viel an Boden verloren. Zwar wurde der Morgenthauplan am 15. September 1944 auf der zweiten Quebec-Konferenz auch von Churchill paraphiert und erhielt damit offiziellen Charakter, doch währte die Übereinstimmung nur kurze Zeit. Der Morgenthauplan stieß in den USA auf nachhaltigen Widerstand der Öffentlichkeit und der für die Deutschlandpolitik zuständigen, aber übergangenen Ministerien, so daß Roosevelt ihn fallenließ.

Dennoch hatte die Morgenthau-Episode Konsequenzen für die amerikanische Deutschlandpolitik in der ersten Nachkriegsphase. Die im Mai 1945 nach dem alliierten Hauptquartier übermittelte Richtlinie JCS 1067 der Vereinigten Stabschefs enthielt die Aufforderung, »keine Maßnahmen (zu) ergreifen, die a) die wirtschaftliche Wiederaufrichtung Deutschlands oder b) die Aufrechterhaltung oder Stärkung der deutschen Wirtschaft zum Ziel haben«.[4] Es wäre jedoch falsch anzunehmen, die Briten hätten nach ihrer Ankunft in Deutschland eine ›weiche‹, die Amerikaner hingegen eine ›harte‹ Linie in ihrer Deutschlandpolitik verfolgt. In Wahrheit war die amerikanische Militärregierung unter dem Eindruck von Zerstörung und Not im besetzten Deutschland mit dem in der Richtlinie JCS 1067 skizzierten ›Karthago-Frieden‹ nicht einverstanden, weil nach ihrem Urteil Deutschland verhungern mußte, wenn es nicht für den Export produzieren konnte. Sie hielt deshalb sofortige Schritte für nötig, um die Industrieproduktion – auch über den Exportbedarf hinaus – wieder anlaufen zu lassen. Da JCS 1067 beides untersagte und auf einigen Gebieten bis auf weiteres sogar die Einstellung der Produktion verlangte, forderte der stellvertretende Militärgouverneur, General Lucius D. Clay, noch im Mai 1945 von Washington die Modifikation der Richtlinie, damit » so rasch wie möglich ein positives Programm entwickelt werden«[5] könne. Kriegsministerium und State Department stimmten ihm darin zwar grundsätzlich zu, hielten es aber nach dem Morgenthau-Debakel für politisch nicht opportun, zu diesem Zeitpunkt die Diskussion über die wirtschaftliche Behandlung Nachkriegsdeutschlands in der Öffentlichkeit erneut anzufachen. Das Kriegsministerium gab vielmehr zu verstehen, daß JCS 1067 Clay genügend Spielraum lasse, seine Vorstellungen zu verwirklichen. Dieser Auffassung schloß sich Clay an. Damit war in der Besatzungspraxis eine Kontinuität ›positiver‹ amerikanischer Deutschlandpolitik vom ersten Tag des Besatzungsregimes an gegeben, obwohl die restriktive Richtlinie offiziell erst im Juli 1947 zurückgenommen worden ist. In der Zwischenzeit traten die Regelungen des ›Potsdamer Abkommens‹ an ihre Stelle.

Mit der Konferenz von Potsdam bot sich der amerikanischen Seite die Gelegenheit, ihren in der Praxis über den Rahmen von JCS 1067 bereits weit hinausgehenden Handlungsspielraum in den Vereinbarungen der Konferenz festzuschreiben und noch zu erweitern. Dies ist der amerikanischen Delegation in Potsdam weitgehend gelungen. Einerseits stammen viele der Formulierungen des Potsdamer Kommuniqués aus amerikanischen Entwürfen, andererseits ging das Ergebnis der Konferenz über die offizielle Politik Washingtons hinaus und sicherte daher die in der Zwischenzeit von der amerikanischen Militärregierung in Deutschland eingenommene Haltung ab. Diese Modifikation von JCS 1067 wurde zusammen mit ihrer Veröffentlichung im Oktober 1945 durch den Zusatz angezeigt, daß überall dort, wo zwischen ihr und dem Potsdamer Abkommen Unterschiede bestünden, das letztere gelte.

Die Bestimmung von Potsdam, »Deutschland als eine wirtschaftliche Einheit zu betrachten«, ließ die amerikanische, britische und sowjetische Militärregierung hoffen, die strukturelle Schwäche ihrer Zonen im gesamtdeutschen Rahmen soweit ausgleichen zu können, daß das Besatzungsgebiet in absehbarer Zeit in der Lage sei, ohne fremde Hilfe zu existieren und gleichwohl seine Reparationsverpflichtungen zu erfüllen. Aus diesem Grund verknüpften die Potsdamer Mächte die Reparationsfrage mit der Wiederbelebung des deutschen Außenhandels. Darüber hinaus wurden sofortige Maßnahmen angestrebt, um das Verkehrswesen instandzusetzen, die Kohleförderung zu heben, die landwirtschaftliche Produktion »weitest möglich« zu steigern und Wohnungen sowie wichtige öffentliche Einrichtungen wieder aufzubauen. Zur Durchführung dieser wirtschaftlichen Ziele sah das Kommuniqué die Errichtung einer zentralen Verwaltung vor. Die wirtschaftlichen Richtlinien von Potsdam wurden im Berliner Kontrollrat unverzüglich in den ›Plan für Reparationen und den

Nachkriegsstand der deutschen Wirtschaft‹ umgesetzt und am 28. März 1946 veröffentlicht. Dieser ›Industrieplan‹ des Kontrollrats ließ Deutschland eine industrielle Kapazität, die einer Produktion von etwa 70 bis 75% des Standes von 1936 entsprach. Seine Bestimmungen, die auch den Umfang des Außenhandels regelten, wurden indes niemals wirksam, da eine wichtige Voraussetzung des Planes unerfüllt blieb: die wirtschaftliche Einheit Deutschlands.

Obstruktion gegen dieses Kernstück des Potsdamer Abkommens betrieb in erster Linie Frankreich. Die französische Regierung war zur Konferenz nicht eingeladen worden und machte ihre Zustimmung zu Teilen des Abkommens von der Erfüllung eigener Forderungen abhängig, die wiederum den Sinn des Abkommens und seine wirtschaftspolitischen Ziele in Frage stellten. Auf der Londoner Außenminister-Konferenz im September 1945 lehnten die Franzosen die Einrichtung von Zentralverwaltungen entschieden ab, wenn sich deren Autorität auch auf das Rheinland und das Ruhrgebiet erstrecke. Die wirtschaftliche Angliederung der Saar an Frankreich hatte der französische Außenminister Bidault schon im Mai 1945 gefordert. Zum Hebel des französischen Widerstands gegen das Potsdamer Abkommen wurde das französische Vetorecht im Kontrollrat. Zuerst lehnte Frankreich die amerikanische Initiative ab, eine zentrale deutsche Transportverwaltung einzurichten. Dann kündigte es sein Vetorecht gegen jede zentrale Verwaltung an, solange nicht über die zukünftigen deutschen Westgrenzen Übereinstimmung erzielt worden sei. Im November verhinderte das französische Mitglied im Kontrollrat die Einrichtung einer zentralen Eisenbahnverwaltung in Deutschland und lehnte im Dezember auch den britisch-amerikanischen Vorschlag ab, die Zonengrenzen für den Personenverkehr zu öffnen. Als Folge dieser Vetopolitik wurden die Gräben um die Besatzungszonen immer tiefer. In der Praxis entwickelten sie sich zu selbständigen administrativen, wirtschaftlichen und politischen Einheiten. In der amerikanischen, britischen und sowjetischen Zone behinderte dies die Wiederankurbelung der Industrieproduktion, weil sich dort der Ausfall der überregionalen Arbeitsteilung und die De-facto-Teilung des historisch gewachsenen deutschen Wirtschaftsraumes in quasi-autonome Zonen sehr unterschiedlicher Struktur wachstumshemmend auswirkten. Für die französische Militärregierung war indes der Weg frei, eine von den übrigen Besatzungsmächten unabhängige Wirtschaftspolitik in ihrer Zone durchzusetzen.

b) Bilanz der Ressourcen

Am Ende des Krieges schien unter den Trümmern der Großstädte auch der Kapitalstock der deutschen Industrie begraben. Es lag nahe, den fast völligen Stillstand der Produktion auf die Luftangriffe der beiden letzten Kriegsjahre zurückzuführen. Tatsächlich war im Mai 1945 die Substanz des industriellen Anlagevermögens jedoch keineswegs entscheidend getroffen. Bezogen auf das Vorkriegsjahr 1936 war das Brutto-Anlagevermögen der Industrie sogar noch um rund 20% angewachsen (vgl. Tabelle 2). Diese auf den ersten Blick überraschende Bilanz hat im wesentlichen zwei Gründe.

Das Jahrzehnt zwischen dem Ende der Weltwirtschaftskrise und dem Beginn der strategischen Luftkriegsoffensive der alliierten Bomberverbände war eine Zeit beispielloser Investitionstätigkeit. Von Anfang 1935 bis Ende 1942 beschleunigte sich das Wachstum des Brutto-Anlagevermögens von Jahr zu Jahr stärker. Erst 1944 übertrafen die Bombenschäden den Wert der laufenden Investi-

Tabelle 2: Entwicklung des Brutto-Anlagevermögens der Industrie im Vereinigten Wirtschaftsgebiet 1936-1948 (1936 = 100)

Brutto-Anlagevermögen	100
Brutto-Anlageinvestition (real) 1936-1945 in v. H. von 1936	+ 75,3
Volkswirtschaftliche Abschreibung (real) 1936-1945 in v. H. von 1936	− 37,2
Kriegszerstörung (real) in v. H. von 1936	− 17,4
Brutto-Anlagevermögen 1945	120,6
Brutto-Anlageinvestition (real) 1946-1948 in v. H. von 1936	+ 8,7
Volkswirtschaftliche Abschreibung (real) 1946-1948 in v. H. von 1936	− 11,5
Restitution (real) 1945-1948 in v. H. von 1936	− 2,4
Demontage (real) 1945-1948 in v. H. von 1936	− 4,4
Brutto-Anlagevermögen 1948	111,1

Quelle: Berechnet nach Krengel (s. Tabelle 3), Anlagevermögen, S. 98-107.

tionen. Bis 1945 kumulierten sich die Brutto-Anlageinvestitionen der westdeutschen Industrie auf rund 75% des Brutto-Anlagevermögens von 1936, während im gleichen Zeitraum die volkswirtschaftlichen Abschreibungen bei 37% des Basisvermögens lagen.

Andererseits wurde unmittelbar nach Kriegsende das Ausmaß der Bombenschäden stark überschätzt. Charakteristisch dafür ist der Eindruck der Finanzminister der Länder und Provinzen der britischen Besatzungszone, die Ende 1945 glaubten, vor einem Produktionsapparat zu stehen, »der nahezu auf die Anfangszeiten der Industrialisierung Deutschlands zurückgeworfen ist«.[6] Tatsächlich aber hatte der Bombenkrieg auf die Industrie – selbst auf die Rüstungsindustrie – die geringste Wirkung hinterlassen. Der Schwerpunkt der Bombenangriffe lag, neben den Flächenbombardierungen von Wohngebieten, auf Zielen im Transportsystem. Auf die Zivilbevölkerung und auf Verkehrseinrichtungen fielen jeweils siebenmal mehr Bomben als auf die Rüstungsindustrie. Es ist daher nicht die Zerstörung von industriellem Anlagevermögen, sondern die Lähmung des Transportsystems für den seit Mitte 1944 eintretenden Rückgang der industriellen Erzeugung verantwortlich gewesen. Insbesondere die Abschnürung des Kohletransports aus dem Ruhrgebiet wurde zur wichtigsten Einzelursache des endgültigen Zusammenbruchs der deutschen Kriegswirtschaft.

In der Industrie selber hielten sich die Schäden in Grenzen. So stellte der ›United States Strategic Bombing Survey‹, der im Auftrag der Air Force die Wirkung des Bombenkrieges messen sollte, fest, daß selbst im Jahre 1944, dem Höhepunkt der alliierten Luftoffensive, nicht mehr als 6,5% aller Werkzeugmaschinen beschädigt wurden, wobei nur 10% der beschädigten Maschinen völlig unbrauchbar waren. Selbst in der strategisch wichtigen Kugellagerindustrie wurden während der Angriffe nur 16% aller Werkzeugmaschinen zerstört oder beschädigt. In der Stahlindustrie waren ebenfalls nicht mehr als ein paar Hochöfen und wichtige Maschinen zerstört, nur ein Walzwerk war total ausgefallen. Nach dem Bericht eines amerikanischen Wirtschaftsberaters vom Mai 1945 hatten die Bergwerke an der Ruhr kaum Schäden erlitten. Der Zustand der Fördereinrichtungen gestatte es, sie in wenigen Monaten soweit wieder herzustellen, daß sie fast wieder die volle Produktion aufnehmen könnten.[7]

Die relativ günstige mengenmäßige Bilanz des industriellen An-lagevermögens im Jahre 1945 läßt sich in qualitativer Hinsicht noch ergänzen. Der Gütegrad, d. h. die Relation von Netto-An-lagevermögen zum Brutto-Anlagevermögen, erreichte am Ende des Zweiten Weltkrieges seinen höchsten Stand seit dem Ersten Weltkrieg (vgl. Tabelle 3). Dies ist angesichts des Investitions-booms in den Jahren der Rüstungskonjunktur nicht weiter er-staunlich. Aus denselben Gründen war auch der Altersaufbau des Brutto-Anlagevermögens der westdeutschen Industrie 1945 erheblich günstiger als in den dreißiger Jahren. Die deutsche Wirt-schaft ging also mit einem – angesichts extrem niedriger Produk-tionszahlen – bemerkenswert großen und modernen Kapitalstock in die Nachkriegszeit.

Tabelle 3: Gütegrad und Altersstruktur des industriellen Anlagevermögens (Gebiet der Bundesrepublik)

	1935	1945	1948
Gütegrad	49,7	61,3	55,7[a]
Altersstruktur in v. H. der Jahresklassen			
0-5	9	34	16
5-10	20	21	34
10-15	71[b]	6	12
über 15		39	38

a 1949
b 10 bis über 15 Jahre
Quelle: R. Krengel, Anlagevermögen, Produktion u. Beschäftigung der Industrie im Gebiet der Bundesrepublik von 1924 bis 1956, DIW, Sonderhefte NF 42, Berlin 1958, S. 52 f., 79.

Auch der wichtigste Produktionsfaktor – Arbeitskraft – war in den westlichen Besatzungszonen Deutschlands keineswegs knapp. Gegenüber der Volkszählung von 1939 hatte die Bevölke-rung im Jahre 1946 in der britischen Zone um 11,3% und in der amerikanischen um 17,1% zugenommen. Nur in der französi-schen Zone, deren Bevölkerungsanteil aber nur wenig ins Ge-wicht fällt, ging die Bevölkerungszahl in diesem Zeitraum um 4,1% zurück. Die Sonderstellung der französischen Besatzungs-zone war eine Folge der Flüchtlingspolitik der französischen Militärregierung. Während in der amerikanischen und der britischen Zone 1946 schon insgesamt nahezu 7 Mio. Zuwanderer – meist aus den deutschen Ostgebieten – lebten, mußte die französische Zone nach einem Beschluß des Kontrollrats bis dahin nur 150 000 Flüchtlinge aufnehmen.

Entsprechend der Natur des Bevölkerungszuwachses in der amerikanischen und der britischen Zone war der Anstieg regional ungleich verteilt. Während in Schleswig-Holstein, einem Agrarland, die Bevölkerung um 6,3% zunahm, blieb Nordrhein-Westfalen mit 1,8% weit unter dem Durchschnitt. Arbeitskräfte waren zwar reichlich vorhanden, jedoch nicht dort, wo sie auf mittlere Sicht gebraucht wurden. Unter dieser Einschränkung muß die insgesamt positive Entwicklung des Arbeitskräftepotentials in Westdeutschland gesehen werden (vgl. Tabelle 4). An dieser quantitativen Bilanz müssen jedoch in qualitativer Hinsicht Abstriche gemacht werden. So sank die Erwerbsquote erheblich, innerhalb des Arbeitskräftepotentials verringerte sich der Anteil der

Tabelle 4: Die Entwicklung des Arbeitskräftepotentials[a] in den westlichen Besatzungszonen 1939-1948

| | Französische Zone | | Vereinigtes Wirtschaftsgebiet | |
	in 1000	Zuwachsraten (v. H.)	in 1000	Zuwachsraten (v. H.)
1939	3 196		21 247	
		−9,5		7,2
1946	2 891	−7,0	22 780	14,1
		2,9		6,4
1948	2 975		24 249	

a Männliche Einwohner im Alter von 14 bis unter 65, weibliche von 14 bis unter 50 Jahren.

Quelle: Manz, Stagnation u. Aufschwung, S. 69; Abelshauser, Wirtschaft, S. 104.

jüngeren Altersgruppe deutlich, während der (körperlich) weniger leistungsfähige ältere Teil sein Gewicht erhöhte. Schließlich verschoben sich die Anteile der Geschlechter derart, daß der Anstieg des Arbeitskräftepotentials in den Jahren 1939 bis 1946 ausschließlich durch das Anwachsen der weiblichen Bevölkerung zustande kam, während der männliche Teil des Arbeitskräftepotentials um 2% schrumpfte.

In einer für die Rekonstruktion der westdeutschen Wirtschaft entscheidenden Hinsicht verschlechterte sich die Qualität des Arbeitskräftepotentials jedoch nicht. Seine Qualifikationsstrukturen aus der Vorkriegszeit blieben zumindest erhalten, wenn sie sich nicht sogar weiterentwickelt haben. Dafür sprechen kriegsbedingte ›learning by doing‹-Effekte, hohe Aufstiegsmobilität der deutschen Arbeitskräfte durch den verstärkten Einsatz von ›Fremdarbeitern‹ und eine spürbare Verbesserung der Facharbeiterausbildung in den dreißiger Jahren.

Insgesamt gesehen müssen die Ausgangsbedingungen – auch was den Faktor Arbeit betrifft – in den westlichen Zonen als günstig bezeichnet werden, zumal bestehende Einschränkungen mit der Zeit aufgehoben werden konnten und durch kontinuierliche Zuwanderung aus den Ostgebieten und der sowjetischen Besatzungszone Volumen und Qualität der Arbeitskraft ständig verbessert werden konnten. Letzteres gilt gewiß nicht für das Anlagevermögen der Industrie.

c) Die Reparationsfrage

Die Geschichte der Reparationen seit dem Ersten Weltkrieg ist die Geschichte eines für alle Beteiligten sehr schmerzhaften Lernprozesses. Als auf der Konferenz von Jalta in einem geheimen Zusatzprotokoll die Richtlinien für die deutsche Wiedergutmachung nach Art und Umfang festgelegt wurden, hatten die Alliierten nur *eine* Lehre aus den schlechten Erfahrungen der zwanziger Jahre gezogen. Um das leidige Transferproblem zu vermeiden, das zwischen den Kriegen das internationale Finanzsystem so stark belastet hatte, kamen sie überein, daß Deutschland den von ihm verursachten Schaden durch Sachlieferungen und nicht durch Geldleistungen wiedergutzumachen habe. Aber auch die in Jalta vereinbarten Reparationsformen – Demontage industrieller Anlagen, Warenlieferungen aus der laufenden Produktion und Verwendung deutscher Arbeitskräfte – brachten insbesondere für die westlichen, marktwirtschaftlich organisierten Industriestaaten noch genügend Probleme mit sich. Negative Auswirkungen umfangreicher Reparationsleistungen auf Arbeitsmarkt und industrielle Auslastung in den Gläubigerländern, die Zerstörung traditioneller Lieferverflechtungen als Folge von Demontagen, vor allem aber wirtschaftsstrategische Überlegungen der Vereinigten Staaten im Rahmen einer Stabilisierungspolitik für Westeuropa führten schließlich im Westen zum Scheitern der auf die Reparationsvereinbarungen gesetzten Hoffnungen. Der Umfang der Demontageliste wurde sukzessive gekürzt:[8]

	Anlagen oder Teile von Anlagen	in %
Nach dem ersten Industrieplan		
März 1946	1800	100
Nach dem revidierten Industrieplan		
August 1947	858	48
Nach dem Petersberg-Abkommen		
November 1949	680	38

Die deutsche Öffentlichkeit maß die Bedeutung der Demontagen damals wie heute an ihrem ursprünglich geplanten Umfang und an der erheblichen psycho-politischen Wirkung, die sie in der Nachkriegszeit hatten.

Eine exakte Berechnung des tatsächlichen Ausmaßes der Reparationen und ihres kapazitätsmindernden Effektes auf das Anlagevermögen der westdeutschen Industrie ist nicht möglich. Dies gilt vor allem für die Phase der ›unilateralen‹ Demontage in den Besatzungszonen; sie hielt bis Juni 1946, also kurze Zeit nach Aufstellung des Industrieplans durch den Kontrollrat, an. In diesem Zeitraum konnten alle Besatzungsmächte Vorentnahmen auf das Reparationskonto (›Advanced Deliveries‹) durchführen. Es handelte sich dabei nicht um systematische Demontagen von ganzen Industrieanlagen, sondern um Maschinen und Anlageteile, die im Einzelfall jedoch wichtiger und wertvoller waren, als es ihrem relativ geringen Bilanzwert (Restwert) entsprach.

Im Prinzip gilt dies auch für die Demontage in der darauffolgenden IARA-Phase, in der alle Reparationsgüter, die an westliche Gläubiger gingen, über die Konten der Brüsseler Interalliierten Reparationsagentur (IARA) abgerechnet wurden. Die Reparationslisten der Alliierten enthielten keine Wertansätze, sondern namentlich aufgeführte Objekte. Die auf dem Reparationskonto gutgeschriebenen Restwerte dienten der IARA nur als Maßstab für die Verteilung der Anlagen unter den Reparationsgläubigern nach einem vorher festgelegten Schlüssel. Danach entwickelten

sich die Reparationszuweisungen an die IARA von Jahr zu Jahr
wie folgt:[9]

Jahr	Mio. RM (Wert 1938)	in %
1946	215	42,4
1947	59	11,6
1948	145	28,6
1949	88	17,4
1946-49	507	100,0

Diese von der IARA ausgewiesenen Werte entsprechen aber nicht
dem tatsächlichen Kapazitätsverlust der westdeutschen Industrie.
Die Zeitwerte der demontierten Anlagen liegen nach deutscher
Berechnung rund drei- bis viermal höher, mindestens aber doppelt so hoch wie der von alliierter Seite eingesetzte Restwert.
Während die IARA den Anteil der Demontageschäden, gemessen
am Wiederbeschaffungswert des in der deutschen Industrie inve-
stierten Kapitals (Neuwert 1938), auf 1,3% bzw. umgerechnet auf
Westdeutschland auf 3,1% veranschlagt,[10] kommt der deutsche
Reparationsbeauftragte Harmssen – im Vergleich zwischen 1936
und Ende 1949 – auf eine durchschnittliche Kapazitätsminderung
von 5,3%.[11] Beides sind Extremwerte.
  Globale Angaben wie diese können allerdings den wahren Umfang der Beeinträchtigung der industriellen Leistungsfähigkeit
verschleiern, da die Entnahme von 4 bis 7% der Ausrüstung der
Industrie eines Landes ebenso gut das Rückgrat brechen wie ihr
nur einen leichten Aderlaß bereiten kann. Immerhin ist zu vermuten, daß durch Demontage ein der mengenmäßigen Entnahme
überproportionaler Effekt der Leistungsminderung am gesamten
Kapitalstock entstanden ist, da – jedenfalls in der ersten Phase –
nur neue und besonders wertvolle Anlagen entnommen wurden.
Es kann auch nicht ausgeschlossen werden, daß durch Entnahme
›produktionsstrategischer‹ Maschinen überproportionale Pro-
duktionsausfälle zu beklagen waren. Eine genauere Analyse der
Demontagestruktur im westlichen Reparationsgebiet zeigt jedoch, daß vor allem solche Industriezweige demontiert wurden,
die in den Jahren 1936 bis 1944 am stärksten expandiert hatten.[11a]
Es ist deshalb wenig wahrscheinlich, daß die Demontagen den

industriellen Kapitalstock strukturell einseitig belastet haben.

Neben der Demontage verminderten auch Restitutionen, d. h. die Herausgabe widerrechtlich angeeigneter Vermögensobjekte, die Substanz der deutschen Industrie nach dem Kriege. Der Gesamtwert aller erfüllten Rechtsansprüche belief sich auf rund 1 Mrd. RM (Wert 1938), wovon etwa die Hälfte auf Güter der gewerblichen Wirtschaft entfiel.[12]

Die westdeutsche Industriekapazität nahm schließlich auch dadurch ab, daß die Investitionstätigkeit in der Zeit von 1946 bis 1948 vermutlich nicht ausreichte, um den kapazitätsmindernden Effekt der volkswirtschaftlich notwendigen Abschreibungen auszugleichen. Dadurch wurde das Anlagevermögen bis 1948 schätzungsweise um weitere 2,8% vermindert. Dennoch übertraf der Bestand des Anlagevermögens 1948 den Stand von 1936 noch immer um rund 11%. Auch der Altersaufbau und der Gütegrad des Kapitalstocks waren nach wie vor günstiger als in diesem Vergleichsjahr, wenn auch gegenüber 1945 eine Verschlechterung eingetreten ist (vgl. oben: Tabelle 3).

d) Außen- und Interzonenhandel

Die Abhängigkeit der deutschen Wirtschaft vom Weltmarkt war traditionell groß. Daran hatte auch die Autarkiepolitik des ›Dritten Reiches‹ kaum etwas geändert. Chancen und Entwicklungsmöglichkeiten im auswärtigen Handel zählten daher zu den entscheidenden Ausgangsbedingungen des Wiederaufbaus. Durch die Parzellierung des deutschen Wirtschaftsraumes war der Westen Deutschlands noch abhängiger vom Weltmarkt geworden. Vor allem die Ernährungslage der einzelnen Zonen war ohne Einfuhren nicht zu stabilisieren. Vor dem Kriege spannte sich auch zwischen den Gebieten der späteren Besatzungszonen ein dichtes Netz von Lieferbeziehungen, das die Grundlage regionaler Arbeitsteilung bot. An die Stelle des Binnenhandels mußten nun komplizierte, außenhandelsähnliche Austauschbeziehungen mit den jeweils anderen deutschen Besatzungszonen treten. Kurz vor Kriegsende war der weiträumige Güteraustausch fast völlig zum Stillstand gekommen. In den nächsten Monaten breitete sich der Handel zwar wieder schrittweise über Stadt, Land und Besatzungszone aus, nur selten gelang es aber privater Initiative, die Zonengrenzen zu überwinden. Erst als steigende Produktionsziffern die Wirtschaftsverwaltungen zwangen, auch Lieferungen aus anderen Zonen einzuplanen, bahnten sich erste offizielle Handelskontakte von Zone zu Zone an. Seit dem Frühjahr 1946 wurden kleinere Interzonenhandelsabkommen vor allem zwischen der sowjetischen und französischen Besatzungszone und den jeweils übrigen Zonen abgeschlossen. Im Warenaustausch zwischen der amerikanischen und der britischen Zone trat schon mit der Ankündigung eines künftigen ›Vereinigten Wirtschaftsgebietes‹ der angelsächsischen Zonen zur Jahresmitte 1946 eine spürbare Erleichterung ein. Der Interzonenhandel mit der sowjetischen und der französischen Besatzungszone gestaltete sich aber so kompliziert, daß der illegale Handel schätzungsweise das doppelte Volumen der amtlichen Handelsgeschäfte erreichte. So bedurfte es im Mai 1946 eines ›Staatsbesuchs‹ des Direktors des Zentralamtes für Ernährung und Landwirtschaft der britischen Zone in Thüringen, um den Austausch von 5000 Pferden aus der britischen Zone gegenüber thüringische Sämereien vorzubereiten.[13] Noch Ende 1947 erreichten die monatlichen Umsätze zwischen der sowjetischen Besatzungszone und dem Zweizonengebiet nur knapp 45 Mio. RM gegen 300 bis 400 Mio. RM vor dem Kriege. Angesichts der völlig desolaten Lage im Außenhandel war jedoch selbst dieser, im Mindener Abkommen vom 18. Januar 1947 erreichte Stand schon nützlich. Die französische Zone schloß ihrerseits Abkommen mit der SBZ (Sofra-Geschäfte), die mit 6% des gesamten West-Ost-Güteraustausches etwa dem wirtschaftlichen Gewicht der Zone entsprachen.

Immerhin bezogen die Westzonen im Austausch gegen Eisen und Stahl so knappe Güter wie Holz, Getreide, Buna, Zucker und Kartoffeln. Währungsreform und Berlinblockade beendeten aber selbst diesen bescheidenen Ansatz eines gesamtdeutschen Binnenhandels. Als mit dem Frankfurter Abkommen vom 8. Oktober 1949 der vertragslose Zustand schließlich beendet wurde, lag die Bedeutung des Interzonenhandels weniger auf wirtschaftlichem als auf politischem Gebiet – einerseits als Druckmittel im politischen Tageskampf, andererseits als materielle Klammer zwischen beiden Teilen Deutschlands. Es verwundert daher nicht, daß der Interzonenhandel in den Jahren 1951 bis 1953 seinen absoluten Tiefstand erreichte (Tabelle 5).

Während die relative Bedeutung des Interzonenhandels vor der Währungsreform größer war als danach, verhielt es sich mit dem

Tabelle 5: Die Entwicklung des Interzonenhandels 1946-1953 (in Mio. RM/DM/VE)[a]

	Bezüge	Lieferungen	Umsatz
		der Sowj. Zone[b]	
1946	85,5	91,0	176,5
1947	219,8	276,5	496,3
1948[c]	191,8	165,5	357,3
1949[d]	221,9	205,8	427,7
1950	328,5	342,1	670,6
1951	148,2	122,6	270,8
1952	145,6	79,5	225,1
1953[e]	45,1	74,0	119,1

a Ab 1950 in Verrechnungseinheiten (1 DM-West = 1 DM-Ost).
b Ab 1949 einschl. Berlin (Ost).
c Bis 30. September.
d Ab 12. Mai.
e Bis 30. Juni.
Quelle: F. Federau, Interzonenhandel, S. 402, 404.

Außenhandel umgekehrt. Bis 1948 kann von einem regulären Außenhandel nicht gesprochen werden. Der Einkauf von Waren im Ausland wie auch der Export war nach Kriegsende drei Jahre lang allein Sache der Besatzungsmächte, die den Außenhandel auf der Ebene von Regierungsgeschäften abwickelten. Dazu wurde im britisch-amerikanischen Besatzungsgebiet die ›Joint Export Import Agency‹ (JEIA) und in der französischen Zone das ›Office du Commerce Extérieur‹ (OFICOMEX) gegründet, die ihre Arbeit nicht an deutschen Interessen, sondern an den Zielen der jeweiligen Besatzungsmächte orientierten. Sie hielten sich im Verkehr mit Drittländern streng an die Richtlinien des Kontrollrats vom 20. September 1945, welche die Abrechnung von Ausfuhren aus den westlichen Besatzungszonen zu Weltmarktpreisen und in Dollarwährung vorsahen, und blockierten damit den Handel mit Nachbarländern, die wegen der herrschenden Dollarknappheit auf bilateralen Austausch angewiesen waren. Unter diesen Bedingungen beschränkte sich der Warenaustausch mit dem Ausland im wesentlichen auf zwei Kategorien von Lieferungen: auf der einen Seite Getreideeinfuhren aus Hilfsprogrammen der Besatzungsarmeen für die Bizone, soweit sie zur Vermeidung von Unruhen und Seuchen unabdingbar waren, und auf reparationsähnliche

Ausfuhren deutscher Rohstoffe aus allen drei Zonen auf der anderen.

Bei den Nahrungsmitteln erreichte die Einfuhr Größenordnungen, die wenigstens nominell mit Vorkriegsverhältnissen vergleichbar waren. Während sich die Ausgaben der Besatzungsmächte für Nahrungsmitteleinfuhren vor der Jahresmitte 1946 auch nicht annähernd feststellen lassen – ebenso wenig wie sich der Umfang des deutschen Exports für diesen Zeitraum ausmachen läßt –, wurden 1947 für 659 Mio. Dollar Nahrungsmittel eingeführt (1936: 718 Mio. Dollar). Jedoch beschränkte sich jetzt die Nahrungsmitteleinfuhr fast ausschließlich auf Getreide von geringer Qualität, während früher auch Fette und Fleisch importiert werden konnten. Der Direktor der deutschen Verwaltung für Wirtschaft, J. Semler (CSU), sprach in einer Rede im Hinblick auf die Nahrungsmitteleinfuhren sogar von »Hühnerfutter« und meinte damit Mais aus »alten, mehrjährigen Lagerbeständen« und Hafer, der »so minderwertig« sei, daß es sich um »Abfall« handeln könne.[14] Die Getreideeinfuhren sicherten einen minimalen Grundbedarf und blieben bis 1948 praktisch konstant. Gewerbliche Importe waren dagegen bis Mitte 1948 unerheblich. 1947 machten sie 8% der gesamten Einfuhren dieses Jahres aus, das sind 4,4% der Industrieeinfuhr des Jahres 1936.

Dies verhinderte zwar angesichts des niedrigen Standes der Produktion und der Verlagerung der Industriestruktur zugunsten relativ rohstoffunabhängiger Produktionsgüter mit allgemeinem Verwendungszweck, wie z. B. Kohle, Gas und Strom, nicht das Wiederanlaufen der Produktion in den Westzonen; eine sinnvolle Exportwirtschaft konnte unter diesen Bedingungen aber nicht gedeihen. Dennoch übertrafen in allen Zonen die Devisenerlöse aus dem Export den zur Bezahlung des erlaubten Umfangs gewerblicher Importe nötigen Devisenbedarf beträchtlich. Die französische Zone verzeichnete sogar bis 1948 einen absoluten Exportüberschuß. Auf Befehl der Besatzungsmächte wurden vor allem Kohle, Holz, Strom und Schrott ausgeführt, obwohl die Verarbeitung dieser Rohstoffe bzw. Produktionsgüter im Lande selber ein Vielfaches an Exporterlösen gebracht hätte. Die deutsche Außenhandelsstruktur wurde damit auf den Kopf gestellt. Vor dem Krieg betrug der Anteil der Rohstoffe an der Gesamtausfuhr 10%, der der Fertigwaren 77%, 1947 wurden 64% Rohstoffe und 11% Fertigwaren exportiert. Erinnert schon der Zwangscharakter dieser Ausfuhren an Reparationen, wird dies am Beispiel der Exportpreispolitik der Alliierten vollends deutlich. Für die Tonne Kohle berechneten die Besatzungsmächte vom Mai 1945 bis September 1947 den Empfängern – also zum großen Teil sich selber – 10,5 Dollar. Zur gleichen Zeit lag der Weltmarktpreis bei 25 bis 30 Dollar. Bis Ende 1947 entstand so den Westzonen durch den Zwangsexport von 25 Mio. Tonnen Kohle nach der Berechnung der bizonalen Verwaltung für Wirtschaft ein Devisenverlust von rund 200 Mio. Dollar. Mindestens ebenso hoch war der Verlust beim Holzexport. Holz wurde im gleichen Zeitraum für ein Drittel des Weltmarktpreises ausgeführt. Soweit Schrott überhaupt ›kommerziell‹ exportiert wurde – der größte Teil (3 Mio. Tonnen bis Mitte 1947) ging à conto Reparationen und Kriegsbeute an die Besatzungsmächte –, mußten die deutschen Besatzungszonen ebenfalls auf zwei Drittel der Devisenerlöse verzichten. Bei der Ausfuhr von elektrischem Strom entstand auf dieselbe Weise in der Zeit von 1946 bis 1948 ein Verlust von rund 50 Mio. Dollar.

Ähnliche wirtschaftliche Auswirkungen wie vom ›Außenhandel‹ gingen auch von den Aufwendungen für die Besatzungsmächte in den Zonen selber aus (unsichtbare Exporte). Allein im Haushaltsjahr 1946/47 wurden in den drei westlichen Zonen (ohne Berlin) 5,5 Mrd. RM für die Besatzungsmächte aufgebracht, sei es in Form von Geldzahlungen oder in Form von Leistungen aus der laufenden Produktion. Die Besatzungsmächte hatten damit über die offiziellen Reparationen hinaus direkten Zugriff auf ein Sechstel des westdeutschen Sozialprodukts. Allerdings verteilten sich die Lasten unterschiedlich auf die Zonen. Während die Aufwendungen für die Besatzungsmacht im Haushaltsjahr 1946/47 in der französischen Zone mit 28% sogar noch den sowjetischen Zugriff auf die Ostzone (26,1%) übertrafen, blieben die in der amerikanischen (15,9%) und britischen Zone (12,7%) deutlich unter dieser Quote. Vor allem auch die Entnahmen aus der laufenden Industrieproduktion, die in der Zeit von 1945 bis 1947 etwa bei 10% des Ausstoßes lagen, mußten die deutschen Wiederaufbauanstrengungen empfindlich stören. Nicht nur Frankreich und die Sowjetunion, die dies mehr oder weniger offen taten, haben solche Vorteile aus ihren Zonen in Anspruch genommen. Auch die angelsächsischen Besatzungsmächte haben von deutschen Zwangsexporten, Ausfuhrverboten und sonstigen versteckten Reparationen zugunsten eigener Staatsbürger, Einrichtungen und Ziele erheblich profitiert. So entstand der Exportwirtschaft der amerikanischen Zone allein durch Lieferverpflichtungen deutscher Unternehmen an die amerikanischen ›Post Exchange Shops‹ (PX-Läden) für Armeeangehörige in Europa ein jährlicher Verlust von schätzungsweise 10 Mrd. Dollar. Auch die in großem Stil betriebene Verwertung deutscher Patente und technischer Anlagen durch die amerikanische Wirtschaft (FIAT-Verfahren) ging zu Lasten der deutschen Nachkriegswirtschaft und wurde von Militärgouverneur Clay selbstkritisch in die Nähe französischer und russischer Praktiken gerückt.[15] Allerdings glich der amerikanische Steuerzahler – im Gegensatz zum französischen – diese Verluste wenigstens tendenziell durch Hilfslieferungen und Dollarkredite wieder aus. Erst im Laufe des Jahres 1948 nahmen diese Besatzungslasten spürbar ab, während zur gleichen Zeit der Außenhandel im eigentlichen Sinne wieder anlief.

Unter diesen Bedingungen war Westdeutschland vor dem Herbst 1948, als die ersten Marshallplanlieferungen eintrafen, beim Wiederaufbau seiner Wirtschaft im wesentlichen auf die eigenen Kräfte angewiesen. Diese Kräfte waren – das zeigt die industrielle Vermögensrechnung ebenso wie die Bilanz des Arbeitskräftepotentials – so schwach nicht. Westdeutschland war arm, aber nicht unterentwickelt. Den politischen Willen zum Wiederaufbau vorausgesetzt, war eine schnelle Rekonstruktion der westdeutschen Wirtschaft zu erwarten – wenn die Kraft reichte, das organisatorische und infrastrukturelle Chaos aufzulösen.

2. Der Aufschwung

a) Die Entfesselung der Rekonstruktionskräfte

Die wirtschaftliche Entwicklung verlief in den westlichen Besatzungszonen nicht einheitlich. Solange die in Potsdam vereinbarten gesamtdeutschen Regelungen nicht Platz griffen, konnte jeder Zonenbefehlshaber innerhalb seines Besatzungsgebietes autonom handeln und tat es auch. Dies hatte vor allem für die Wirtschaft im französischen Besatzungsgebiet Konsequenzen. Die Produktion wurde hier weitgehend auf die Bedürfnisse der französischen Wiederaufbaupolitik ausgerichtet. In den beiden Nachbarzonen dagegen versuchten die Militärregierungen – soweit dies möglich war –, so zu handeln, als ob die Potsdamer Vereinbarungen Wirklichkeit wären oder unmittelbar vor ihrer Verwirklichung stünden. Deshalb zeigte das Rekonstruktionsmuster der Wirtschaft in der amerikanischen und in der britischen Zone schon vor ihrer Fusion Anfang 1947 gemeinsame Merkmale.

Amerikanische Zone

In der amerikanischen Zone erholte sich die Industrie in der zweiten Hälfte des Jahres 1945 rasch, nachdem sie im Frühsommer praktisch stillgestanden hatte. Im Juli 1945 waren noch weniger als 10% der Industrieanlagen der amerikanischen Zone in Betrieb – die Hälfte davon Sägemühlen, die für den Bedarf der Besatzungstruppen produzierten.[16] Der Rest konzentrierte sich auf die Nahrungsmittelindustrie, Strom- und Wasserversorgung und die Abwasserbeseitigung. Bis zum Dezember 1945 konnten immerhin schon 20% der Industrieproduktion von 1936 wieder erreicht werden. Wichtiger aber noch war, daß die stetige Erholung der Industrie während der Wintermonate anhielt. Lag in der zweiten Hälfte des Jahres 1945 das Schwergewicht der ökonomischen Anstrengungen noch auf den Produktionsvorbereitungen, erlebte die amerikanische Zone nun bis in den Herbst 1946 hinein einen zwar noch immer begrenzten, aber sehr dynamischen industriellen Aufschwung (Tabelle 6, S. 34).

Im Herbst 1946 hatte die Produktion schon wieder die Hälfte des Vorkriegsstandes erreicht, in einigen Bereichen (Bergbau, Glas, Holzindustrie, Elektrizitäts- und Gasversorgung) sogar mehr. Diese relativ günstige Entwicklung stand nur scheinbar im Widerspruch zu den materiellen und politischen Ausgangsbedingungen. Gemessen an der Ausstattung der amerikanischen Zone mit produktiven Ressourcen, blieb die industrielle Entwicklung noch weit hinter ihren Möglichkeiten zurück. Aber auch das politische Klima in der Militärregierung hatte von Anfang an wenig mit den offiziell geltenden, restriktiven Richtlinien der amerikanischen Wirtschaftspolitik gemein.

Lucius D. Clay war von dem Ausmaß der Zerstörung in Deutschland sehr beeindruckt, gleichzeitig aber auch durch die ihm von JCS 1067 auferlegte Passivität beim Wiederaufbau seiner Zone so irritiert, daß er schon im April 1945 von Washington

Tabelle 6: Die Entwicklung der industriellen Produktion in den deutschen Besatzungszonen 1945-1949 (1936 = 100)

Jahr/Quartal	ABZ[a]	BBZ[a]	FBZ[c]	SBZ[d]
1945	–	–	–	–
III	12	15	–	–
IV	19	22	–	22
1946	41	34	36	44
I	31	30	32	39
II	37	33	36	40
III	46	37	38	47
IV	50	37	38	50
1947	44[b]		45	54
I	34		39	41
II	44		46	48
III	46		48	–
IV	50		48	–
1948	63		58	60
I	54		50	–
II	57		54	–
III	65		61	–
IV	79		67	–
1949[e]	86		78	68

a Nach eigener Schätzung korrigierte amtl. Zahlen.
b Vereinigtes Wirtschaftsgebiet (VWG); bis III. Quartal 1947 (einschl.) wie a; IV. Quartal 1947 bis II. Quartal 1948 (einschl.) fundierte eigene Schätzung; danach amtl. Zahlen.
c Ohne Saargebiet; Daten für 1946 eigene Schätzung auf der Grundlage der von Manz ausgewiesenen Bruttoproduktionswerte. Danach (bis II. Quartal 1948 einschl.) fundierte Schätzung von Manz; danach amtl. Zahlen.
d 1945-1947: amtl. Zahlen; 1948/49: fundierte Schätzung von W. Zank.
e Januar-August.

Quelle: Abelshauser, Wirtschaft, S. 36, 39-40, 43, 57; Manz, Stagnation, S. 25, 32-36; Statistisches Jahrbuch (Stat. Jb.) der DDR 1959, S. 264.

Handlungsfreiheit verlangte, die er auch erhielt. Es wurde ihm sogar erlaubt, Güter, deren Produktion bis dahin verboten war, wie Magnesium, Aluminium, synthetisches Gummi oder Öl, ohne vorherige Zustimmung der Stabschefs herstellen zu lassen.

Am Anfang entsprach diese konstruktive Haltung zum Wiederaufbauproblem wohl hauptsächlich der Mentalität des militärischen Managers Clay und seiner Helfer, die im Zivilberuf meist führende Positionen in der Wirtschaft innehatten. Schon bald gab es aber auch einen zwingenden materiellen Grund, die Kosten der Besatzung aus der Zone selber aufzubringen. Seit 1946 wurde es für das zuständige Kriegsministerium schwieriger, Budgetforderungen an den Kongreß zu stellen und zu begründen, zumal sie von der Armee nur widerwillig vertreten wurden. Waren dies eher pragmatische Gründe, die Industrie der amerikanischen Zone wieder in Gang zu setzen, entsprach diese Politik im Laufe des Jahres 1947 immer mehr auch den Vorstellungen, die sich das offizielle Washington von der Rolle Deutschlands beim Wiederaufbau Europas machte.

Dennoch kam der Aufschwung Ende 1946 ins Stocken. Im Dezember ging die industrielle Erzeugung der amerikanischen Zone zum ersten Mal seit Beginn der Besetzung zurück. Waren hier noch saisonale Faktoren verantwortlich, wurde im weiteren Verlauf der Rezession deutlich, daß die Rekonstruktionskräfte der deutschen Industrie vorerst auf Widerstand stießen.

Britische Zone

Die industrielle Produktion in der britischen Zone kam im Laufe des Sommers 1945 – zunächst im Bereich der lebenswichtigen Grundstoffindustrien – allmählich wieder in Gang. Im September, dem ersten Nachkriegsmonat, für den statistische Unterlagen vorliegen, dürfte das industrielle Produktionsvolumen bei etwa 15% von 1936 gelegen haben. Der Anteil der produzierenden Betriebe war allerdings höher, da die britische Militärregierung beim Erteilen der Produktionserlaubnis Betrieben mit weniger als 25 Beschäftigten und geringem Energieverbrauch in der Anfangsphase den Vorzug gab. Im ganzen hat die industrielle Produktion in der britischen Zone im zweiten Halbjahr 1945 stetig zugenommen.

Auch hier war die Kontinuität über die Wintermonate hinweg bemerkenswert. Die Expansion hielt ohne spürbare Rückschläge bis in den August des Jahres 1946 an. Von diesem Zeitpunkt ab setzte sich der Trend – trotz günstiger saisonaler Bedingungen – bis zum November nur noch schwach fort. Im Herbst 1946 war die erste Welle der Rekonstruktion offenbar gebrochen. Das Tempo der Entwicklung war bis zu diesem Zeitpunkt beträchtlich gewesen. Die Industrieproduktion stieg von Januar bis November 1946, ihrem Höchststand nach dem Kriege, um ein Viertel. Besonders günstig entwickelte sich die Investitionsgütererzeugung. Sie nahm sogar um mehr als die Hälfte zu, während im übrigen Produktionsgüterbereich und im Verbrauchsgüterbereich das Entwicklungstempo unterdurchschnittlich blieb.

Gerade im Investitionsgüterbereich war dann der Rückgang des Produktionsniveaus in den Monaten Dezember 1946 bis Februar 1947 am größten. Hier sank die Produktion um mehr als 85% auf einen Stand, der bereits zur Jahreswende 1945/46 erreicht worden war. Der gesamte im vorangegangenen Jahr erzielte Zuwachs war im Februar 1947 verloren. Erst im Juli konnte das Maximum des Jahres 1946 wieder erreicht werden. Die wirtschaftliche Rekonstruktion der ihrem ökonomischen Gewicht nach wichtigsten Zone des westlichen Besatzungsgebiets war im zweiten Nachkriegswinter an ihre Grenzen gestoßen.

Auf den ersten Blick war für den Zusammenbruch der Wirtschaft in beiden Zonen, der britischen wie der amerikanischen, der starke Rückgang der Kohleversorgung der Industrie von November 1946 bis Februar 1947 verantwortlich. Tatsächlich gingen die durchschnittlichen wöchentlichen Lieferungen in diesem Zeitraum von 425 600 auf 406 000 Tonnen Steinkohleeinheiten zurück – ein Rückgang, der angesichts der nahezu totalen Abhängigkeit der deutschen Wirtschaft von diesem Rohstoff und des schon vorher extrem niedrigen Versorgungsniveaus in der Tat katastrophale Folgen haben mußte.

Das Problem lag jedoch nicht im Kohlebergbau selber. Ganz im Gegenteil: Gerade in diesem Winter gelang es dort zum ersten Mal, die Förderung sprunghaft zu erhöhen. Zur gleichen Zeit, da in der Industrie die Produktion nahezu zusammenbrach, bahnte sich im Kohlebergbau die Wende zum Besseren an. Von 183 000 Tagestonnen im Oktober 1946 stieg die Förderung auf 234 000 Tagestonnen im März 1947 an. Gleichzeitig wuchsen aber die Haldenbestände von 318 000 Tonnen auf 1 227 000 Tonnen. Eine Vervierfachung der Halden inmitten der Kohlenot – das weist auf eine Transportkrise großen Ausmaßes hin.

Tatsächlich wurde der Verkehrssektor im Winter 1946/47 zum beherrschenden Engpaß der industriellen Entwicklung im britisch-amerikanischen Besatzungsgebiet. Zwar waren die Schienen- und Wasserwege der Zonen bis dahin schon nahezu wiederhergestellt, der Bestand an rollendem Material der Reichsbahn war jedoch noch nicht oder nur notdürftig ausgebessert, die erheblichen Verluste waren noch nicht ergänzt worden. In dieser Lage blockierte ein extrem kalter Winter alle Wasserwege. Die gesamte Last der zu dieser Jahreszeit noch steigenden Anforderungen an das Transportwesen verlagerte sich nach dem 20. Dezember auf die Reichsbahn. Der Verkehr brach daraufhin praktisch zusammen.

Der Aufschwung stieß in beiden Zonen nicht an eine Grenze, die durch materielle und politische Restriktionen der Alliierten gezogen wurde. Die wirtschaftliche Entwicklung schritt, im Gegenteil, gemessen an der Kapazität der Infrastruktur, zu schnell voran, um ein steigendes Transportaufkommen auch unter saisonal extremen Bedingungen zu bewältigen. Im Winter 1946/47 hatte der Krieg die deutsche Wirtschaft wieder eingeholt.

Französische Zone

Frankreich war mehr als die angelsächsischen Besatzungsmächte auf Hilfe von außen angewiesen, wenn es seinen wirtschaftlichen Rückstand überwinden wollte. Krieg und deutsche Besatzung hatten einen Zustand struktureller Schwäche der französischen Wirtschaft noch vertieft, der für die industrielle Stagnation der Vorkriegszeit ebenso verantwortlich war, wie er zum Zusammenbruch von 1940 beigetragen hatte. Nicht nur Wiederaufbau, sondern tiefgreifende Modernisierung schien nötig, um Frankreich die von ihm angestrebte Großmachtrolle wieder zu verschaffen. Im Kräftefeld der Nachkriegszeit waren nur die Vereinigten Staaten in der Lage, dabei materiell zu helfen. Doch der Widerspruch war offenkundig: die Abhängigkeit vom Dollar drohte eben jenen autonomen Handlungsspielraum einzuengen, den Frankreich damit erringen und absichern wollte. In diesem Dilemma waren deutsche Hilfsquellen – Reparationen und der wirtschaftliche Ertrag der Besatzungszone – doppelt wichtig. Der Abzug deutscher Ressourcen diente unmittelbar Frankreichs Wiederaufbau und schien seine Großmachtposition langfristig zu sichern, indem dadurch Deutschlands Wirtschafts- und Militärpotential nachhaltig geschwächt wurde. Die Dominanz des Sicherheits- und Reparationsdenkens in der französischen Deutschlandpolitik mußte sich notwendigerweise auch in der Besatzungspolitik selber niederschlagen. Die französische Zone wurde von den Nachbarzonen isoliert und ihre wirtschaftliche Entwicklung bis 1948 in von der Bizone unabhängige Bahnen gelenkt.

Schon vor dem offiziellen Start des ersten französischen Vierjahresplans im Jahre 1947, des von Jean Monnet geleiteten ›Plan de Modernisation et d'Equipement‹, war die Industrie der französischen Zone weitgehend in die französische Planung integriert. Die hieraus entstehende Priorität für solche Produktionszweige, die zu mehr als 50% für den Export, die Militärregierung, die Saargruben oder die Reichsbahn – also direkt oder indirekt für die französische Wirtschaft – produzierten, kam in einem sehr unterschiedlichen Entwicklungsstand zum Ausdruck. Die Kaliförderung, bedeutende Eisen- und Stahlwerke, die Elektrizitätswirtschaft, Schieferwerke, die Pharmachemie, Holzbaubetriebe und Sägewerke, Papier- und Zellstoffabriken, Spinnereien und Eisenbahnreparaturwerkstätten entwickelten sich überdurchschnittlich schnell. Der Rest der Industrie blieb um so weiter zurück. Zu den am meisten geförderten Produktionszweigen gehörte aber der Kohlebergbau, obwohl Frankreich vor dem wirtschaftlichen Anschluß des Saargebietes, der am 1. April 1948 von den Westalliierten anerkannt wurde, nur indirekt von diesem Erfolg profitierte, weil die Kohleförderung in allen Besatzungszonen unter der Aufsicht des Kontrollrats und der ›European Coal Organisation‹ (ECO) stand.

Während im März 1947 die Zechen an der Ruhr erst zwei Drittel ihrer Vorkriegsproduktion erreicht hatten, förderten die Saargruben schon drei Viertel des Standes von 1936. Vorrang genoß auch die Herstellung von chemischen Erzeugnissen. Zur Zeit der Währungsreform verfügte die französische Zone schon über 91% ihrer Vorkriegsproduktion, während sie in der Bizone kaum mehr als die Hälfte betrug. Die Eisen- und Stahlproduktion dagegen war zu dieser Zeit etwa gleich unterentwickelt. Die Verbrauchsgütererzeugung blieb mit rund 20% im zweiten Halbjahr 1946 sogar noch unter dem Standard der britischen Zone.

Alles in allem stand das Niveau der Industrieproduktion in der französischen Zone dem der angelsächsischen Zone nicht zuletzt wegen ihrer Zulieferfunktion für den Wiederaufbau der französischen Wirtschaft und der daraus resultierenden Förderung um nichts nach. Es gelang aber nicht, einen kontinuierlichen deutschen Wirtschaftskreislauf in Gang zu bringen. Bis 1948 fanden Wachstumsanläufe der jeweils ersten Jahreshälfte im zweiten Halbjahr keine Fortsetzung; die Produktion stagnierte.[17] Vor allem die Entnahmen aus der laufenden Industrieproduktion, der französische Zugriff auf mehr als ein Viertel des ›Sozialprodukts‹ der Zone und ein bis 1948 anhaltender beträchtlicher Exportüberschuß verfehlten ihre Wirkung nicht. Im Gegensatz zur Bizone setzte ein anhaltender Aufschwung erst ein, als mit dem Beitritt Frankreichs und damit auch der französischen Zone zur OEEC ein institutioneller Zwang zur Zurückhaltung gegeben war und Marshallplanmittel die Finanzierung eines Exportdefizits möglich machten.

In den Prozeß der wirtschaftlichen und gesellschaftlichen Neuordnung des deutschen Westens hat die französische Besatzungszone wenig eingebracht. Innovatorisches, wie es in den anderen deutschen Zonen in Zusammenspiel und Kontroverse zwischen Deutschen und den Besatzungsmächten sichtbar wurde, fehlte in der französischen Zone weitgehend. Vor dem Hintergrund anhaltender Querelen um die französische Deutschlandpolitik und im Wechsel von zehn Regierungen in der Zeit von 1945 bis 1949 fand Frankreich nicht die Kraft, auf dem Weg über seine Besatzungszone entscheidenden Einfluß auf die Gestaltung von Wirtschaft und Gesellschaft des entstehenden westdeutschen Teilstaates zu nehmen.[18] Fixiert auf das Ziel, Deutschland für den entstandenen Schaden mit »der Kohle von der Saar, dem Holz aus dem Schwarzwald, den Agrarprodukten aus Württemberg und der Pfalz« zahlen zu lassen, errichtete die französische Militärregierung ein ebenso improvisiertes wie pragmatisches System der Planung und Lenkung, das allein den Sinn hatte, die Ressourcen der französischen Zone für den französischen Wiederaufbau effizient zu nutzen. Der punktuelle Charakter des Verfahrens, das Planung, Bewirtschaftung und Produktionslenkung auf Industriezweige besonderer Priorität begrenzte, verursachte erhebliche Schäden an der Wirtschaftsstruktur der Zone, die auch mit dem Einsatz von Marshallplanmitteln nach 1948 nur langsam behoben werden konnten.

Die Lösung grundsätzlicher Probleme der Wirtschafts- und Gesellschaftsordnung, wie Bodenreform, Entflechtung und Entkartellisierung, Sozialisierung oder die Reform des Geldwesens, wurde weder von der Militärregierung angepackt noch von deutschen politischen Kräften nachhaltig gefordert. Versuche, auf Länderebene eine Form der überbetrieblichen Mitbestimmung durch Beteiligung der Arbeitnehmer an den Organisationen der gewerblichen Wirtschaft (Landeswirtschaftsrat bzw. Hauptwirtschaftskammer) einzuführen, hatten nur in Rheinland-Pfalz Bestand. Die »Hauptwirtschaftskammern«, die dort (wie in Bremen) an die Tradition des »Vorläufigen Reichswirtschaftsrats« der Weimarer Republik anknüpften, waren paritätisch besetzt. Im interessenpolitischen Institutionenaufbau der späteren Bundesrepublik Deutschland blieben sie ein Fremdkörper. Die Entscheidung für den wirtschaftlichen Wiederaufstieg und die gesellschaftliche Neuordnung Westdeutschlands fiel nicht hier, sondern in der Bizone.

Entscheidungsjahr 1947

Der Zusammenbruch der westdeutschen Wirtschaft im Winter 1946/47 schien vollständig und nachhaltig. Die auf den akuten Schwächeanfall folgende Lähmung des wirtschaftlichen Organismus hielt bis in den Sommer des Jahres 1947 hinein an, wenn auch die Produktion wieder auf das Niveau des Vorjahres anstieg. Das Transportsystem blieb unzulänglich, und die Ernährungslage verschlechterte sich drastisch, so daß es im Ruhrgebiet im Frühjahr 1947 zu Demonstrationen, Unruhen und Arbeitskämpfen kam, die den eben gewonnenen Fortschritt in der Kohleförderung wieder zunichte zu machen drohten. Es war klar: Entweder gelang es, jetzt die »Lähmungskrise« unter Aufbietung aller Kräfte ein für allemal zu überwinden, oder die Wirtschaft im Westen mußte endgültig auch an ihrer Substanz Schaden nehmen. Das Jahr 1947 wurde zum Entscheidungsjahr der westdeutschen Wirtschaft. Es konnte kein Zweifel daran bestehen, daß die angelsächsischen Militärregierungen versuchen würden, die Fäden ihrer Ankurbelungspolitik wiederaufzunehmen. Dies um so mehr, als sich das politische Umfeld der Deutschlandpolitik entscheidend verändert hatte. Bisher mußte sich die amerikanische Militärregierung, welche die Führungsrolle im britisch-amerikanischen Besatzungsgebiet innehatte, ihren Handlungsspielraum gegen eine restriktive Politik Washingtons erkämpfen, das zunächst die Zukunft Deutschlands seinem Verhältnis zur Sowjetunion nachordnete und noch immer in Frankreich den Brückenkopf amerikanischer

Stabilisierungspolitik in Europa sah. Obwohl der Militärgouverneur den Kampf sehr erfolgreich führte, hinderte ihn diese Konstellation doch daran, der deutschen Not mit spektakulären Maßnahmen zu begegnen oder Reparationsgläubigern deutsche Ressourcen vorzuenthalten, um sie zum Wiederaufbau der westdeutschen Wirtschaft einzusetzen.

Mit der Rede des amerikanischen Außenministers Byrnes vor den Repräsentanten der deutschen Länder der US-Zone in Stuttgart am 4. September 1946 und Churchills Züricher Rede am 19. September hatte sich schon vor dem wirtschaftlichen Rückschlag ein Kurswechsel in der Deutschlandpolitik angedeutet. Nach dem Amtsantritt George C. Marshalls als neuem amerikanischen Außenminister kam es Washington mit Blick auf die Ereignisse in China, Griechenland und Polen nunmehr vollends darauf an, daß nicht auch Deutschland als Folge der ›Lähmungskrise‹ des Winters 1946/47 kommunistisch und damit der sowjetische Einfluß auch in Westeuropa dominieren würde. Die USA waren vielmehr entschlossen, den Wiederaufbau Deutschlands als Kern eines europäischen Aufbaus aktiv zu unterstützen.

Auch wenn dieser Kurswechsel vorerst nur Hoffnungen auf Hilfe von außen wecken konnte, stärkte er die amerikanische Militärregierung doch in ihrer Absicht, die Krise mit allen im eigenen Besatzungsgebiet zur Verfügung stehenden Mitteln zu überwinden. Bis Ende 1946 konnte allerdings von einem konsistenten und rationalen System der Planung und Lenkung keine Rede sein. Soweit Pläne überhaupt bestanden, hatten sie mit der Bewirtschaftungswirklichkeit wenig gemein, weil vor allem die geplanten Kohle- und Importmengen in keinem Verhältnis zu den tatsächlich verfügbaren Mitteln standen. Wurden Pläne dennoch in die Wirklichkeit umgesetzt – wie die britische Sparta-Planung –, erfaßten sie nur einen Teil des Warenumlaufs, weil es an wirksamer Kontrolle fehlte, oder sie brachten wie in der französischen Zone für die zonale Wirtschaft keinen Fortschritt, weil dies nicht beabsichtigt war.

Daran änderte sich auch 1947 nur wenig. Die neuen Rahmenpläne für die Bizonenwirtschaft, Guide-Plan, Working Plan, BECG-Plan, konnten die durch den Streit um die Verwirklichung des Potsdamer Abkommens blockierte Außenhandelsfront nicht aufbrechen. Neu war jedoch die Absicht der Militärregierung, das von den deutschen Planern bevorzugte Prinzip des ›Gleichgewichts des Mangels‹ aufzugeben. Erstmals wurden alle Ressourcen der Bizone auf die neuralgischen Punkte der westdeutschen Wirtschaft konzentriert. In der Praxis bedeutete dies absolute Priorität für die Instandsetzung der Infrastruktur im Verkehrsbereich, die Ausarbeitung und Durchsetzung eines Systems von Förderungsanreizen im Kohlebergbau (Punktsystem) einschließlich eines zentralen Wohnungsbauprogramms für Bergarbeiter, ein Notprogramm zur annäherungsweisen Verdoppelung der Kraftwerksleistung in der britischen Zone und die Bevorzugung der Eisen- und Stahlindustrie bei der Kohlezuteilung, um mehr Stahl für den Ausbau des Verkehrssystems und für andere Investitionen in Engpaßbereichen zu gewinnen. Operationsgebiet dieser Maßnahmen war seit dem 1. Januar 1947 das Vereinigte Wirtschaftsgebiet (VWG) der amerikanischen und britischen Besatzungszone. Die Fusion der angelsächsischen Zonen zur Bizone war daher eine notwendige, wenn auch noch nicht hinreichende Voraussetzung für die Wende in der wirtschaftlichen Entwicklung.

Zur Überwindung des Verkehrsengpasses gründete die Verwaltung für Wirtschaft (VfW) Arbeitskreise, die den schwerpunktmäßigen Ausbau des rollenden Materials der ehemaligen Reichsbahn koordinierten. Vorbild dieser Organisation war ganz offensichtlich jene projektbezogene Planung der NS-Rüstungswirtschaft, die in der Ära Speer so erfolgreich gewesen war. Den Partnerschaften ›Eisen und Stahl‹, ›Holz‹, ›Lokreparaturen‹ und »Waggonreparaturen«, denen auch private Firmen angehörten und die mit allen Vollmachten deutscher und alliierter Stellen ausgestattet waren, gelang es schon im November 1947, das Plansoll sowohl bei Lok- als auch bei Waggonreparaturen überzuerfüllen. Im Oktober 1947 war das Reparaturprogramm für 29 700 Schadwagen abgeschlossen. Zum ersten Mal verfügte die Reichsbahn über eine steigende Zahl einsatzbereiter Waggons. Der Erfolg kam zur rechten Zeit. Nachdem die Transportlage sich im Sommer 1947 etwas entspannt hatte, mußte sich, wie erwartet und befürchtet worden war, ab Oktober 1947 das wirtschaftlich Mögliche erneut an der Transportkapazität orientieren.

Doch anders als im Vorjahr blockierte der Engpaß im Verkehrswesen den im Herbst einsetzenden wirtschaftlichen Aufschwung nicht mehr. Durch die Konzentration aller Kräfte auf den Verkehrsengpaß war es gelungen, die Kapazität des Gütertransports um ein Drittel zu erweitern – ein Erfolg, der sich entgegen allen Befürchtungen im Winter 1947/48 noch ausbauen ließ. So konnte der Ruhrbergbau seine Halden von 1 213 000 Tonnen im November auf 77 000 Tonnen im Februar abtragen und die eisenschaffende Industrie ihre Versandrückstände weitgehend wieder wettmachen. Die Lösung des Transportproblems war zweifellos einer der wenigen, aber gleichwohl wichtigen Erfolge der Wirtschaftsplanung in der Nachkriegszeit.

Nachdem das Transportproblem entschärft worden war, konnte sich ein weiterer Erfolg der pragmatischen Schwerpunktplanung der bizonalen Wirtschaftsverwaltung gesamtwirtschaftlich voll auswirken. Während die Versorgung mit Kohle im Winter 1946/47 immer schlechter wurde, kam die Förderung selber schon im Januar 1947 kräftig in Gang. Auf amerikanische Anregung und nach holländischem Vorbild hatte die Militärregierung zu Jahresbeginn ein System von Anreizen zur Leistungssteigerung im Bergbau eingeführt. Die Privilegierung des Bergmannes an der Ruhr durch Sonderzuteilungen von Speck, Kaffee, Zigaretten, Zucker und Schnaps hatte zwar keinen großen Einfluß auf die Produktivität der Arbeit unter Tage, senkte aber die Zahl der Feierschichten und hob die Attraktivität des Bergbaus so stark, daß benachbarte Branchen unter der Abwanderung von Facharbeitern zu leiden hatten.

Der schnelle Anstieg der Förderung hielt bis April 1947 an. Dann wurden die materiellen Anreize der Produktionssteigerungskampagne von den Auswirkungen der dramatischen Verschlechterung der allgemeinen Versorgungslage an der Ruhr für drei Monate überlagert. Hungerdemonstrationen und Streiks stellten den Produktionsfortschritt in Frage. Hier zeigten sich die Grenzen eines isolierten Systems von Ansornmaßnahmen und Schwerpunktbildung in Teilbereichen der Wirtschaft. Gerade auf dem Gebiet der Ernährung schienen alle Anstrengungen, die über die Privilegierung einzelner Berufsgruppen hinausgingen, so lange vergebens, wie der freie Außenhandel aus politischen Gründen unterbunden blieb. Selbst die Lebensmittel des Punktsystems mußten aus den Rationen der deutschen Normalverbraucher abgezweigt werden. Wenigstens dies änderte sich mit der Verteilung von Sonderpaketen (›Care-Pakete‹), die seit August 1947 an die Bergleute ausgegeben wurden, wenn ein bestimmtes, jeweils vorher festgelegtes Fördersoll erreicht wurde. Schon vor dem Start der Care-Paket-Aktionen – die Pakete enthielten Genußmittel, die teils aus Armeedepots in Europa, teils aus Spenden privater amerikanischer Hilfsorganisationen stammten – war die Förderung wieder angestiegen. Jetzt stabilisierte sich der Aufwärtstrend. Nachdem der Transportengpaß gemildert war, gelangte die Kohle auch immer mehr zum Verbraucher.

Um so dringender wurde jetzt das Ernährungsproblem. Die Hungerkrise des Frühjahrs 1947 an Rhein und Ruhr schien eine neue Katastrophe für den kommenden Winter anzukündigen, falls es nicht gelang, Produktion oder Importe – besser aber beides – deutlich zu steigern. Tatsächlich war weder das eine noch das andere möglich. Dennoch blieb die erwartete schwere Ernährungskrise aus. Die deutsche Ernährungsverwaltung hatte die Wirksamkeit ihrer Bewirtschaftung beträchtlich verbessern können. Noch im April 1947 war ihr von alliierter Seite bescheinigt worden, daß das augenblickliche System sehr schlecht arbeite.[19] Später stellte dieselbe Behörde fest, daß es der Verwaltung für Ernährung gelungen war, eine 10 000-g-Brotration für die 43 bis 46 Mio. Menschen der Bizone und Berlins aufrechtzuerhalten, während im vorausgegangenen Jahr mit derselben Menge Importe nur eine Durchschnittsbrotration von ungefähr 7000 g ausgegeben werden konnte. Dazwischen lagen eine Reihe von Maßnahmen zur Verschärfung der Kontrolle der landwirtschaftlichen Ablieferung und eine Reorganisation des Verwaltungsamtes für Ernährung, Landwirtschaft und Forsten (VELF), die durch die Fusion der beiden angelsächsischen Zonen möglich geworden war.

Auf drei wichtigen Gebieten der westdeutschen Wirtschaft waren damit bedeutende Verbesserungen erreicht worden. Der materielle Aufwand zur Ankurbelung war relativ gering. Im wesentlichen beschränkte er sich auf organisatorische Verbesserungen und die Zusammenfassung der Ressourcen zu Schwerpunkten – auch auf Kosten anderer Industrien, insbesondere der Verbrauchsgüterindustrie. Der Durchbruch zu stetigen und hohen Zuwachsraten der Produktion, die seit dem Herbst 1947 einsetzten und fast zwei Jahrzehnte anhielten, gelang im wesentlichen ohne Hilfe von außen. Erste ERP-Warenlieferungen kamen ein Jahr später, im Herbst 1948, nach Deutschland. Andererseits machte der einsetzende Produktionsanstieg eine Ankurbelung der Außenwirtschaft über steigende Exporte möglich. Mit ihrer Entscheidung, die in Potsdam festgelegten wirtschaftlichen Regelungen, wenn nicht auf das Vierzonengebiet, so doch wenigstens auf die Bizone anzuwenden, hatte die Militärregierung dazu die Voraussetzung geschaffen.

Anders als die Probleme der materiellen Produktion blieb die Frage der neuen Wirtschafts- und Sozialordnung auch 1947 noch ungelöst. Es fielen aber Vorentscheidungen, welche die negativen Auswirkungen des ordnungspolitischen Schwebezustandes Zug um Zug beseitigten. Wie in der Produktion hatte auch im Prozeß der Neuordnung von Wirtschaft und Gesellschaft der Kohlebergbau eine Schlüsselrolle inne. Gewerkschaften, Sozialdemokraten, Teile der CDU und Kommunisten begründeten ihre Forderung nach Sozialisierung der Gruben vor allem damit, daß von einem Übergang des Eigentumstitels auf die Bergleute entscheidende Impulse für Produktivität und Produktion im Kohlebergbau und damit für die gesamte westdeutsche Wirtschaft erwartet werden konnten.[20]

Der Erfolg des Punktsystems und anderer Ansporrmaßnahmen zeigte nun deutlich, daß auch ohne die Lösung der Eigentumsfrage, allein durch den Einsatz materieller Hebel zur Produktionssteigerung, ein Durchbruch in der Produktion zu erzielen war. Gewerkschaften und politische Parteien mußten sogar entgegen ihrer inneren Überzeugung an diesen Aktionen mitwirken, wollten sie nicht Gefahr laufen, von ihrer Basis getrennt zu werden – ein Dilemma, das sich in der Debatte über den Marshallplan wiederholen sollte. Der im August 1947 auf amerikanische Initiative hin bewirkte Aufschub der Sozialisierungsmaßnahmen an der Ruhr um fünf Jahre mußte unter diesen Bedingungen wie eine Intervention zugunsten der privaten Unternehmerwirtschaft wirken. Sie hatte Gelegenheit, die gelungene Ankurbelung ihrem Erfolgskonto gutzuschreiben. *Juristisch* war die Frage des Eigentumstitels an der Ruhrindustrie noch immer in der Schwebe, *poltisch* war eine Vorentscheidung über die künftige Wirtschaftsordnung gefallen, *wirtschaftlich* hatte sich der Stellenwert der ordnungspolitischen Auseinandersetzung als geringer erwiesen als vielfach vorher angenommen.

Der Erfolg der Ankurbelung schlug sich seit dem Herbst 1947 in
steigenden Produktionszahlen nieder – aber auch nur dort. Für
den Normalverbraucher bedeuteten wachsende Produktionsziffern keineswegs auch eine Verbesserung der Versorgung mit Konsumgütern, sieht man von dem Anfang 1948 allmählich einsetzenden Anstieg der Lebensmittelrationen und der Lieferung von
Hausbrandkohle ab. Die in steigender Zahl hergestellten Kon-
sumgüter füllten aber die Läger – ein von der Öffentlichkeit als
skandalös empfundener Vorgang, der in Erwartung der Währungsreform jedoch von der deutschen Wirtschaftsverwaltung
und ihrem Direktor Ludwig Erhard gefördert wurde. Im Mai und
im Juni 1948 erreichte die Hortung solche Ausmaße, daß auch der
Produktionsprozeß kurzfristig wieder ins Stocken kam, weil die
Zwischenproduktversorgung nachließ. Nach der Währungsreform löste sich dieser Rückstau um so schneller wieder auf. Die
sonst stetige Aufwärtsentwicklung der Produktion seit Oktober
1947 ermöglichte eine erfolgreiche Durchführung der schon lange
geplanten Währungsreform.

Schon 1945 war jedermann klar, daß die während des Krieges
eingetretene ungeheure Geldmengenvermehrung in keinem Verhältnis zum verfügbaren Warenangebot stand und auch die Höhe
der inneren Staatsschuld einen baldigen Währungsschnitt erforderlich machte (vgl. Tabelle 7). Solange das aus den Kriegsjahren

Tabelle 7: Liquidität und Reichsschuld (in Mrd. RM)

	1932	1938	1945
Stückgeld	5,6	10,4	73,0
Bankguthaben	12,7	18,7	100,0
Spareinlagen	15,3	27,3	125,0
Reichsschuld	11,4	19,1	379,8

Quelle: DIW Hg., Die deutsche Wirtschaft zwei Jahre nach dem Zusammenbruch,
Berlin 1947, S. 206; Stat. Hb. von Deutschland, München 1949, S. 554.

übernommene Bewirtschaftungs- und Kontrollsystem noch pro-
visorisch in Kraft war, übte das Geld zwar keine wichtigen Len-
kungsfunktionen aus, doch zeigten sich auch unter diesen Bedingungen die Nachteile des Geldüberhangs deutlich in Gestalt

sinkender Arbeitsmoral, wuchernder Schwarzmärkte und um sich greifender Warenhortung. So sehr zunächst direkte Lenkungsmaßnahmen und Kontrollen, auch zur gerechten ›Verteilung‹ der materiellen Not und zur Konzentration der knappen Ressourcen auf zentrale Engpässe des Wiederaufbaus, notwendig zu sein schienen, so wenig Neigung bestand bei allen politischen Kräften in Westdeutschland, an diesem unpopulären System der Aushilfen und Provisorien länger als unbedingt nötig festzuhalten. Ob nun Formen der ›Lenkung der leichten Hand‹ nach keynesianischem Vorbild, wie sie von der SPD vorgeschlagen wurden, oder aber liberale Lenkungsmechanismen über Wettbewerbsmärkte nach Ludwig Erhards Rezept die ordnungspolitische Erbschaft antreten sollten, machte im Hinblick auf die Einsicht in die Notwendigkeit einer Währungsreform kaum einen Unterschied. In der ersten fundierten Stellungnahme, die von offizieller deutscher Seite zur Währungsreform abgegeben wurde, dem im Geiste des freiheitlichen Sozialismus verfaßten Detmolder Memorandum der Länder und Provinzen der britischen Besatzungszone vom 17. November 1945, wurde denn auch die Sanierung des Geldwesens im Zusammenhang mit dem angestrebten Übergang zu einer beweglicheren Form der Wirtschaftslenkung gesehen: »Unter Wiederherstellung der Zusammenarbeit aller Teile des verbliebenen Reichsgebietes sollte die Wirtschaftslenkung einem Gesamtplan unterworfen werden, der bei allmählichem Wiedereinbau marktwirtschaftlicher Elemente in die Wirtschaftsordnung die eigene Initiative der Produzenten – der privaten sowohl wie der öffentlichen Unternehmungen – belebt und eine relative Unterversorgung einzelner Produktionszweige und -stufen vermeidet.«[20a]

Im Rahmen liberaler Wiederaufbaustrategien war die Währungsreform geradezu eine Grundbedingung für die Liberalisierung des Warenverkehrs. In den offiziellen deutschen Stellungnahmen, welche die Besatzungsmächte bei den zuständigen Gremien ihrer Zonen anforderten, stand ungeachtet des ordnungspolitischen Standorts die sozialpolitische Komponente einer Währungsreform stark im Vordergrund. So forderte der sozialdemokratisch geprägte Zonenbeirat in der britischen Besatzungszone, daß die Leistungen an die wirtschaftlich durch den Krieg Geschädigten nicht wie bei einer Konkursquote im Verhältnis zur früheren Höhe der Forderung bemessen, sondern der subjektiven Schwere des Verlustes angepaßt werden müßten, weil die »jetzige Verteilung von Einkommen und Besitz in Deutschland schlechthin sinnlos und Produkt blinder Zufälle« sei.[21] Auch der unter dem Vorsitz von Ludwig Erhard am 18. April 1948 zustandegekommene ›Homburger Plan zur Neuordnung des Geldwesens‹ sah noch einen weitgehenden Lastenausgleich als soziale Komponente vor.[22] Und noch etwas war für nahezu alle Konzeptionen deutscher Experten typisch: Sie neigten dazu, den möglichen Effekt einer Währungsreform sehr hoch zu bewerten, indem sie in ihr geradezu ein Allheilmittel gegen die deutsche Wirtschaftsnot schlechthin sahen. Hier wirkte der Mythos der Währungsreform von 1923/24 noch nach, die damals der Hyperinflation ein Ende gesetzt und eine Periode relativer politischer und wirtschaftlicher Stabilität der Weimarer Republik eingeleitet hatte.

Die alliierten Besatzungsmächte standen der Frage der deutschen Währungssanierung wesentlich nüchterner gegenüber. Sie verfügten über hohe Reichsmark-Beutebestände, von denen sie im Besatzungsalltag profitablen Gebrauch machen konnten. Darüber hinaus war es ihnen durch die Verhängung eines Lohn- und Preisstopps sowie durch Bewirtschaftungs- und Kontrollmaßnahmen überraschend gut gelungen, den Ausbruch der offenen Inflation zu verhindern, so daß ihnen eine rasche Sanierung nicht zwingend erschien. Es fehlte dazu auch die wichtigste Voraussetzung: die wirtschaftliche Einheit Deutschlands. Eine Währungsreform in allen vier Zonen war ohne Wirtschaftseinheit nicht denkbar, und ein separater Geldschnitt in einem Teil Deutschlands konnte nur als Vorwegnahme ihres Scheiterns gedeutet werden. Es überrascht daher nicht, daß die erste Runde von Währungsreformgesprächen im alliierten Kontrollrat Ende 1945 zu keinem praktischen Ergebnis führte.

Große politische Bedeutung schien die amerikanische Militärregierung, in deren Händen die Vorbereitung der Währungsreform im Westen lag, diesem Unternehmen nicht beizumessen. Sie übertrug Planung und Durchführung der ›Operation Bird Dog‹ einem jungen Leutnant der Luftwaffe, Edward A. Tenenbaum, der für diese Aufgabe wohl dadurch qualifiziert erschien, daß er an der Yale University deutsche Wirtschaftsgeschichte belegt hatte. Unter seiner Koordination und nach umfangreichen Konsultationen amerikanischer und deutscher Sachverständiger entstand ein detaillierter Plan für eine Währungsreform, der von seinen Verfassern, dem früher in Kiel lehrenden Finanzwissenschaftler Gerhard Colm, dem ehemals deutschen Ökonomen Raymond W. Goldsmith und Clays Finanzberater Joseph Dodge ›Colm-Dodge-Goldsmith-Plan‹ (CDG-Plan) genannt wurde. Er datierte vom 20. Mai 1946, enthielt bereits alle wesentlichen Bestandteile der Währungsreform vom 20. Juni 1948 und bildete im September 1946 die Grundlage für weitere Beratungen im Kontrollrat.

Während sich zuerst Großbritannien und Frankreich aus Konkurrenzgründen einer deutschen Währungsreform widersetzten, war es später eine Forderung der Sowjetunion, die ihre Realisierung verzögerte. Die Sowjets wollten einen Teil der neuen Banknoten ohne alliierte Aufsicht in ihrer Zone drucken und erregten damit das Mißtrauen der Westmächte. Als schließlich Ende September 1947 die Entscheidung fiel, die Währungsreform in den Westzonen separat durchzuführen, konnte auf die seit 1946 vorliegenden Pläne zurückgegriffen werden. Auch die Banknoten waren schon seit Oktober 1947 in den Vereinigten Staaten gedruckt und bis April 1948 nach Frankfurt gebracht worden. Mehr als 250 deutsche Währungsreformpläne, die in der Zwischenzeit entstanden waren, wurden zu Makulatur. Eine auserlesene Schar deutscher Sachverständiger, die von der Militärregierung während der Schlußphase der Unternehmung ›Bird Dog‹ im Konklave von Rothwesten zusammengezogen worden war, sah sich auf die Aufgabe beschränkt, unter der Leitung Tenenbaums Formulare und Merkblätter zu entwerfen. Wenn die Reform dennoch reibungslos durchgeführt werden konnte, lag dies vor allem an der Beschränkung der Operation auf die ›technische‹ Seite des Währungsschnittes. Die amerikanische Besatzungsmacht erfüllte ihre Aufgabe auf ihre Weise. Sie brachte am 20. Juni 1948 500 t Banknoten im Nennwert von 5,7 Mrd. Deutscher Mark (DM) in den Verkehr. Tenenbaum sah in der Währungsreform in erster Linie »die größte logistische Leistung der amerikanischen Armee seit der Landung in der Normandie«.[23]

Die institutionelle Voraussetzung für die Währungsreform war mit der Errichtung der Bank deutscher Länder (BdL) als Bank der Landeszentralbanken am 1. März 1948 durch gleichlautende Gesetze der amerikanischen und britischen Militärregierung geschaffen worden. Als die Landeszentralbanken der französischen Zone am 16. Juni der BdL beitraten, entstand die erste trizonale Institution und war die Teilnahme der französischen Zone an der Währungsreform im Vorgriff auf ihre Beteiligung an der Weststaatsgründung gesichert. Durch ihren dezentralisierten Unterbau errang die BdL weitgehende Unabhängigkeit gegenüber der Zentralregierung der Bundesrepublik Deutschland, so daß damit eine institutionelle Vorentscheidung über die ordnungspolitische Struktur gefallen war.

Mit den Militärgesetzen Nr. 60 bis 64, die zwischen dem 20. und 27. Juni 1948 in Kraft traten, wurde schließlich im wesentlichen der ›CDG-Plan‹ verwirklicht. Die Bank deutscher Länder erhielt das Recht zur Notenausgabe (Gesetz Nr. 60). Gesetz Nr. 64 brachte eine vorläufige Steuerreform, welche die vom Kontrollrat am 12. Februar 1946 verfügten konfiskatorischen Steuersätze zwar milderte, aber in den Augen der deutschen Wirtschaftsverwaltung nicht weit genug ging, um den privaten Investoren neue Anreize zu schaffen. Die Gesetze Nr. 61 und 63 (Währungs- und Umstellungsgesetz) betrafen schließlich die Regularien der Währungsreform selbst. Das Währungsgesetz sah im Prinzip den Umtausch von Reichsmark in die neue ›Deutsche Mark‹ im Verhältnis 1:1 vor, doch galt diese Relation nur für das ›Kopfgeld‹ von 60 DM und für besondere Verbindlichkeiten wie Löhne und Gehälter, Miet- und Pachtzinsen, Pensionen, Renten. Reichsmarkverbindlichkeiten wurden im Verhältnis 10:1 umgetauscht, wobei Ausnahmen zu beachten waren, die zu einem Gesamtumtauschverhältnis von 100 Reichsmark zu 6,50 DM führten. Insgesamt wurden 93,5% des alten Reichsmarkvolumens aus dem Verkehr gezogen – der schärfste Währungsschnitt der deutschen Wirtschaftsgeschichte.

Während Bank- und Sparkassenguthaben in die Umstellung eingeschlossen wurden, blieb das Produktivvermögen unangetastet. Das Umstellungsgesetz sah eine Lastenausgleichsregelung ausdrücklich erst zu einem späteren Zeitpunkt vor. Mit der ›Soforthilfe‹ genannten, vorläufigen Regelung des Lastenausgleichs von 1949 und dem erst 1952 zustandegekommenen Gesetz wurde schließlich eine Form der Abgabe gewählt, die aus dem Vermögenszuwachs finanziert werden konnte und grundsätzlich auf den Verbraucher abwälzbar war. Diese Ungleichheit in der Behandlung der Vermögen mochte angesichts der allgemeinen Not des Jahres 1948 noch unerheblich erscheinen; für die in den sechziger Jahren immer stärker kritisierte Ungleichheit der Einkommens-

und Vermögensverteilung in der Bundesrepublik Deutschland war sie jedoch grundlegend.

Die kurzfristige Wirkung der Währungsreform auf das Warenangebot war verblüffend und festigte auf lange Zeit ihren Mythos als eigentliche Initialzündung und Beginn einer nunmehr stürmisch verlaufenden Phase des Wiederaufbaus. Schon am 21. Juni tauchten in den Schaufenstern des Einzelhandels Waren auf, die der Normalverbraucher seit langem nicht mehr gesehen hatte. Aus verborgenen Horten kamen Kochtöpfe, Zahnbürsten, Bücher und andere Gebrauchsartikel ans Tageslicht, die jetzt ohne Bezugsscheine verkauft wurden. Sogar ein Volkswagen war gegen Zahlung von 5300 DM binnen acht Tagen lieferbar und lag damit weit über dem nominellen Höchstpreis von 990 RM, den Hitler 1936 für seinen ›KdF-Wagen‹ festgesetzt hatte. Selbst die Kühe reagierten offenbar positiv auf den Währungsschnitt; denn schon in der ersten DM-Woche wurde wesentlich mehr Butter angeliefert als in der Vorwoche[24].

Für die Produktionsentwicklung selber weist die Statistik ein noch sensationelleres Ergebnis aus. Vom zweiten auf das dritte Quartal 1948 stieg das amtlich gemessene Produktionsvolumen um nicht weniger als 30%, während im Jahr zuvor Zuwachsraten von durchschnittlich 5% berichtet wurden. In diesen Zahlen spiegelt sich aber weniger die Produktions- als die Erfassungswirklichkeit in der Nachkriegszeit wider. Neuere Berechnungen weisen nach, daß das Produktionsniveau vor der Währungsreform systematisch unterschätzt wurde, weil ein beträchtlicher Teil der für die Hortungslager produzierten Waren nicht statistisch erfaßt worden war. Wird diesem Effekt aber Rechnung getragen (vgl. oben: Tabelle 6), verliert die Währungsreform ihre herausragende Bedeutung für den Produktionsprozeß und ordnet sich in den stetigen Wirtschaftsaufschwung ein, der im Herbst 1947 begann und eine Voraussetzung für ihren Erfolg war. Wesentlich beschleunigt hat die Währungsreform diesen Aufschwung nicht.

Die psychische Wirkung des ›Schaufenstereffektes‹ war jedoch beträchtlich. Für die meisten Zeitgenossen stand weder der Tag der Verkündung des Grundgesetzes am 23. Mai 1949 noch die Konstituierung des Bonner Parlaments am 7. September 1949 für den entscheidenden Neubeginn in Staat und Wirtschaft, sondern eben der 20. Juni 1948. In zweierlei Hinsicht täuscht dieser Eindruck nicht. Zum einen setzte die separate Währungsreform in den Westzonen allen Hoffnungen ein Ende, wenigstens die wirtschaftliche Einheit Deutschlands wiederherzustellen. Sie vollzog damit einen Prozeß der Spaltung, der mit der Teilung Deutschlands in Besatzungszonen begonnen hatte und vor dem Hintergrund des Ausbruchs des Kalten Krieges seit dem Sommer 1947 irreparabel erschien. Die Währungsreform war aber die sichtbarste Klammer einer neuen Einheit, auch wenn diese sich auf die Westzonen beschränken mußte.

Zum anderen ebnete die Sanierung der Kriegsinflation der Wirtschafts- und Ordnungspolitik neue Wege. Jede Reform, die das überkommene Erbe der Kriegswirtschaft überwinden wollte, mußte mit einer Reform der Währung beginnen. Für die neoliberale Wirtschaftsreform Ludwig Erhards galt dies ganz besonders, vertraute er doch weitgehend auf den Wettbewerbsmechanismus des Marktes, der dem Geld eine wichtige Funktion bei der Steuerung der wirtschaftlichen Prozesse zumißt.

Folgte der Währungsschnitt selber strikt amerikanischen Plänen, kamen die an neoliberalen Doktrinen orientierten wirtschaftspolitischen Vorstellungen der Verwaltung für Wirtschaft und ihres Direktors Ludwig Erhard in dem ›Gesetz über Leitsätze für die Bewirtschaftung und Preispolitik nach der Geldreform‹ vom 24. Juni 1948 zum Zuge. Die SPD stimmte im Wirtschaftsrat, dem ›Parlament‹ der Bizone, gegen das Gesetz, während sie ihm im Länderrat, der zweiten Kammer, zustimmte. Die Sozialdemokraten distanzierten sich zwar ebenfalls von der bisherigen Form der Bewirtschaftung als einem »lächerlichen und obendrein systematisch sabotierten Bewirtschaftungssystem«[25] und waren auch bereit, möglichst viele Güter nach der Währungsreform aus der staatlichen Lenkung zu entlassen. Sie wehrten sich aber gegen ein »Experiment mit freien Preisen«, in dem sie den ersten Schritt hin zu »liberalwirtschaftlichen, privatkapitalistischen Verhältnissen« sahen. Mit dem ›Leitsätzegesetz‹ erhielt Erhard in der Tat Vollmacht, die herrschende Wiederaufbaustrategie auf den Kopf zu stellen. Wurde bisher der Produktionsgütersektor mit allen, wenn auch unzulänglichen Mitteln auf Kosten des Verbrauchsgütersektors bevorzugt, förderte Erhard nun durch gezielte Entlassung aus den Bewirtschaftungs- und Preisvorschriften die Konsumgüterindustrien, während die Kapitalbildung im Produktions- und Investitionsgüterbereich weitgehend aus Marshallplanmitteln finanziert werden sollte. Schon vor der Währungsreform waren einige wichtige gebundene Preise wie der Kohlepreis und die Verkehrs-tarife angehoben worden. Jetzt wurden die Preise der konsumna-hen Waren nicht mehr behördlich geregelt. Ihre Bindung wurde nicht aufgehoben, sondern in ihrer Anwendung ausgesetzt. In wesentlichen Bereichen blieb die Preisbindung aber noch beste-hen. Dies betraf mit wenigen Ausnahmen die Produkte der Er-nährungswirtschaft, Erdöl und Benzin, landwirtschaftliche Dün-gemittel, Erzeugnisse der eisenschaffenden Industrie, Mieten und Pachten sowie sämtliche Verkehrstarife. Die Liberalisierung spal-tete den Markt derart, daß einerseits über freie Preise für Ver-brauchsgüter der auf die Währungsreform folgende Konsumstoß aufgefangen werden konnte, andererseits aber die volkswirt-schaftlich bedeutenden Grundstoffindustrien und die Mieten mit ihren gebundenen Preisen zur Stabilisierung des Niveaus beitru-gen.

Der Erfolg dieser Operation blieb bis April 1950 ungewiß, schwankte der Kurs der deutschen Wirtschaft doch in dieser Zeit zwischen inflationärem Boom und relativer Stagnation. Während der von den Alliierten aus der NS-Zeit übernommene Lohnstopp bis zum 3. November 1948 aufrechterhalten wurde und die Löhne deshalb relativ stabil blieben, erhöhten sich im zweiten Halbjahr 1948 der Index der Lebenshaltung und die industriellen Preise jeweils um 14%, diejenigen für Grundstoffe sogar um 21%. Ermöglicht wurde diese Entwicklung durch die inflationäre Ex-pansion des Geldvolumens von 6 Mrd. DM kurz nach der Wäh-rungsreform auf 14,3 Mrd. DM im Dezember 1948, während gleichzeitig das Bankkreditvolumen von Null auf 5,2 Mrd. DM anstieg.[26] Wenn auch das Wachstumstempo beibehalten werden konnte, drohte doch dem Aufschwung nach der kombinierten Wirtschafts- und Währungsreform gleich von drei Seiten Gefahr. *Geldpolitisch* schien wenige Wochen nach der Reform das Ver-trauen in die neue Währung erschüttert. Schon Ende Juli gab der Kurs der Mark nach. *Sozialpolitisch* drohte sich die Spannung zwischen Lohn- und Preisentwicklung in heftigen Arbeitskämp-fen zu entladen, wofür der 24stündige Generalstreik gegen Preis-treiberei am 12. November 1948 ein Warnzeichen war. *Wirt-schaftspolitisch* schien die Verlagerung der Führungsrolle im Wie-deraufbau auf den Konsumgüterbereich den Ausbau wichtiger Engpässe der westdeutschen Wirtschaft etwa im Bergbau oder im Verkehrssektor gefährlich zu verzögern, weil Investitionen in diesen konsumfernen, vor der Währungsreform bevorzugten Bereichen auf große Finanzierungsprobleme stießen.

c) Der Marshallplan

Eine wesentliche Ursache dieser negativen Entwicklung im zweiten Halbjahr 1948 war der verzögerte Start und der enttäuschende Umfang der Marshallplanlieferungen. Entgegen den hochgespannten Erwartungen zu Beginn des Jahres 1948 spielte der Marshallplan für den westdeutschen Wiederaufbau zunächst keine große Rolle. Der Aufschwung, der im Herbst 1947 einsetzte, gelang im wesentlichen ohne Hilfe von außen. Erste ERP-Warenlieferungen für die Bizone setzten ein Jahr später ein. Das Jahr 1947 und die ersten beiden Monate des Jahres 1948 brachten nicht einmal einen spürbaren Anstieg der ›kommerziellen‹ Einfuhr, obwohl sich trotz der für die deutsche Exportwirtschaft ungünstigen Preispolitik der alliierten ›Joint Export Import Agency‹ ein Devisenüberschuß aus Exporterlösen angesammelt hatte. Nur im zweiten Quartal 1948 stiegen die Einfuhren – offenbar zur kurzfristigen Absicherung der Währungsreform – über die Ausfuhren hinaus an. Danach kam es aber erneut zu Exportüberschüssen. Die Außenwirtschaft erwies sich als die Achillesferse des Aufschwungs.

Die Praxis des Marshallplans erfüllte auch nicht die Hoffnungen, die deutsche Wirtschaftspolitiker an ihn knüpften. Ludwig Erhard hatte noch im Februar 1948 gegenüber Gewerkschaftsvertretern erklärt, er könne die gesamte Kapitalbildung aus dem Marshallplan finanzieren und das westdeutsche Sozialprodukt praktisch vollständig für den Konsum verwenden:[27] »Wir haben in Deutschland nach der Währungsreform kein Kapital, das uns irgendwie gestatten würde, zu investieren. Wenn wir das in Splittern gewissermaßen aus dem ohnehin unzureichenden Lebensstandard nochmals abziehen würden, um diese Dinge aufzubauen, das wäre ein dornenvoller Weg. Wir hoffen, daß wir für diese Zwecke Mittel aus dem Ausland bekommen. Dann wird sich ganz deutlich zeigen: Auf der einen Seite werden die ausländischen Mittel zur Alimentierung von Kapitalgütern, und zwar Investitionen verwandt werden, und es wird praktisch das deutsche Volkseinkommen in den unteren, mittleren und gehobenen Schichten tatsächlich wesentlich konsumtiv verwendet werden.«

Jedenfalls nahmen die Beamten der Wirtschaftsverwaltung an, daß die neue Auslandshilfe größer ausfallen und vor allem flexibler verwendbar sein würde als die laufenden GARIOA-Lieferungen der amerikanischen Armee. Vor allem aber sollten Marshallplan-Einfuhren in den kritischen Monaten nach der Währungs- und Wirtschaftsreform zum Gelingen des neoliberalen Experiments beitragen. Dies war denn auch der Tenor des offiziellen ERP-Rechenschaftsberichts des Verwaltungsrates des Vereinigten Wirtschaftsgebietes für 1948. Demgegenüber machte der ›Berater für den Marshallplan‹, der das ERP-Programm auf der deutschen Seite verwaltete, in seinem zum internen Gebrauch verfaßten »vertraulichen Jahresbericht 1948« aus der Not der enttäuschenden Bilanz des Jahres 1948 die nüchterne Tugend, daß man dem Wesen des Marshallplanes nicht gerecht werde, wenn man ihn nur nach seinen unmittelbar greifbaren wirtschaftlichen Ergebnissen beurteile.[28] In der Tat war der politische Gewinn aus der Teilnahme der Bizone am Marshallplan bis dahin bedeutender als der praktische Beitrag des Hilfsprogramms für den Wiederaufbau in Westdeutschland. Noch im September 1948 waren weit mehr als die Hälfte der geplanten Marshallplan-Einfuhren im Stadium der bürokratischen Vorbereitung. Von den Waren im Gesamtwert von knapp 99 Mio. Dollar, die schließlich bis zum Jahresende geliefert worden waren, entfielen nur 22 Mio. Dollar auf ›Industriegüter‹ – über zwei Drittel davon auf Baumwolle. Damit waren lediglich 27% der bis dahin zugesagten Hilfe auch in der Bizone angelangt. Die Marshallplanhilfe sollte auch nicht zusätzlich zu den bisherigen GARIOA-Lieferungen des amerikanischen Kriegsministeriums gegeben werden, sondern an deren Stelle treten. Tatsächlich waren GARIOA- und ERP-Mittel ihrer jeweiligen Gesamthöhe nach annähernd gleich. Die Marshallplanhilfe betrug insgesamt, d. h. über ihre Laufzeit von 1948 bis 1952 hinweg, 1,560 Mrd. Dollar, während die GARIOA-Lieferungen mit 1,620 Mrd. Dollar angesetzt wurden (vgl. Tabelle 8, S. 56). Wenn auch die Bewertung der letzteren wesentlich willkürlicher erfolgte als beim ERP-Programm, übertrafen die Hilfslieferungen der Armee dennoch den Marshallplan an quantitativer Bedeutung beträchtlich, weil ihr Umfang im Verhältnis zum niedrigeren Stand des ›Außenhandels‹ und des ›Sozialprodukts‹ in der ersten Nachkriegszeit gesehen werden muß. An qualitativen Kriterien gemessen, schnitt dagegen der Marshallplan besser ab, bestanden seine

Tabelle 8: Amerikanische Auslandshilfe an Westdeutschland
(Mio. Dollar)

	GARIOA	ERP/MSA
1946/47	263	–
1947/48	580	–
1949/50	198	416
1950/51	–	479
1951/52	–	210
1952/53[a]	–	67
Summe	1620	1560

a bis 31. 12. 1952.
Quelle: Bundesminister für den Marshallplan Hg., Wiederaufbau im Zeichen des
Marshallplans, Bonn 1953, S. 23-24.

Lieferungen doch nicht nur aus Lebensmitteln (noch dazu von
besserer Qualität), sondern auch aus industriellen Rohstoffen und
in geringem Umfang aus Investitionsgütern (vgl. Tabelle 9). Allerdings erfüllte sich die Hoffnung der deutschen Seite, sie könnte
über die Dollarhilfe frei verfügen, vorerst nicht. Die Vereinigten

Tabelle 9: Zusammensetzung der ERP/MSA-Einfuhren
nach Westdeutschland (Mio. Dollar)

	Nahrungsmittel, Futtermittel, Saaten	Industrielle Rohstoffe	Maschinen u. Fahrzeuge	Frachten
1948/49	213	135	8	32
1949/50	175	212	9	29
1950/51	196	240	13	31
1951/52	76	100	8	26
1952/53	24	38	2	4
Zusammen	684	725	36	122

Quelle: Bundesminister für den Marshallplan Hg., Wiederaufbau im Zeichen des
Marshallplans, Bonn 1953, S. 23.

Staaten orientierten ihre Lieferungen vor allem in der Anfangszeit
des Programms weniger an den ›Wunschlisten‹ der deutschen
Wirtschaftsverwaltung als vielmehr an ihren eigenen binnenwirtschaftlichen Präferenzen. Die Enttäuschung darüber war groß,

aber schließlich hatte Westdeutschland in diesem frühen Stadium des Wiederaufbaus nahezu für alles Verwendung.

Auch an der kommerziellen Einfuhr gemessen nahmen sich die Lieferungen aus dem Marshallplan, als sie Ende 1948 schließlich einsetzten, der Höhe nach noch nicht eindrucksvoll aus. Die spezifische Zusammensetzung der ERP-Lieferungen – so wichtig diese angesichts des steigenden Rohstoffbedarfs auch gewesen sein mögen – hielt sich ebenfalls im Rahmen der früheren GARIOA-Lieferungen und der übrigen Einfuhren. War schon der Beginn der Rekonstruktionsperiode im Jahre 1947 nicht auf Einfuhrerleichterungen zurückzuführen, ist deshalb auch der Einfluß des Außenhandels und insbesondere der Marshallplanhilfe auf den Wiederaufbau in den Jahren 1947 und 1948 gering einzuschätzen. Erst später gewann das Programm an Bedeutung. In Relation zur Gesamteinfuhr Westdeutschlands machte die Auslandshilfe im vierten Quartal 1949 immerhin 37%, aus, 1950 18%, 1951 12% und 1952 noch 3%.[29] Tatsächlich ist die Marshallplanhilfe angesichts der Passivität der deutschen Handelsbeziehungen mit dem Dollar-Raum in diesen Jahren von großem Wert gewesen – mehr noch als es die Größenordnung ihres Anteils am deutschen Außenhandel nahelegt.

Unter der Flagge des ERP liefen auch die ›Gegenwertfonds‹ (counterpart funds), die im Rahmen des ›inneren Marshallplans‹ zur Finanzierung von Investitionen in Engpaßbereichen des Wiederaufbaus eingesetzt wurden. Es handelte sich dabei um Mittel, die Importeure in deutscher Währung aufzubringen hatten, wenn sie Waren aus dem ERP-Programm einführten. In dem bilateralen »Abkommen über wirtschaftliche Zusammenarbeit«, das am 14. Juli 1948 den rechtlichen und politischen Rahmen des Hilfsprogramms für Westdeutschland zog, hatten die Vereinigten Staaten im Unterschied zu der Regelung, die mit anderen Empfängerstaaten getroffen wurde, auf der späteren Rückzahlung der Dollarhilfe in Devisen bestanden. Darüber hinaus hatten sie verfügt, daß auch ein Gesamtplan der Mittelverwendung aus den ›counterpart funds‹ vorzulegen sei und sich die Prüfung und Genehmigung jedes einzelnen Finanzierungsprojektes durch ihre ›Economic Commission Administration‹ (ECA) vorbehalten. Der Anteil dieser deutschen Gegenwertmittel des Marshallplans an der Finanzierung der Nettoanlageinvestitionen war in den Jahren 1949 bis 1952 mit durchschnittlich 8% zwar nicht sehr groß, doch wurden diese Mittel vor allem zur Erweiterung von Engpässen gezielt im Infrastruktur- und Produktionsgüterbereich eingesetzt und mobilisierten zusätzliche Kredite aus dem Bankensystem (vgl. Tabelle 10). Dennoch lag die Investitionsförderung aus Gegenwertmitteln »weit vom Kern der Mechanik des Marshallplans« entfernt, wie es ein leitender Beamter der deutschen Wirtschaftsverwaltung im Herbst 1949 formulierte.[30]

Tabelle 10: Anteil der ERP-Finanzierung an den Brutto-Anlageinvestitionen 1949-1952 (in v. H.)

	1949	1950	1951	1952
Wirtschaft insgesamt[a]	6,4	8,6	4,5	2,3
Industrie	7,1	13,0	4,5	2,3
darunter Kohlebergbau	47,0	40,0	13,0	4,9
Grundstoff- u. Produktionsgüterindustrie	0,8	14,0	6,1	1,8
Eisen- u. Stahlindustrie	−	18,0	14,0	2,0
Energieversorgungsbetriebe	14,0	24,0	21,0	5,5
Nachrichten- u. Verkehrswesen	20,0	7,1	3,3	2,2
Wohnungswirtschaft	0,7	4,6	2,9	2,3
Landwirtschaft	2,0	13,0	2,7	3,7
Übrige Gewerbe	−	0,4	0,5	0,3

a Ohne Berücksichtigung der Brutto-Anlageinvestitionen der öffentlichen Verwaltung.

Quelle: E. R. Baumgart, Investitionen u. ERP-Finanzierung, DIW-Sonderhefte, N. F. 56, Berlin 1961, S. 122-25.

In den ›counterpart funds‹ sammelten sich DM-Beträge, die im Gegensatz zu den Dollar-Beträgen der Marshallplanhilfe auch durch Kreditschöpfung im eigenen Zentralbanksystem oder über den Kapitalmarkt aufgebracht werden konnten. Empfängerländer wie Großbritannien oder Dänemark, die auf Grund einer autonomen Kreditpolitik und eines gut funktionierenden Kapitalmarktes nicht auf die Freigabe der ERP-Gegenwertmittel angewiesen waren, verwendeten die zurückfließenden Mittel deshalb auch nicht zur Investitionsfinanzierung, sondern zur Tilgung von Staatsschulden. Der Zusammenhang zwischen Dollarhilfe und innerer Investitionsfinanzierung ist deshalb auch in den Ländern, die ›counterpart funds‹ bildeten, kein wirtschaftlicher, sondern im wesentlichen ein politischer.

Die institutionelle Verknüpfung von Marshallplanhilfe und inländischer Investitionsförderung hatte jedoch am Anfang der fünfziger Jahre zwei Vorzüge, die ihren Einsatz in der Bundesrepublik Deutschland erklären. Sie war geeignet, eine Öffentlichkeit zu beruhigen, die in staatlicher Kreditschöpfung traditionell und oft aus gutem Grund den Keim zur Inflation sah. Fachleute hingegen wußten, daß sich die stabilitätspolitische Wirkung von Geldschöpfung – gleichgültig ob sie aus dem Bankensystem kam oder aus den ›counterpart funds‹ stammte – nicht unterschied.[31] War die Angst vor inflatorischer Finanzierung der Kapitalbildung auch angesichts von Arbeitslosigkeit und freien Produktionskapazitäten praktisch unbegründet, konnte doch ein Placebo nützlich sein, um das alte Inflationstrauma zu bannen. Für die Kreditvergabe aus dem Gegenwertkonto sprach auch, daß die Zentralbank jederzeit in der Lage war, Kreditschöpfungswünsche der Regierung abzulehnen, was sie in der Praxis »aus Währungsgründen« oft genug tat.

Schwerer noch als dieser politisch-psychische Aspekt wog das Interesse der amerikanischen Besatzungsmacht an einer möglichst geräuschlosen und legitimen Kontrolle der westdeutschen Wirtschaftspolitik. Weil Gegenwertmittel nur mit Zustimmung der amerikanischen Marshallplan-Verwaltung verwendet werden konnten, wurden sie zu einem wichtigen Instrument amerikanischen Einflusses auf die westdeutsche Wirtschaft. Gleichzeitig war die Investitionsfinanzierung aus Gegenwertmitteln die letzte Bastion öffentlicher Kapitallenkung. Zwar hatten in den mittleren Rängen der Wirtschaftsverwaltung behutsame Vorstellungen staatlicher Wirtschaftslenkung die Währungsreform überdauert, doch wurden diese »Richtlinien zur Investitionsplanung« nur verschämt, in informeller Abstimmung zwischen dem Wirtschaftsministerium und der eigens zur Verwaltung der Gegenwertmittel errichteten Kreditanstalt für Wiederaufbau, angewandt.[32] Die Gegenwertmittel dagegen waren auf amerikanischen Wunsch hin ausdrücklich im Rahmen der gesamtwirtschaftlichen Investitionsplanung einzusetzen, so daß hier der Leiter der Kreditanstalt, Hermann J. Abs, inmitten des neoliberalen Experiments einen schmalen Sektor westdeutscher ›Planwirtschaft‹ sah. Für den deutschen Wirtschaftsminister lag der Vorzug der Gegenwertmittel deshalb auch darin, mit ihnen über eine planerische Einsatzreserve zur Korrektur von Kapitalfehllenkungen des Marktes zu verfügen, ohne sich politisch mit ihr identifizieren zu müssen. So wichtig aber staatliche Investitionsförderung zu Beginn der Rekonstruktion auch war, zur Verknüpfung mit dem Marshallplan bestand kein ökonomischer ›Sachzwang‹, wohl aber eine gewisse politische Indikation.

Während die liberalen und konservativen Parteien des ›Regierungslagers‹ über den späten Start und die suboptimale Struktur der Hilfslieferungen enttäuscht waren, ging die Kritik am Marshallplan bei der Opposition entschieden weiter. Die Kommunisten sahen in ihm ein Instrument des ›Dollar-Imperialismus‹ und der Versklavung Westeuropas, nachdem die Sowjetunion und nach ihr die Ostblockstaaten den Plan auf der Pariser Außenministerkonferenz (27. Juni bis 2. Juli 1947) als Einmischung in die inneren Angelegenheiten der Länder Europas abgelehnt hatten. Die Sozialdemokraten und die deutschen Gewerkschaften hatten es schwer, ihre Einwände gegen den Plan einer hoffnungsvoll gestimmten Öffentlichkeit näherzubringen. Gerade die Wirtschaftsexperten der SPD, wie Fritz Baade und Viktor Agartz, beurteilten die Wirkung des Programms intern sehr pessimistisch und nahmen damit eine Haltung ein, die aus der Perspektive der Jahre 1949/50 durchaus nachvollziehbar ist. Ihre Kritik setzte aber noch grundsätzlicher an, wenn sie den Umfang der Lieferungen gegen die Nachteile aufrechneten, die Deutschland als ganzem ihrer Meinung nach aus der amerikanischen Europapolitik entstanden waren, aber auch Westdeutschland allein beim Kohlezwangsexport und beim Osthandel. Agartz ging deshalb so weit, den Vereinigten Staaten vorzuwerfen, sie wollten Westdeutschland mit Hilfe des Marshallplans »den Status eines Levantestaates« aufzwingen.[33] Die Sozialdemokraten, die der deutschen Einheit Vorrang vor der Weststaatsgründung gaben, reagierten damit am empfindlichsten auf jene Folgen des Marshallplans, die aus anderer Perspektive gerade seinen größten Erfolg ausmachten: Er schuf die wesentlichen Voraussetzungen für den Zusammenschluß der Westzonen zur Bundesrepublik Deutschland und für deren Entlastung vom Zugriff der Reparationsgläubiger und der Besatzungsmächte auf das westdeutsche Wirtschaftspotential.

Vor allem Frankreich war in der Lage – sowohl als Reparationsgläubiger als auch als Besatzungsmacht –, amerikanische Pläne zu durchkreuzen, die vorsahen, Westdeutschlands Wiederaufbau zum Kernstück einer Stabilisierungsstrategie für Westeuropa zu machen. Tatsächlich hat Frankreich von Anfang an in der Deutschlandpolitik einen Kurs verfolgt, der weit über das realpolitisch erklärbare Maß hinaus französische Eigenständigkeit beanspruchte. Ungeachtet seiner Abhängigkeit von amerikanischer Wirtschaftshilfe hatte es seit 1945 durch Obstruktion in der Frage der deutschen Zentralverwaltungen die Absichten der übrigen Besatzungsmächte durchkreuzt und dabei auch gegen den Druck der Frankfurter Militärregierung Rückendeckung in Washington gefunden. Im Mai 1946 hielt Frankreich einem amerikanischen Demontagestopp stand, durch den Clay es zum Einlenken in der Deutschlandpolitik zwingen wollte, und verweigerte schließlich die Teilnahme seiner Zone an der Fusion mit der britisch-amerikanischen Zone zum Vereinigten Wirtschaftsgebiet, ohne jemals mit harten amerikanischen Gegenzügen konfrontiert zu werden. Die Vereinigten Staaten unternahmen im Gegenteil wenig, um den faktischen Anschluß des Saargebietes zu verhindern, entsprachen französischen Wünschen nach Kohle aus Deutschland und halfen mit Krediten und Getreide aus den USA.

Es war gerade Frankreichs Schwäche, seine innenpolitische Instabilität im Spannungsfeld radikaler Strömungen von links und rechts, die Washington daran hinderte, den Druck seiner Frankfurter Militärregierung nach Paris weiterzugeben. In dem Bemühen, Frankreich als Partner amerikanischer Stabilitätspolitik in Europa zu erhalten, neigte das State Department zu großer Vorsicht im Umgang mit Paris und zum Nachgeben in deutschlandpolitischen Fragen. Der Marshallplan hatte nicht zuletzt auch diese Funktion zu erfüllen, indem er die Voraussetzungen zur Lösung des Reparationsproblems schaffen sollte.[34] Insbesondere ›versteckte‹ Reparationen – bis Oktober 1947 fielen mehr als 75% des deutschen Exports unter diese Kategorie – bedrohten das amerikanische Konzept, Westdeutschland wirtschaftlich und politisch zu stärken. Der Marshallplan sollte es den begünstigten Ländern ermöglichen, im amerikanischen Interesse künftig auf versteckte Reparationen aus Deutschland zu verzichten. Die Vereinigten Staaten waren entschlossen, die Hypothek abzulösen, die die westdeutsche Wirtschaft seit Potsdam zugunsten der ›Vereinten Nationen‹ zu tragen hatte und die Gläubiger großzügig zu entschädigen. Frankreich war nicht der einzige, aber bei weitem der wichtigste Adressat dieser Politik.

Schon im letzten Vierteljahr 1947 erhielt Paris im Vorgriff auf den Marshallplan Kredite in Höhe von 337 Mio. Dollar. Am 2. Januar 1948 wurde Frankreich erneut Interimshilfe von 280 Mio. Dollar zugesagt. Im Rahmen des ›Foreign Assistance Act‹ vom 3. April 1948 war für Paris schließlich eine erste Tranche von 989 Mio. Dollar vorgesehen. Für die französische Zone, die am 18. Februar Mitglied der OEEC geworden war, sah der Plan weitere 100 Mio. Dollar vor, so daß sie – im Gegensatz zur Bizone – zum ersten Mal überhaupt in den Genuß von Hilfslieferungen kam. Bis zum Ende des ERP-Programms empfing Frankreich Wirtschaftshilfe in Höhe von 3,104 Mrd. Dollar. Die Einbeziehung in den Marshallplan erleichterte es der Pariser Regierung zweifellos, von ihren deutschlandpolitischen Maximalforderungen abzurücken – zumal sie längst an der Ablehnung durch alle drei Alliierten gescheitert waren. Immerhin gelang es Frankreich mit dem wirtschaftlichen Anschluß des Saargebietes, der Errichtung des Rates der Internationalen Ruhrbehörde und der Unterzeichnung des Brüsseler Sicherheitspaktes, wichtige Teilziele zu realisieren. Vor der sich abzeichnenden Ost-West-Teilung Europas und des Deutschen Reichs fiel es Frankreich auch weniger schwer, der trizonalen Wirtschaftseinheit und schließlich der westdeutschen Staatsgründung zuzustimmen. Die Besatzungszone war als politisches wie als wirtschaftliches Faustpfand obsolet geworden. *Mit* amerikanischer Wirtschaftshilfe war die Zone *politisch* nicht mehr zu halten, *ohne* den Marshallplan aber erst recht nicht *wirtschaftlich*. In diesem Sinne brachte der Marshallplan nicht nur die Wende in der wirtschaftlichen Entwicklung der französischen Besatzungszone, sondern darüber hinaus auch für Westdeutschland.

Hatte die Politik der versteckten Reparationen und des wirtschaftlichen Faustpfandes bisher die französische Zone geschwächt und ihre Entwicklung von den übrigen Zonen abgekoppelt, schuf ihr Ende jetzt die Voraussetzung für industriellen Aufstieg und trizonale Wirtschaftseinheit. Mit dem Beitritt der Zentralbanken der Länder der französischen Zone zur Bank deutscher Länder am 31. April, der gemeinsamen Währungsreform am 20. Juni, der Öffnung der Zonengrenze für Menschen und Waren am 24. August, der Verschmelzung der beiden Außenhandelsorganisationen OFICOMEX und JEIA und dem Abschluß eines französischen Handelsvertrages mit allen drei Zonen am 18. November 1948 war dieser Prozeß schließlich abgeschlossen und von Frankreich besiegelt. In diesem Sinne stand der Marshallplan tatsächlich am Beginn des Wiederaufstiegs der westdeutschen Wirtschaft. Er hat der Weststaatsgründung den Weg geebnet, das Verhältnis der Bundesrepublik zu den Reparationsgläubigern entlastet und den Westzonen die Verfügungsgewalt über die *eigenen* Ressourcen weitgehend zurückgegeben. Der Marshallplan hat auch Formen der westeuropäischen Zusammenarbeit ins Leben gerufen, welche die internationale Rehabilitation der Bundesrepublik Deutschland erleichtert haben und gleichzeitig günstige Rahmenbedingungen für die Rückkehr Westdeutschlands in den Weltmarkt boten. Demgegenüber gewannen die Marshallplanlieferungen selber keine entscheidende Bedeutung für den wirtschaftlichen Wiederaufstieg. Sie kamen zu spät, um als Initialzündung eines Aufschwungs wirken zu können, der längst mit eigenen Mitteln in Gang gesetzt worden war. Sie kamen nicht einmal rechtzeitig genug, um ernstlich über Erfolg oder Scheitern des Erhardschen Wirtschaftsexperiments mitzuentscheiden.

3. Die Durchbruchkrise der westdeutschen Wirtschaft und Wirtschaftsordnung

a) Die Ruhe vor dem Boom

Ende 1948 ließ der Inflationsschub nach. Die Erhöhung der Mindestreservesätze von 10 auf 15%, die Kreditplafondierung auf dem Stand von Ende Oktober und der Stopp der Refinanzierungsmöglichkeiten über Bankakzepte zeigten ihre Wirkung. Mit einer ganzen Palette restriktiver Maßnahmen knüpfte die Notenbank an die Tradition deutscher Geldpolitik in den zwanziger Jahren an und übernahm damit bis zum Ende der Ära Erhard die Führung der Wirtschaftspolitik. Auch die Inflationsquelle der Altguthaben versickerte allmählich, der Kostendruck wurde durch sinkende Rohstoffpreise gelockert und Budgetüberschüsse aus den wachsenden Steuereinnahmen dämpften die volkswirtschaftliche Gesamtnachfrage. Dem inflationistischen Boom folgte jedoch nicht die Konsolidierung. Für die westdeutsche Wirtschaft begann übergangslos eine fünfzehnmonatige deflationistische Phase mit zuweilen depressiver Grundstimmung. Das Wachstumstempo halbierte sich, die Preise fielen, und die Arbeitslosigkeit, die erwartungsgemäß schon unmittelbar nach der Währungsreform angestiegen war, nahm nun dramatische Formen an (vgl. Tabelle 11). Anfang 1950 gab es über zwei Millionen Arbeitslose.

Tabelle 11: Daten zur wirtschaftlichen Entwicklung 1948-1953 (vierteljährlich)

Jahr	Industrie-produktion (1936=100)	Beschäftigte (Mio.)	Erwerbs-losigkeit (v. H.)	Lebenshal-tung (1950=100)	Brutto-Stun-denlöhne (1950=100)
1948					
II	57	13,5	3,2	98	77
III	65	13,5	5,5	104	84
IV	79	13,7	5,3	112	89
1949					
I	83	13,4	8,0	109	90
II	87	13,5	8,7	107	94
III	90	13,6	8,8	105	95
IV	100	13,6	10,3	105	95
1950					
I	96	13,3	12,2	101	97
II	107	13,8	10,0	98	98
III	118	14,3	8,2	99	100
IV	134	14,2	10,7	103	105
1951					
I	129	14,2	9,9	115	108
II	137	14,7	8,3	119	117
III	133	14,9	7,7	108	118
IV	146	14,6	10,2	112	–
1952					
I	136	14,6	9,8	111	120
II	143	15,2	7,6	109	122
III	144	15,5	6,4	109	123
IV	158	15,0	10,1	110	124
1953					
I	146	15,2	8,4	109	125
II	158	15,8	6,4	108	128
III	160	16,0	5,5	108	128
IV	174	15,6	8,9	107	128

Quelle: Stat. Jb. für die Bundesrepublik Deutschland 1952-1954; Wirtschaft u. Statistik 1952-1954; Tabelle 6.

In der nun erneut einsetzenden Auseinandersetzung um den Kurs der westdeutschen Wirtschaftspolitik verlief die Frontlinie keineswegs zwischen Plan- und Marktwirtschaft. Die Opposition gegen Erhards Wirtschaftspolitik, deren Vertreter nicht nur in der SPD und den Gewerkschaften, sondern auch im Kabinett Adenauer selber und in der Alliierten Hochkommission zu finden waren, verlangte sowohl den Abbau der restriktiven Geldpolitik als auch den Einsatz staatlicher Ausgabenprogramme zur Nachfragestützung. Die Gegner der Erhardschen Wirtschaftspolitik wiesen vor allem auf die Gefahr hin, die von der Massenarbeitslosigkeit auf die Etablierung der westdeutschen Demokratie ausging und rügten, daß die Bundesregierung kein konkretes Wiederaufbaukonzept vorweisen könne. Darüber hinaus warnten die ECA-Sondermission für Westdeutschland und die Alliierte Hochkommission Erhard nachdrücklich davor, sich allzu sehr oder gar ausschließlich auf die Marshallplanhilfe zu verlassen. Schon seine Reform von 1948, die der westdeutschen Wirtschaftspolitik nach der Währungsreform eine spezifisch neoliberale Richtung gab, wurde von den pragmatisch gestimmten Wirtschaftsberatern der Hohen Kommission mit Mißtrauen verfolgt. Sie zweifelten am Erfolg dieser Politik für den Wiederaufbau, und die tatsächliche Entwicklung bis 1951 schien ihnen recht zu geben. Im August 1949 verlangte das alliierte Bizonen-Kontrollamt zum ersten Mal Maßnahmen, die sowohl die Arbeitslosigkeit vermindern als auch den Wiederaufbau beschleunigen sollten. Dieses Monitum wurde von alliierter Seite seitdem ständig wiederholt, bis es durch die expansiven wirtschaftlichen Folgen des Koreakrieges obsolet wurde.

Die Kritik nahm konkretere Formen an, als das Wachstum der Industrieproduktion Ende 1949 ins Stocken kam und die Arbeitslosenzahlen, die während des ganzen Jahres jenseits der Millionengrenze lagen, im Februar 1950 mit 2 Mio. (12%) ihr Maximum erreichten. Den unmittelbaren Anlaß für amerikanische Kritik am Erhardschen Kurs bot das Memorandum des Bundesministeriums für den Marshallplan vom 15. Dezember 1949 an die OEEC, mit dem die Notwendigkeit weiterer Dollarhilfe für Westdeutschland begründet werden sollte. In diesem Memorandum wurde deshalb die voraussichtliche weitere Entwicklung der Arbeitslosigkeit in den schwärzesten Farben dargestellt, gleichwohl aber eine Drosselung des Investitionsprogramms nicht ausgeschlossen, um die währungs- und preispolitische Stabilität der Bundesrepublik nicht zu gefährden. Die ECA-Sondermission konterte mit dem Hinweis, daß mit Laissez-faire und Defätismus allein die Arbeitslosigkeit nicht bekämpft werden könne. Die amerikanischen Wirtschaftsberater des Hohen Kommissars bemängelten vor allem das Fehlen konkreter Programme und Pläne zur Überwindung der Arbeitslosigkeit und richteten ihre Kritik deshalb ganz grundsätzlich gegen die ›Philosophie‹ der Erhardschen Wirtschaftspolitik.

In dem nun einsetzenden »Memorandenkrieg« zwischen der Bundesregierung und der Hohen Kommission mußte der Wirtschaftsminister schließlich gegen seinen Willen der Aufstellung eines Arbeitsbeschaffungsprogramms zustimmen. Dies um so mehr, als es der sozialdemokratischen Opposition im Deutschen Bundestag gelang, eine parlamentarische Mehrheit für eine Entschließung zu finden, die von der Regierung ein eingehendes Programm zur Bekämpfung der Arbeitslosigkeit verlangte und den Wirtschaftsminister aufforderte, durch planmäßiges Eingreifen die Wirtschaftsentwicklung in Richtung auf eine zunehmende Beschäftigung zu steuern.[35]

Bundeswirtschaftsministerium und Notenbank hielten eine globale Ankurbelung der westdeutschen Wirtschaft durch Arbeitsbeschaffungsprogramme für verfehlt. Ein inneres Expansions-Programm konnte einerseits das Problem der Arbeitslosigkeit nicht lösen, weil dieses nicht konjattureller, sondern struktureller Natur war, würde aber andererseits das deutsche Zahlungsbilanzdefizit noch weiter vergrößern. Beide Standpunkte waren berechtigt und auch nicht unvereinbar. Dem gemeinsamen Druck der Hohen Kommission und der parlamentarischen Opposition – letztere reichte in diesem Falle bis weit in die CDU/CSU-Fraktion hinein – konnte sich Erhard nicht mehr völlig entziehen, zumal er in der Debatte zugeben mußte, daß die Kapitalbildung in der deutschen Volkswirtschaft während der letzten eineinhalb Jahre und deren Anwendung für Investitionen vielleicht vordringlicher anderen Zwecken hätte nutzbar gemacht werden sollen.[36] Dennoch beantwortete der Wirtschaftsminister den Zangenangriff seiner Gegner eher mit einer ›Kriegslist‹ denn mit einem ›echten‹, d. h. aus zusätzlichen Ausgaben bestehenden Arbeitsbeschaffungsprogramm. Zwar gewann das ›erweiterte Investitionsprogramm‹ mit einem Volumen von rund 5,4 Mrd. DM eine durchaus eindrucksvolle Größenordnung, doch bestand es aus heterogenen Einzelprogrammen, die nicht ohne weiteres addiert werden konnten und die auch nur zum Teil den Einsatz zusätzlicher Mittel vorsahen. Tatsächlich blieben im Kern nur 0,6 Mrd. DM übrig, die mit einigem Recht als Arbeitsbeschaffungsprogramm gelten konnten. Im März 1950 beschloß die Bundesregierung noch ein zweites Programm, das jedoch – wie die Masse des ersten auch – bis zum Ausbruch des Koreabooms nicht mehr wirksam wurde. Die Notenbank hatte schon im Laufe des Jahres 1949 ihre Restriktionen weitgehend gelockert. Im März hob sie den Kreditplafond auf, senkte bis Juli den Diskontsatz von 5 auf 4% und führte die Mindestreservesätze bis September auf ihren Ausgangsstand zurück. Unter dem Eindruck der passiven Handelsbilanz wertete die Bundesregierung im zweiten Halbjahr 1949 den Kurs der Deutschen Mark zum Dollar von bisher 30 auf 22,5 Cents ab – ein Schritt, dessen expansiver Charakter durch die gleichzeitige Abwertung des englischen Pfundes und anderer europäischer Währungen, die das deutsche Maß noch überschritten, in Grenzen gehalten wurde.

Ludwig Erhard sah in den Interventionen der Alliierten einen »Generalangriff auf die deutsche Marktwirtschaft«. Tatsächlich maß die amerikanische Hohe Kommission die deutsche Marktwirtschaft keineswegs an einem ordnungspolitischen Gegenmodell, dem sie den Vorzug gab. Sie war jedoch bei aller grundsätzlichen Nähe zu liberalen Prinzipien nicht bereit, Ergebnisse zu akzeptieren, die ihre Besatzungsziele – politische und soziale Stabilisierung einerseits, Stärkung des westlichen Wirtschaftspotentials andererseits – zu gefährden schienen. Es gehörte seit Kriegsende geradezu zu den Grundzügen amerikanischer Wirtschaftspolitik in Europa, zugunsten dieser pragmatischen Ziele auch die Mittel staatlicher Planung und Lenkung einzusetzen oder ihren Einsatz materiell zu fördern, wenn dies unter den jeweils spezifischen Bedingungen des Empfängerlandes den größten Erfolg versprach.[37]

Noch ehe aber das Konjunkturprogramm alle Hürden der bürokratischen Vorbereitung und interministeriellen Abstimmung hinter sich gebracht hatte, begann ein neuer Abschnitt im Rekonstruktionsprozeß der westdeutschen Wirtschaft, den niemand vorhersehen konnte. Der Ausbruch des Krieges in Korea im Juni 1950 erschütterte die Weltwirtschaft so nachhaltig, daß seine Schockwellen auch die Wirtschaft der Bundesrepublik veränderten. Der Krieg trieb im Ausland die Nachfrage nach deutschen Investitionsgütern und Rohstoffen und im Inland nach Konsumgütern in die Höhe. Die Gewalt dieses Ereignisses machte alle wirtschaftspolitischen Kalkulationen über Nacht zu Makulatur. Zum ersten Mal spürte die westdeutsche Wirtschaft einen Wachstumsschub über die Außenwirtschaft. Es erwies sich nun als günstig, daß Westdeutschland als einziger bedeutender Industriestaat des Westens freie Kapazitätsreserven anzubieten hatte. Entsprechend stark beschleunigte sich die industrielle Produktion während des Jahres 1950. Im November lag der saisonübliche Produktionshöchststand um ein Drittel über dem von 1949.[38] Auch die Zahl der Beschäftigten nahm zu (vgl. oben: Tabelle 11). Dennoch ging die Arbeitslosigkeit nicht spürbar zurück. Regionalstrukturelle Ursachen und der kontinuierliche Strom von Zuwanderern aus dem Osten erschwerten die Lösung des Arbeitslosenproblems auch unter günstigen Nachfragebedingungen.

Der Koreaboom schuf aber auch neue Probleme. Im Herbst 1950 wuchs das Defizit in der Handelsbilanz so beängstigend schnell, daß der Liberalisierungsprozeß im Außenhandel abrupt abgebrochen werden mußte, nachdem er bis dahin schon 60% der Einfuhren erfaßt hatte. Im Inneren brach sich die industrielle Entwicklung erstmals seit 1946/47 wieder an Produktionsengpässen, so daß eine proportionale Weiterentwicklung der westdeutschen Industrie in Frage gestellt war. Zur Jahreswende 1950/51 stagnierte die Eisen- und Stahlproduktion, obwohl die Nachfrage nach ihren Produkten weltweit unvermindert anhielt. Im Januar wurde die Stromversorgung rationiert. Gelegentlich kam es sogar zu Stromabschaltungen. Schon im Oktober 1950 wurde die Kohlebewirtschaftung wieder eingeführt, nachdem sie erst im Frühjahr des Jahres aufgehoben worden war. Aus Produktionszweigen, die vor der Währungsreform an der Spitze der Entwicklung gelegen und einen Großteil der Investitionen auf sich gezogen hatten, waren Problemindustrien geworden, die den weiteren Ausbau der westdeutschen Wirtschaft ernstlich behinderten. Ein Überdenken der eingeschlagenen Wiederaufbaustrategie schien dringend geboten.

Es waren nicht die Kriegsfolgelasten, die den Ausbau dieser für den Wiederaufbau so zentralen Wirtschaftszweige behinderten. Im Gegenteil – im Verlauf des Koreabooms verschwanden in der Eisen- und Stahlindustrie zunächst stillschweigend, dann ausdrücklich die Beschränkungen der Produktionskapazität, die im ersten Industrieplan von 1946 noch auf 5,8 Mio. Tonnen festgelegt, 1949 aber auf 11,1 Mio. Tonnen angehoben worden war. Schon im Laufe des Jahres 1950 überschritt die westdeutsche Stahlerzeugung bereits dieses Limit, ohne daß die Alliierten eingeschritten wären. Im August 1951 – die Stahlproduktion betrug inzwischen 13,1 Mio. Tonnen – billigten die westlichen Alliierten auch offiziell die Überschreitung der Stahlquote, unter der Bedingung, daß dadurch die Verteidigungsanstrengungen gefördert würden.[39] Auch im Kohlebergbau war der Produktionsengpaß nur vordergründig auf die allerdings nicht geringen Besatzungslasten zurückzuführen. Noch immer mußten beim Zwangsexport zu Festpreisen hohe Verluste hingenommen werden. Westdeutschland verlor dadurch täglich etwa eine Million DM an Devisen, weil die Differenz zum Importpreis für amerikanische Kohle, deren Einfuhr notwendig geworden war, knapp zehn Dollar betrug. Der Zwangsexport deutscher Kohle war aber seiner Höhe nach voraussehbar, orientierte sich die Exportquote in der Praxis doch nach wie vor an der Fördermenge. Angesichts der weltweiten Nachfrage nach Kohle mußten die deutschen Vertreter im Rat der Internationalen Ruhrbehörde auch damit rechnen, daß – gegen die deutschen Stimmen – die Zwangsexporte fortgesetzt würden. So geschah es auch.

Das Problem lag vielmehr in der nachlassenden Expansionskraft des Ruhrbergbaus. Die Zuwachsrate der Förderung, die 1947 noch 32% betragen hatte, sank 1950 auf 7,7%. Von November 1950 an stagnierte die arbeitstägliche Steinkohleförderung zwei Jahre lang auf einem relativen Höchststand von rund 400 000 Tonnen. Die Kapazitätsgrenze war erreicht. Es fehlte an Arbeitskräften, weil zu wenig Wohnungen für Bergarbeiter gebaut wurden. Die Schichtleistung unter Tage stagnierte, weil kaum Rationalisierung stattfand. Nur durch Investitionen war die Förderung noch zu steigern. Zwar konnten – bis auf die Bundesbahn – alle Engpaßbereiche von 1949 bis 1951 ihr Investitionsvolumen vergrößern; dennoch standen sie im Schatten der wesentlich schnelleren Entwicklung des Verbrauchsgütersektors. Früher oder später mußte diese Fehlentwicklung die gesamte westdeutsche Wirtschaft in Mitleidenschaft ziehen. Der Koreaboom beschleunigte diesen Prozeß und rückte ihn gleichzeitig in das Bewußtsein der Öffentlichkeit. Die Durchbruchkrise der westdeutschen

Wirtschaft, in der sich Erfolg oder Mißerfolg des Rekonstruktionsaufschwungs entscheiden sollte, erreichte ihren Kulminationspunkt. Diese Krise hatte viele Dimensionen. Seit Dezember 1948, nachdem der Inflationsstoß der Währungsreform gebrochen war, hatte sich das Rekonstruktionstempo spürbar verlangsamt. Zwar wuchs die industrielle Produktion 1949 immer noch um 21%, doch war dies unter den herrschenden Bedingungen zu wenig, um den Wiederaufstieg der westdeutschen Wirtschaft endgültig zu sichern. Hinzu kam, daß sich die Wirtschaft nicht gleichmäßig erholte. Die Grundstoffindustrien und der Infrastrukturbereich blieben weit hinter dem Konsumgüterbereich zurück und wurden zu Engpässen der weiteren Entwicklung. Gleichzeitig neigte sich die Außenhandelsbilanz seit Mai 1949 zuungunsten Westdeutschlands. Die Liberalisierung der Einfuhren, ein Kernstück der Erhardschen Wirtschaftsreform, forderte ihr Opfer.

Das Risiko eines Rückschlags schien unter diesen Umständen um so größer, als die Zahl der Arbeitslosen ständig stieg und damit auch die Gefahr innenpolitischer Instabilität. In einem Lande, in dem »eine kleine Gruppe von Menschen im Luxus lebt, während die große Masse des Volkes ein dürftiges Leben führt«, entwickelten zwei Millionen Arbeitslose eine besondere soziale Sprengkraft – das war nicht nur die Auffassung des amerikanischen Direktors des Amtes für Wirtschaftsfragen der Alliierten Hohen Kommission.[40] Die Koreakrise verschärfte die Lage, schuf aber gleichzeitig den wirtschaftlichen und politischen Problemdruck, der die Krise überwinden half – nicht ohne Wirtschaft und Wirtschaftsordnung der Bundesrepublik nachhaltig zu verändern.

Der Durchbruch zu einem sich selber tragenden Wachstum der Wirtschaft war Mitte 1952 offenkundig gelungen. Determinanten dieser Entwicklung, in der die Schwerindustrie wieder an Bedeutung gewann, waren vor allem die beispiellose Expansion des Außenhandels, der die Investitionsgüterindustrie begünstigte, und die weltweite Rüstungskonjunktur, die mit großer Verzögerung schließlich auch in der Bundesrepublik anlief. Beide Entwicklungen wurden durch den Koreaboom direkt oder indirekt in Gang gesetzt. Der Krieg in Ostasien hat damit den Lauf der westdeutschen Rekonstruktion stärker beeinflußt als alle wirtschaftspolitischen Planspiele.

b) Strukturprobleme der Sozialen Marktwirtschaft

Am Ende der Koreahausse hatte die Bundesrepublik Deutschland – wie es schien, endgültig – ihre wirtschaftspolitische Doktrin gefunden: die Soziale Marktwirtschaft. Der wirtschaftliche Erfolg – ob zu Recht oder nur akzidentiell mit ihr verknüpft – entzog ihren Kritikern den politischen Resonanzboden.

Die Konzeption der Sozialen Marktwirtschaft entstand in den vierziger Jahren. Im Bundestagswahlkampf 1949 übernahm sie die CDU endgültig als ihr Wirtschaftsprogramm (›Düsseldorfer Leitsätze‹).[41] Der Entwurf wie auch der Name stammten von Alfred Müller-Armack[42], der die Dynamik der marktwirtschaftlichen Ordnung, die im 19. Jahrhundert die Lebensbasis einer schnell wachsenden Bevölkerung gesichert hatte, nicht in Gestalt eines sich selber überlassenen Wirtschaftsliberalismus, sondern als »sozial gesteuerte Marktwirtschaft« zur Lösung des deutschen Aufbauproblems nutzen wollte. Organisationsprinzip der Wirtschaft sollte der Wettbewerb sein, ohne daß Müller-Armack das ordoliberale Theorem der ›vollständigen Konkurrenz‹ beschwor. Der Staat hatte die Wettbewerbsordnung einzurichten, sie zu sichern und ihre sozialen Härten abzufangen, sonst aber die Wirtschaft sich weitgehend selber zu überlassen. Anders als Erhard, der keine Gelegenheit versäumte, in der Diskussion um die Soziale Marktwirtschaft den Gegensatz von Plan- und Marktwirtschaft zu unterstreichen, sah Müller-Armack durchaus eine »sinnvolle Verbindung einer aktiven Sozial- oder einer sozialistischen Wirtschaftspolitik mit einer Marktwirtschaft«[43]. Er stand damit nicht allzu weit entfernt von der Position der Sozialdemokraten, die auf ihrem Hannoveraner Parteitag im Mai 1946 den Einbau »marktwirtschaftlicher Elemente des Wettbewerbs«[44] forderten und in der Planung mehr und mehr zu den Methoden der *indirekten* Lenkung übergehen wollten.

Diese keynesianisch inspirierte Politik der Globalsteuerung bildete – ungeachtet des verbalen Marxismus mancher Funktionäre in der Provinz – auch zu Beginn der fünfziger Jahre den Kern der wirtschaftspolitischen Alternative der SPD im Deutschen Bundestag. Von der ›Frankfurter‹ Inflationskrise nach der Währungsreform abgesehen, gab es während der ersten Regierungszeit Adenauers drei Grundsatzdebatten zur Wirtschaftspolitik: den Streit um das Arbeitsbeschaffungsprogramm zu Jahresbeginn

1950, die Diskussion um das Investitionshilfegesetz im Jahre 1951 und die – allerdings schon moderater geführte – Auseinandersetzung um neue Wachstumsanreize in der Zeit nach dem Korea-boom, als das Wirtschaftswachstum in ruhigeren Bahnen lief, ohne daß das Arbeitslosenproblem jedoch gelöst war. Die Heftigkeit dieser Kontroversen steht in keinem Verhältnis zu den nur geringen Unterschieden der konkurrierenden Konzeptionen. Zum Teil ist dies dadurch zu erklären, daß weder das Konzept der Sozialen Marktwirtschaft noch der ›Keynesianismus‹ der freiheitlichen Sozialisten in den jeweiligen politischen Lagern tief verwurzelt war. Doch auch die Wirklichkeit ließ Wünsche offen. Soziale Marktwirtschaft war zu Beginn der fünfziger Jahre noch weitgehend ein Postulat.

Dies gilt ganz sicher für die *soziale* Komponente des Konzepts. Sie bestand zu diesem Zeitpunkt im wesentlichen aus dem überlieferten System der deutschen Sozialversicherung. Deren Transferleistung von wenig mehr als 15% des Volkseinkommens war es, die die Auswirkungen der Wirtschafts- und Währungsreform »sozial gerade noch tragbar erscheinen«[45] ließ. Für Erhard war die ›soziale Komponente‹ in der Marktwirtschaft immanent enthalten. Eine expansive, auf hohe Wachstumsraten ausgerichtete Wirtschaftspolitik war für ihn zugleich gute und unmittelbar wirksame Sozialpolitik. Doch auch er mußte einräumen, daß die Diskrepanz zwischen der Entwicklung der Preise und Gewinne einerseits und der Löhne andererseits zu einer »unerfreulichen sozialen Optik« führte, der er aber eine »ökonomische gute Seite« abgewann, weil sie seiner Ansicht nach die »Grundlage für den Wiederaufbau« bildete.[46]

Tatsächlich war die Eigenfinanzierung aus Gewinnen und Abschreibungen, denen – wegen des durch den Zweiten Weltkrieg verursachten ungewöhnlich günstigen Altersaufbaus des Anlagevermögens – nur zu einem Bruchteil effektive Abgänge veralteter Anlagen gegenüberstanden, die mit steigender Tendenz größte Finanzierungsquelle der Kapitalbildung (vgl. Tabelle 12). Ihr Anteil an der Investitionsfinanzierung war in den Jahren 1949 bis 1953 viermal größer als vor dem Krieg in den Jahren 1926 bis 1929, den »goldenen Zwanzigern«. Die traditionelle Rangfolge Kapitalmarkt, Staat, Selbstfinanzierung wurde auf den Kopf gestellt. Damit war der zentrale Bereich des wirtschaftlichen Wiederaufbaus, die Kapitalbildung, der Lenkung – sei es durch den

Markt oder durch den Staat – weitgehend entzogen.

Eine der Ursachen der ungewöhnlich hohen Selbstfinanzierungsquote war das Ende der Preisbindung, das nach 1948 schritt-

Tabelle 12: Quellen der Kapitalbildung 1948-1953

	1948/II	1949	1950	1951	1952	1953
Bruttoersparnis[a] (absolut in Mrd. DM)	8,8	17,1	22,1	29,2	34,3	35,4
davon in v. H. Privater Sektor						
Private Ersparnis	22,7	14,0	9,0	7,9	12,6	15,3
Unternehmensersparnis[b]	53,4	61,4	65,2	65,1	61,7	52,8
Staat[c] ausschl.	23,9	24,6	25,8	27,0	25,7	31,9
Staat einschl. fiskalpol. Wirkungen[d]	–	35,7	36,2	33,6	34,7	42,4

a Einschl. Vorratsbildung.
b Einschl. der Ersparnisse durch steuerliche Absetzungen.
c Einschl. Sozialversicherung.
d Steuerliche Absetzungsmöglichkeiten u. dadurch verursachte Budget-Verluste.

Quelle: K. W. Roskamp, Capital Formation in West Germany, Detroit 1965, S. 84 f., 159.

weise für alle Unternehmen gekommen war und auf einem wegen des tendenziellen Nachfrageüberhangs verkäuferfreundlichen Markt hohe Gewinne im konsumnahen Bereich möglich machte. Die Selbstfinanzierung wurde durch die Steuerpolitik zusätzlich prämiert. Das »Gesetz über die Eröffnungsbilanz in Deutscher Mark und Kapitalneufestsetzung« vom August 1949 hatte es den Unternehmen freigestellt, ihr Betriebsvermögen hoch zu bewerten, was große Abschreibungsspielräume eröffnete, oder aber niedrig, was Vorteile bei der Veranschlagung zum Lastenausgleich versprach. In sicherer Antizipation des milden Charakters des Lastenausgleichs wählten die meisten Unternehmen einen hohen Wertansatz.

Die Steuergesetzgebung tat ein übriges, die Eigenfinanzierung von Investitionen auf Kosten des Fiskus zu fördern. Der Kontrollrat hatte 1946 Steuersätze verordnet, die nur deshalb nicht konfiskatorisch wirkten, weil die Geldeinkommen weithin an Bedeutung verloren hatten. Zusammen mit der Währungs- und Wirtschaftsreform von 1948 wollten deutsche Steuerpolitiker die Einkommensteuersätze um die Hälfte reduzieren, um der Wirtschaft Anreize zur Investition zu geben. Dem widersetzten sich die Besatzungsbehörden entschieden, weil sie die neue Währung vor der Gefahr schützen wollten, die ihrer Meinung nach von Budgetdefiziten des Staates auf die Geldwertstabilität ausging. Durch das Gesetz Nr. 64 (Vorläufige Neuordnung von Steuergesetzen) der Militärregierung wurden die Steuersätze zwar für die unteren Einkommensklassen spürbar gesenkt, für die mittleren und oberen Klassen aber nur mäßig. Die deutsche Seite verfiel deshalb auf einen Ausweg, der die Investitionsstruktur der westdeutschen Wirtschaft bis 1951 einseitig zugunsten der Konsumgüterindustrie veränderte. Die Steueränderungsgesetze von 1948 und 1949 sahen erstmals für Ersatzbeschaffungen ausgeschiedener Wirtschaftsgüter die degressive Abschreibung vor. Die wichtigste Regelung, § 7a EStG, betraf Kapitalgüter bis zu 100 000,– DM, die schon in den ersten beiden Jahren nach Kauf zu 50% abgeschrieben werden konnten. Dies und eine große Zahl weiterer Steuervergünstigungen waren ihrer Wirkung nach erhebliche Subventionen für die Konsumgüterindustrie.

Der Fiskus finanzierte damit private Investitionsfonds, deren Verwendung er nicht beeinflussen konnte und deren vermögenspolitische Wirkung die später als ungerecht empfundene Einkommens- und Vermögensverteilung in der Bundesrepublik Deutschland präformierte. Der Vorwurf der Kapitalfehlleitung durch unkontrollierte Eigenfinanzierung wurde schon während der Phase wachsender Arbeitslosigkeit 1949/50 erhoben, um in der Spätphase des Koreabooms noch lauter zu werden. Erhard mußte einräumen, »daß die Kapitalbildung in der deutschen Volkswirtschaft während der letzten eineinhalb Jahre ... und deren Anwendungen für die Investitionen vielleicht vordringlicher anderen Zwecken hätten nutzbar gemacht werden sollen«.[47] Auch in der Fraktion der CDU wurde die Steuerpolitik als »eine und vielleicht die größte Fehlerquelle für die Investitionspolitik« angesehen, wobei sie jedoch den Alliierten einen Teil der Schuld zumaß.[48]

Unter dem Eindruck dieser Erfahrungen und der Engpaßproblematik der Jahreswende 1950/51 entschloß sich die Bundesregierung auch hier zu einem Kurswechsel. Nachdem 1950 die Tarife der Einkommensteuer kräftig gesenkt worden waren, kam nach

1951 nur noch der relativ kleine Kreis der Verfolgten des NS-Regimes in den Genuß der Steuervergünstigungen nach §§ 7a und 10a EStG. Mehr Kapitallenkung durch Marktwettbewerb bedeutete dies nicht – der Anteil des Kapitalmarkts an der Finanzierung der Netto-Anlageinvestitionen ging weiter zurück (vgl. oben: Tabelle 12) –, doch brachte die Reform des steuerlichen Subventionswesens wenigstens eine Abkehr von der fiskalischen Förderung eines ungezügelten Wirtschaftsliberalismus, gegen den sich die Soziale Marktwirtschaft konzeptionell ebenso abgrenzte wie gegen staatliche Planwirtschaft. Die in der Spätphase des Koreabooms sichtbar gewordenen Fehlentwicklungen der Wirtschaftsstruktur führten auch zu einer ersten offenen Korrektur der konsumorientierten Wiederaufbaustrategie Erhards.

Die Frage der Kapitallenkung in dem von der internationalen Rüstungskonjunktur begünstigten, aber bisher stark vernachlässigten Bereich der Schwerindustrie war das zentrale Thema der wirtschaftspolitischen Diskussion im Krisenjahr 1951. Rund ein Dutzend Pläne und Empfehlungen wurden vorgestellt und wieder verworfen. In dieser Situation legten die Spitzenverbände der Wirtschaft im April 1951 einen Plan vor, der der Wirtschaft das Gesetz des Handelns sichern sollte, indem er die erforderlichen Investitionen nicht auf fiskalischem Wege, sondern durch eigene Maßnahmen der Wirtschaft sicherstellte. Im Prinzip handelte es sich bei dem vorgeschlagenen Verfahren um eine Umlage in der gewerblichen Wirtschaft. Mit dem »Gesetz über die Investitionshilfe der gewerblichen Wirtschaft« (IHG) vom Januar 1952 wurden die betroffenen Unternehmen der Konsumgüterindustrie verpflichtet, eine Milliarde DM für den vordringlichen Investitionsbedarf des Kohlebergbaus, der eisenschaffenden Industrie, der Energiewirtschaft, der Wasserwirtschaft und der Bundesbahn aufzubringen. Das betraf insbesondere diejenigen Unternehmen, die nicht mehr der Preisbindung unterlagen und deshalb die Chancen der Selbstfinanzierung in der zum Verkäufermarkt gewordenen freien Marktwirtschaft nutzen konnten. Den Engpaßbetrieben dagegen wurden zusätzliche Sonderabschreibungsmöglichkeiten eingeräumt und eine Befreiung von der Preisbindung in Aussicht gestellt. Obwohl den Sonderabschreibungen materiell größere Bedeutung zukam als der einmaligen Vermögensumschichtung – insgesamt wurden Abzüge in Höhe von 3,2 Mrd. DM geltend gemacht –, signalisierte gerade dieser spektakuläre

Fall von Investitionslenkung der Öffentlichkeit den Beginn einer neuen Phase des Wiederaufbaus.

c) Ansätze korporativer Marktwirtschaft

Am entschiedensten setzten sich die Vereinigten Staaten für einen Kurswechsel der westdeutschen Marktwirtschaft ein. Am 6. März 1951 richtete der Hohe Kommissar und Sonderbeauftragte der Marshallplan-Verwaltung für Deutschland, John J. McCloy, ein Ultimatum an den deutschen Bundeskanzler, in dem er »eine bedeutende Modifizierung der freien Marktwirtschaft« verlangte.[49] Er sah in der wirtschaftspolitischen Reaktion der Bundesregierung auf den einsetzenden Koreaboom eine ernsthafte Gefährdung ihrer Fähigkeit, internationale Verpflichtungen weiter zu erfüllen, und drohte für diesen Fall mit schweren Folgen für die Stellung der Bundesrepublik in der OEEC. Seine Forderung nach direkten staatlichen Bewirtschaftungs- und Lenkungsmaßnahmen für die Wirtschaft, nach Preis- und Devisenkontrollen, Prioritätenfestsetzungen und Planungsstäben zugunsten der Verteidigungsanstrengungen der westlichen Welt stand den marktwirtschaftlichen Prinzipien und Zielvorstellungen des Wirtschaftsministers diametral entgegen. McCloy sah deshalb voraus, daß sowohl die Regierung als auch das deutsche Volk ein nicht unbeträchtliches Opfer werde bringen müssen.

Welcher Art das Opfer sein werde, das die Vereinigten Staaten dem Wirtschaftsminister abverlangten, erläuterte ein Vierteljahr später der Direktor des Amtes für Wirtschaftsfragen der Hohen Kommission und Leiter der Marshallplan-Sondermission, Jean Cattier, auch der Öffentlichkeit.[50] Er räumte ein, daß eine Politik der freien Wirtschaft in der Zeit »des rasend schnellen Aufschwungs« nach der Währungsreform die für Deutschland richtige gewesen sein mochte. Angesichts der neuen weltpolitischen Konstellation sei dies aber ein Anachronismus und ein Luxus, der höchst unangebracht sei, weil dadurch auch unwesentliche Güter und Luxuswaren produziert würden. Drei Jahre nach Erhards Wirtschaftsreform stand die Wirtschaftsordnung der Bundesrepublik damit erneut zur Disposition. Das Dilemma, in das die amerikanische Intervention die Bundesregierung stürzte, war um so größer, als McCloy die Fortsetzung der Dollarhilfe und die Belieferung mit unentbehrlichen Rohstoffen an die sofortige Erfüllung der amerikanischen Forderung knüpfte.

McCloys Intervention vom 6. März 1951 war nicht der erste Eingriff der amerikanischen Besatzungsmacht in Inhalt und Ablauf der Erhardschen Wirtschaftspolitik, wohl aber stellte sie einen Höhepunkt in dem Bemühen dar, einer Politik, deren Grundsätze zweifellos begrüßt wurden, den doktrinären Stachel zu ziehen. Nach Ausbruch des Koreakrieges beschränkte sich diese Kritik immer weniger auf allgemeine Grundsätze der Wirtschaftspolitik. Sie entzündete sich nun auch an konkreten rüstungspolitischen Maßnahmen.

Schon im Herbst 1950 verlangte die Alliierte Hohe Kommission von der Bundesregierung im Interesse der westlichen Verteidigungsbereitschaft die Sicherstellung der Verteilung knapp werdender Rohstoffe durch Lenkungsmaßnahmen. Sie sah darin eine Voraussetzung für die Revision des Besatzungsstatuts, die der Bundesrepublik eine begrenzte Autonomie in der Außenpolitik einräumte, wie sie in der Schaffung eines Ministeriums für Auswärtige Angelegenheiten unter Konrad Adenauer ihren sichtbarsten Ausdruck fand. Außerdem mußten Bundesgesetze nun nicht mehr den Weg über die AHK nehmen, bevor sie in Kraft treten konnten. Als Gegenleistung verlangten die Alliierten außer den deutschen Schritten zur Lenkung knapper Rüstungsgüter auch die Anerkennung der deutschen Vor- und Nachkriegsschulden. Schon wenige Tage später zwang der Zusammenbruch der Kohleversorgung den Wirtschaftsminister, auf diesem zentralen Sektor der westdeutschen Wirtschaft wieder zu den vertrauten Mitteln der Bewirtschaftung und Lenkung zurückzukehren. Die personellen und politischen Voraussetzungen staatlicher Planung und Lenkung der Kohlewirtschaft waren aber nach der am 1. April 1950 erfolgten Abschaffung der Kohlebewirtschaftung nicht mehr gegeben. Das aktive Management der um sich greifenden Energiekrise ging im wesentlichen auf die Deutsche Kohlenbergbauleitung (DKBL), eine 1947 von alliierter Seite gegründete Treuhandorganisation des Kohlebergbaus, über. Weil Erhard die eigenen staatlichen Planungs- und Lenkungsmöglichkeiten bewußt und zielstrebig demontiert hatte, war er nun im Krisenfall gezwungen, diese Aufgabe in die Hände der Wirtschaft, der Gewerkschaften und der Industrieverbände zu legen und deren Macht und Einfluß damit zu stärken. Wichtiger noch war, daß die Kohlelenkung in diesem Rahmen – dem Selbstverwaltungscharakter der Maßnahmen entsprechend – keineswegs mit der Härte und Entschlossenheit durchgeführt wurde, die den Alliierten notwendig erschien. Die Kohlewirtschaft und die betroffenen Industrieverbände und Gewerkschaften unterliefen erfolgreich die von der AHK erhobene Forderung, die Kohleversorgung »der weniger wichtigen Industrien« drastisch einzuschränken.[51]

Die westdeutsche Industrie importierte ohne Rücksicht auf die Devisenlage jede verfügbare Menge des knappen Rohstoffs, anstatt einen Teil ihrer Kapazität im Konsumgüterbereich, wie von den Alliierten gewünscht, stillzulegen. Die Bundesregierung gab dieser Strategie politischen Flankenschutz, indem sie die Hohe Kommission bat, bei der Internationalen Ruhrbehörde auf eine Reduktion der deutschen Kohlezwangsausfuhr zu dringen. Die Alliierten wiesen dieses Ansinnen entschieden zurück und warfen der Bundesregierung ihrerseits vor, daß die schwierige Kohleversorgung des Bundesgebiets weitgehend durch ihr Verschulden herbeigeführt worden sei. Sie habe es unterlassen, rechtzeitig die erforderlichen Maßnahmen zu treffen, um die Verteilung der Kohle zu überwachen, den unnötigen Verbrauch einzuschränken und die Preise zu erhöhen. Vor dem Hintergrund dieser Erfahrungen sah sich die amerikanische Hohe Kommission nunmehr veranlaßt, eine härtere Gangart einzuschlagen, um ihre Vorstellungen von der Mitwirkung Westdeutschlands an den Verteidigungsanstrengungen der westlichen Welt durchzusetzen. Die Voraussetzungen dafür waren günstig. Die Devisenreserven der Bundesrepublik waren erschöpft, so daß der amerikanischen Dollarhilfe trotz ihres geringeren Umfangs eine noch wirksamere politische Wirkung zukam, als dies schon vorher der Fall war.

Westdeutschland wurde in die strategische Antwort auf die vermutete weltweite kommunistische Offensive in zweierlei Hinsicht einbezogen. Zum einen aktualisierten die Ereignisse in Korea die seit dem Herbst 1949 öffentlich geführte Diskussion über eine Aufstellung westdeutscher Truppenverbände für die Verteidigung Westeuropas und führten im August 1950 zu Adenauers »Sicherheitsmemorandum« für die Hohe Kommission, in dem er den Alliierten gegen Zugeständnisse in der Souveränitätsfrage die Aufstellung einer Bundespolizeitruppe anbot.

Zum anderen versuchten die Vereinigten Staaten, die noch erheblichen industriellen Reserven zu mobilisieren bzw. die für die Produktion von – nach amerikanischer Meinung – »unwesentlichen Gütern oder Luxuswaren« eingesetzten Ressourcen für Zwecke der Rüstungsproduktion umzuwidmen. Als Hebel dieser Politik benutzten sie ihre direkten Zugriffsmöglichkeiten als Besatzungsmacht, vor allem aber ihre Kontrolle des Weltrohstoffmarkts, die im Rahmen des Truman-Attlee-Abkommens in Washington zum Aufbau eines internationalen Verteilungsapparates für strategische Rohstoffe geführt hatte. Für die Bundesrepublik wie auch für die übrigen europäischen Länder trat dabei die Marshallplan-Verwaltung als Vermittler auf. Waren die europäischen Länder und ganz besonders die Bundesrepublik schon dadurch von den USA abhängig, kam noch dazu – wie es der Bundesverband der deutschen Industrie (BDI) umschrieb –, »daß dieses mächtige Land, das früher geradezu als Personifikation der wirtschaftlichen Freiheit galt, sich im Zuge seiner Anstrengungen für die Verteidigungsbereitschaft der westlichen Welt veranlaßt gesehen hat, zunehmend Bewirtschaftungsmaßnahmen und Kontrollen auf sich zu nehmen und von der Erwartung ausgeht, daß andere Länder sich entsprechende Beschränkungen auferlegen«.[52]

Allein die Wirtschaft war in der Lage, den Vereinigten Staaten in der Sache entgegenzukommen, ohne daß der Bundeswirtschaftsminister offen zu rüstungsbezogener Planwirtschaft übergehen und damit sein liberales Gesicht verlieren mußte. Allerdings waren die Spitzenverbände der Wirtschaft nicht bereit, das in den USA geltende, stark bürokratisierte System direkter Kontrollen auch für Deutschland zu akzeptieren. Der BDI wehrte sich vehement gegen eine schematische Nachahmung amerikanischer Vorschriften, die nach seiner Überzeugung die deutsche Wirtschaft nicht leistungsfähiger machen, sondern sie nur behindern und schwächen würde. Gleichwohl sah auch die deutsche Wirtschaft die Notwendigkeit ein, »vorausschauende Besonnenheit, straffe Disziplin und sogar Opfer« aufzubringen, um den Rüstungsanforderungen der westlichen Welt gerecht zu werden.[53]

Das Schlüsselwort zum Verständnis dieses scheinbaren Widerspruchs hieß für den BDI »Mobilisierung der Selbstverantwortung der Wirtschaft«. Die Spitzenverbände der gewerblichen Wirtschaft ergriffen in der Krisenlage 1950/51 die Chance, ihren eigenen Einfluß zu stärken und staatliche Eingriffe in die Wirtschaft zu verhindern, indem sie der Bundesregierung und namentlich dem Kanzler »ihre guten Dienste«[54] anboten. Der BDI sah sich dabei als Garant für eine innere Umstellung der Wirtschaft, in der die Einzelinitiative auf ganz bestimmte, volkswirtschaftlich vordringliche Aufgaben hingelenkt und in die Pflicht staatlicher Wirtschaftspolitik genommen wurde.

Die Bereitschaft der Spitzenverbände, die durch die Wirtschaftsreform von 1948 entstandene Lenkungslücke auszufüllen, schlug sich in Gestalt zahlreicher organisatorischer Neuerungen im westdeutschen Wirtschaftssystem nieder. Für das schwierige Problem der Rohstofflenkung, das in den USA zu einem System von Zuteilungen, Prioritäten und Preiskontrollen geführt hatte, fand der BDI eine typisch deutsche Lösung. Nach dem Muster traditioneller Verfahren in den Verbänden der chemischen und der Eisen- und Stahlindustrie entstand ein lockeres Kartell des Beschaffungsmarktes, das eine Aufteilung der Lieferungen nach Industriezweigen vorsah, Lieferungen von Werk zu Werk aber weitgehend dem Wettbewerb überließ. Härte- und Sonderfälle wurden – wie es hieß – mit leichter Hand ausgeräumt. Staatliche Behörden, wie die neu entstandene Bundesstelle für den gewerblichen Warenverkehr, wurden von solchen Verfahren unterrichtet und hatten Gelegenheit, ihre Wünsche für »besondere Zwecke« geltend zu machen und Sonderfälle mit Vertrauensleuten der Industrie zu erörtern.

Entwickelt wurde dieses Verfahren privatwirtschaftlicher Wirtschaftslenkung in einem »Verfahrens-Arbeitskreis« des BDI, der schon Anfang 1951 seine Arbeit aufgenommen hatte. Vorsitzender dieses Gremiums war Otto A. Friedrich, damals Generaldirektor der Phönix Gummiwerke Hamburg-Harburg. Aber auch die Ministerien für Wirtschaft und für den Marshallplan entsandten hohe Beamte. Darüber hinaus haben sowohl in der Frage der Rohstofflenkung als auch bei der bald einsetzenden Investitionslenkung von der Konsumgüterindustrie in die Schwerindustrie Verbände der Wirtschaft (und die Gewerkschaften) hoheitliche Aufgaben übernommen. Es war diese Mitarbeit der Industrieverbände, die es Adenauer erlaubte, in seiner Antwort auf das amerikanische Ultimatum längst bekannte Regelungen zu wiederholen, wie sie von McCloy nur drei Wochen zuvor als unzureichend kritisiert worden waren, ohne deshalb Gefahr zu laufen, die angedrohten amerikanischen Sanktionen auszulösen. Zwar hatte der Bundestag in der Zwischenzeit das ›Wirtschaftssicherungsgesetz‹ verabschiedet. Doch schuf dieses Gesetz nur Eingriffsmöglichkeiten, deren Anwendung und Ausschöpfung weitgehend offenblieben. Die Gewähr für die Erfüllung der amerikanischen Forderung bot dagegen vor allem der organisatorische und personelle Einsatz der Spitzenverbände der Industrie.

Damit veränderte sich die ordnungspolitische Struktur der Sozialen Marktwirtschaft grundlegend. Die Weichenstellungen von 1947/48 schienen die westdeutsche Wirtschaft tatsächlich weit von jener korporativen Tradition wegzuführen, die Verbänden und Gewerkschaften in der Weimarer Republik ein hohes Maß an Autonomie des wirtschafts- und sozialpolitischen Handelns verliehen und der ersten Republik in ihren Nachkriegsjahren das notwendige, aber keineswegs selbstverständliche Minimum an wirtschaftlicher und politischer Stabilität gesichert hatte. Zwar wurden den Trägern der Bewirtschaftung, den Fachstellen, Beiräte zugeordnet, in denen die gesellschaftlichen Gruppen ein Vetorecht auf dem Gebiet der Bewirtschaftung ausübten. Doch wurde gerade dieser Sektor der westdeutschen Wirtschaft zusehends kleiner und verlor 1950 endgültig seine Bedeutung. Um so grundsätzlicher war die Wende, welche die amerikanische Intervention indirekt im Verhältnis von Staat und Wirtschaft verursachte. Wirtschaftsverbände und Gewerkschaften füllten die ›Lenkungslücke‹ aus, welche die Wirtschaftsreform von 1948 bewußt offen gelassen hatte. Sie führten Planungs- und Lenkungsmaßnahmen, die nach liberalem Verständnis zu den hoheitlichen Aufgaben zählten, in Selbstverwaltung durch und bewältigten zusammen mit staatlichen Stellen die von der Krise aufgeworfenen Probleme.

Typisch für das neue Verhältnis von Staat und Verbänden war die Funktion des »Beraters der Bundesregierung in Rohstofffragen«. Die Stelle des Rohstoffberaters wurde auf Vorschlag des BDI im März 1951 eingerichtet und mit Otto A. Friedrich besetzt, einem Kritiker des Erhardschen Attentismus in der Wirtschaftspolitik[55], der schon seit geraumer Zeit zur Schlüsselfigur im Kooperationsfeld von Wirtschaft und Staat geworden war. Der spätere Präsident der ›Bundesvereinigung der deutschen Arbeitgeberverbände‹ (BDA) hatte die Aufgabe, eine erhöhte Mitwirkung der Wirtschaft bei den erforderlichen Maßnahmen auf dem Gebiet der Rohstofflenkung herbeizuführen. Friedrich übernahm auch kommissarisch die Leitung der ›Bundesstelle für den gewerblichen Warenverkehr‹, deren Beiräte aus der gewerblichen Wirtschaft und den Gewerkschaften die Praxis dieser Behörde weitgehend bestimmten. Die Verflechtung von verbandlicher und staatlicher Macht – sei es in der Person von Sonderbeauftragten[56] und Beratern oder im Rahmen von Ausschüssen, Beiräten und anderen Gremien – ließ den freiwilligen Verzicht auf wirtschaftspolitisches Handeln durch den Wirtschaftsminister noch deutlicher hervortreten und die Initiative in der Wirtschaftspolitik stärker auf die Bank deutscher Länder, den Kanzler und seinen Finanzminister oder eben auf die Spitzenverbände der Wirtschaft übergehen. Nicht nur Viktor Agartz, der ehemalige Bizonendirektor für Wirtschaft und sozialistischer Gewerkschafter, hielt die »Fülle von Kommissaren um den Bundeskanzler herum« für »eine Merkwürdigkeit« und beklagte, daß gegen demokratische Ordnung verstoßen werde, »wo die Minister durch Kommissare ersetzt sind«.[57] Auch nach dem Urteil des ordoliberalen Hochschullehrers Franz Böhm, einem führenden Mitglied des Beirats beim Bundeswirtschaftsministerium, war eine »Delegation von Staatsaufgaben auf Träger einer rein privaten Selbstverwaltung ... mit dem geltenden Staats- und Wirtschaftsrecht nicht vereinbar und ganz gewiß nicht mit den Grundsätzen eines demokratischen Verfassungslebens in Übereinstimmung zu bringen«.[58] Gerade dies trat jedoch nun ein: Die Lösung der dringendsten Aufgaben der Krisenbewältigung, d. h. die Befriedigung der amerikanischen Wünsche für die Rüstungsproduktion, aber auch die Überwindung der Energiekrise 1950/51 und die Investitionshilfe für die Grundstoffindustrien entsprangen der Initiative der Spitzenverbände und wurden in Selbstverwaltung der Verbände und Gewerkschaften durchgeführt. Die durch diese Kooperationsbereitschaft ermöglichte Abwendung staatlicher Planung und Lenkung rettete dem Wirtschaftsminister zwar Gesicht und Stellung, bedeutete in der Sache selber aber den Bruch mit der Konzeption der Erhardschen Marktwirtschaft.[59] Erhard hatte noch Anfang 1950 Friedrich »und mit ihm der deutschen Wirtschaft« seinen Abscheu vor »unternehmerischer Planwirtschaft« und der »alten Kartellherrlichkeit« entgegengehalten und damit unternehmerische Ansprüche auf größere Mitsprache in der Wirtschaftspolitik zurückgewiesen.[60] Wenngleich er jetzt nicht müde wurde, mit »einer an Sturheit grenzenden Beharrlichkeit das marktwirtschaftliche Prinzip unter allen Umständen zu erhalten – koste es, was es wolle«[61], hatte diese Marktwirtschaft ihren Charakter doch bereits grundlegend gewandelt.

Die Koreakrise hat die korporative Durchdringung der westdeutschen Marktwirtschaft außerordentlich beschleunigt. Sie war die Herausforderung, an der die noch jungen Spitzenverbände der Wirtschaft ihre Wirksamkeit und Unentbehrlichkeit gegenüber Mitgliedern und Staat erweisen konnten. Tatsächlich hat die Bundesrepublik Deutschland schon Anfang der fünfziger Jahre den Rahmen eines korporativen Systems der Interessenvermittlung und der Wirtschaftspolitik wieder ausgebildet und mit Erfolg eingesetzt. Vor dem Hintergrund der Koreakrise und ihren wirtschaftlichen Rückwirkungen auf Westdeutschland wird deutlich, daß es nicht erst Erhards Nachfolgern gelungen ist, die Spitzenverbände der Wirtschaft und die Gewerkschaften an der Formulierung der Wirtschaftspolitik zu beteiligen, ihnen die Durchführung wichtiger wirtschafts- und sozialpolitischer Maßnahmen in autonomer Selbstverwaltung zu überlassen und sie zur Lösung außerordentlicher Probleme von ›nationaler‹ Bedeutung in die Pflicht zu nehmen. Geist und Methoden der Wirtschaftspolitik, wie sie etwa bei der Sanierung des Kohlebergbaus erfolgreich waren[62] oder die Grundlage einer über Jahre hinaus erfolgreichen stabilitätsorientierten Einkommenspolitik abgaben, wurden schon in der Frühphase der Bundesrepublik auf Probleme ähnlicher Größenordnung angewandt – wenn auch meist gegen den Willen des Wirtschaftsministers. Böhm, der von seinem ordoliberalen Standpunkt aus besonders empfindlich auf die sich abzeichnende Rückkehr korporativer Organisationsformen reagierte, hat in einem 1951 für Erhard erstellten Gutachten diese Tatsache erkannt und die weitere Entwicklung prognostiziert[63]: »Wenn sich diese Entwicklung fortsetzen sollte, dann werden wir einen völlig anderen politischen und sozialen Aufbau erhalten als es derjenige ist, den unsere Verfassung vorsieht. Parlament, Parteien, kurz die ganze auf allgemeine Wahlen sich aufbauende Methode der Gesetzgebung und Verwaltung wird ersetzt durch einen sozusagen ständischen Aufbau des Gemeinwesens, bei dem die Willensbildung in die Hände berufsmäßig gegliederter Organisationen und ihrer Privatbürokratien in Konkurrenz mit der Regierungsbürokratie übergeht.«

Eine »Planungsdiktatur« (Böhm) gesellschaftlicher Großgruppen oder die Rückkehr zu einem ständisch aufgebauten Gemeinwesen ist freilich nicht eingetreten. Dagegen ist eine deutliche Verlagerung der wirtschaftspolitischen Willensbildung und Exekutive auf berufsmäßig gegliederte Organisationen, Verbände und Privatbürokratien nicht zu übersehen. Die Maßnahmen selber, die im einzelnen zur Befriedigung amerikanischer Ansprüche an das westdeutsche Rüstungspotential in den Jahren 1950 bis 1952 ergriffen wurden, überlebten die Koreakrise nicht. Die Kohlebewirtschaftung wurde erneut abgeschafft, nachdem 1952 umfangreiche Importe aus Amerika die Versorgungslage nachhaltig entspannten. Sie war auf Dauer obsolet geworden. Schon 1954 wehte der Wind an der Ruhr aus einer anderen Richtung. Auch das Kartell des Rohstoffbeschaffungsmarktes verlor am Ende der Krise seine Existenzberechtigung. Im Grundsatz gilt dies auch für die Investitionshilfe, obwohl sich deren Abwicklung noch bis Ende 1955 hinzog. Nachdem in diesem Rahmen ein Investitionsvolumen von 5,7 Mrd. DM finanziert worden war, hatte sie ihre Schuldigkeit getan. Und dennoch, so schnell auch das *behelfsmäßige* System der Wirtschaftslenkung mit seinem unmittelbaren Anlaß, der Koreakrise, wieder aus dem deutschen Wirtschaftsleben verschwand, so nachhaltig wurden doch in dieser Zeit dort die praktischen und politischen *Grundvoraussetzungen* für eine systematische Wirtschaftsplanung und ein nationales Krisenmanagement im korporativen Rahmen wieder verankert. Wenn ebenso sachkundige wie unbefangene Beobachter, wie Andrew Shonfield, die westdeutsche Wirtschaft der fünfziger Jahre »besser als andere Länder mit dem wesentlichen Rüstzeug, das die moderne Planung und insbesondere langfristige Planung erfordern, ausgestattet« sehen und die dazu »erforderlichen Formen der Zusammenarbeit auf dem privaten Sektor und die entsprechende Geistesverfassung«[64] entdecken, so ist dies nach der Zäsur von 1951 leichter einzuordnen als aus der Perspektive von 1948. Der korporative Rahmen der deutschen Wirtschaft, im Kaiserreich entstanden, in der Weimarer Republik voll ausgebildet und während des NS-Regimes autoritär verformt, begann sich erneut zu etablieren.

III. Rekonstruktion und Kontinuität:
Grundlinien der wirtschaftlichen Entwicklung der Bundesrepublik Deutschland

1. Wirtschaftswachstum:
Rekonstruktion und Kontinuität

a) Langfristige Erklärungsansätze der ›Wachstumsschwäche‹ der Bundesrepublik

Wirtschaftswachstum ist das zentrale Leitmotiv der westdeutschen Nachkriegsgeschichte. Seitdem Anfang der fünfziger Jahre der Vorkriegsstand wieder erreicht war, hat sich das Sozialprodukt und damit auch das Volkseinkommen bis zum Anfang der achtziger Jahre pro Kopf der Bevölkerung fast vervierfacht. Wirtschaftswachstum hat den Wohlstand der Individuen gemehrt und soziale Verteilungskämpfe entspannt, das politische System der Bundesrepublik stabilisiert, gleichzeitig aber Wirtschaft, Gesellschaft und Umwelt radikaler verändert als der Krieg und die vorausgegangene Weltwirtschaftskrise zusammen. Die Bundesrepublik versteht sich nicht zuletzt als eine Gemeinschaft zur Förderung des wirtschaftlichen Wachstums und zur Mehrung des materiellen Wohlstands; andere Ziele, die ebenso unumstritten gewesen wären, finden sich wenige. Die Verlangsamung des wirtschaftlichen Wachstums, die seit dem Beginn der siebziger Jahre – und vollends mit den ›Ölkrisen‹ jenes Jahrzehnts – der Öffentlichkeit bewußt wurde, hat dieses wirtschaftliche Selbstverständnis tief erschüttert. Wirtschafts- und Sozialpolitik sahen sich vor völlig neue Probleme gestellt, vertraute Vorstellungen von wirtschaftlicher Entwicklung schienen obsolet geworden. Vollbeschäftigung, Mitte der fünfziger Jahre gesichert und vor Mitte der siebziger Jahre nicht mehr ernsthaft gefährdet, scheint auf absehbare Zeit nicht mehr erreichbar, Massenarbeitslosigkeit mit den herkömmlichen Mitteln der Wirtschaftspolitik kaum zu verhindern. Das System der Sozialpolitik, aus den Erfahrungen der dynamischen fünfziger und sechziger Jahre modelliert, droht unter den veränderten Bedingungen zu versagen. Auch in der wirtschaftlichen Zukunftserwartung spiegelt sich – nicht zuletzt durch den Tempowechsel der wirtschaftlichen Entwicklung verursacht – eine im Grundzug pessimistische Betrachtungsweise wider. Das Leitmotiv ist dasselbe geblieben, doch hat sich die Tonart geändert. Zu Beginn der achtziger Jahre ist die Überzeugung weitverbreitet, daß in der westdeutschen Wirtschaft nichts mehr so ist, wie es vorher war.

Es fehlt nicht an Versuchen, das neue Phänomen der ›Wachstumsschwäche‹ zu erklären. Im politischen Tageskampf werden für den Rückgang der Wachstumsraten vor allem Kursänderungen in der Wirtschaftspolitik verantwortlich gemacht, die seit dem Ende der sechziger Jahre eine einst erfolgreiche Wirtschaftsordnung deformiert hätten. Andere Erklärungen sehen in langfristigen, zyklischen Wachstumsschwankungen die Ursachen für den Tempowechsel. Sie weisen auf Entwicklungsprozesse hin, die dem industriellen Zeitalter immanent und *kurzfristig* nicht beeinflußbar seien. Mit diesen Erklärungsansätzen für die ›Wachstumsschwäche‹ werden aber auch – zumeist stillschweigend – Hypothesen über die Ursachen des ›Wirtschaftswunders‹ der fünfziger und sechziger Jahre zur Diskussion gestellt.

Die *Strukturbruchhypothese* sucht die Erklärung für das im langfristigen Vergleich außergewöhnlich hohe Wachstum der westdeutschen Wirtschaft nach dem Zweiten Weltkrieg in einem Bruch der wirtschaftlichen Leitideen, in einschneidenden Veränderungen der Wirtschaftsordnung, der Wirtschaftspolitik und der weltwirtschaftlichen Rahmenbedingungen. Diese Veränderungen haben auch das Verhalten der Wirtschaftssubjekte und damit die gesamte Mechanik des Wirtschaftsprozesses grundlegend gewandelt und – folgt man dieser Hypothese – dadurch leistungsfähiger gemacht. Ihre Anhänger sehen deshalb in der Koinzidenz von wirtschaftlichem Wiederaufstieg und neoliberaler Wirtschaftsreform in den späten vierziger Jahren einen ursächlichen Zusammenhang. Besonders in Deutschland ist die Reform des kapitalistischen Wirtschaftssystems unter dem politischen Markenzeichen der ›Sozialen Marktwirtschaft‹ als radikaler wirtschaftsordnungspolitischer Neuanfang verstanden worden. Nach der Überzeugung der Reformer verdankt sie ihren Erfolg in erster Linie der Stärkung der Rolle des Marktes im Allokationsprozeß der Produktionsfaktoren und bei der Verteilung der Einkommen, die im Produktionsprozeß entstehen. Auch die betonte Zurückhaltung des Staates gegenüber Eingriffen in den Wirtschaftsablauf und seine Anstrengungen, die Funktionsfähigkeit des Wettbewerbs zu gewährleisten und monopolistische Marktbeherrschung zu verhindern, werden zum Kernbereich der Reform gerechnet. Freihandel und Multilateralität der internationalen Austauschbeziehungen bilden dazu das weltwirtschaftliche Äquivalent. Diese Faktoren zusammen haben nach der Meinung der Vertreter der Strukturbruchhypothese dazu beigetragen, die der kapitalistischen Wirtschaft in ihrem goldenen Zeitalter vor 1914 innewohnende Dynamik wiederzuerwecken und für den Wiederaufbau Westeuropas erneut nutzbar zu machen. Der Rückgang der Wachstumsraten seit den siebziger Jahren wird vor diesem Hintergrund folgerichtig als Reaktion der Wirtschaft auf Abweichungen vom Weg der neoliberalen Reformen in Richtung auf Dirigismus und Protektionismus interpretiert.

Die Prämissen der Strukturbruchhypothese halten jedoch einer Überprüfung nicht stand. Weder der Zusammenhang von Wirtschaftsreform und industriellem Wiederaufstieg noch die Inhalte der Reform selber sind unumstritten. Der Aufschwung in den Westzonen kam vor ihr und ohne sie zustande, und sie überlebte die Härtung des Wachstumstrends in der Hausse der Korea-Krise nicht ohne inhaltliche Formveränderung. Auch die Kernfrage, ob es nach dem Zweiten Weltkrieg einen Bruch hinsichtlich der Rolle des Staates im Wirtschaftsleben gegeben habe, ist nicht eindeutig zu beantworten. Gewiß haben sich im Vergleich zur Praxis des »Dritten Reiches« Umfang und Stärke von Staatseingriffen in die Wirtschaft zurückgebildet. Gemessen an den Erfahrungen der Weimarer Republik und der Kaiserzeit ist das aber keineswegs so eindeutig. Der Anteil der Staatsausgaben und der Steuereinnahmen am Sozialprodukt (Staatsquote bzw. Steuerquote) ist ein sehr grober Indikator für die Rolle des Staates in der Wirtschaft, doch spricht seine Entwicklung in der Zeit nach dem Zweiten Weltkrieg eher *für* eine Fortsetzung der säkularen Tendenz zunehmender Staatsaktivität als dagegen (vgl. Tabelle 13, S. 88).

Nicht nur die Prämissen der Strukturbruchhypothese sind zweifelhaft. Auch ihre Schlußfolgerungen sind nicht zwingend. Protektionismus im Außenhandel ebenso wie Staatsinterventionismus nach innen lassen sich auch als Folgen von Wachstumsschwäche und nicht als ihre Ursache interpretieren. Beide Tendenzen, Protektionismus und Staatsinterventionismus, sind in der deut-

Tabelle 13: Staatsquote u. Steuerquote 1913-1980

	Staatsquote[a] v. H.	Steuerquote[b] v. H.
1913	16,0	9
1929	23,5	18
1938	37,0	28
1950	29,8	29
1962	28,8	24
1973	29,9	24
1980	33,0	25

a Anteil der Ausgaben des öffentlichen Gesamthaushalts, bis 1950 am Bruttosozialprodukt, danach am Produktionspotential.
b Anteil der Steuereinnahmen des öffentlichen Gesamthaushalts am Bruttosozialprodukt.

Quelle: D. Petzina u. a., SGA III, Materialien zur Statistik des Deutschen Reiches 1914-1945, München 1978, S. 150; SVR, JG 81, S. 114.

schen Wirtschaftsgeschichte nicht selten gerade nach Krisen hervorgetreten, sei es nach der ›Gründerkrise‹ der siebziger Jahre des 19. Jahrhunderts oder nach der Weltwirtschaftskrise der frühen dreißiger Jahre des 20. Jahrhunderts – und Wachstumsschwäche war ihr Kennzeichen dann nicht. Diese Überlegungen wecken Zweifel, ob die ordnungspolitischen Zäsuren von 1945/48 und 1967 tatsächlich die Mechanik der Marktwirtschaft grundlegend gewandelt haben und mit ihr das Tempo des wirtschaftlichen Wachstums.

Während die Strukturbruchhypothese die *Unterbrechung* langfristiger Entwicklungstrends betont, sieht die Lange-Wellen-Hypothese gerade in der Kontinuität von Entwicklungskräften den Hintergrund, vor dem die ›Wachstumswunder‹ und ›-schwächen‹ der Nachkriegszeit plausibel hervortreten. Für die Hypothese der langen Wellen wirtschaftlicher Entwicklung ist die Wirtschaft des Kapitalismus einem inneren Bewegungsgesetz unterworfen, das sich in aufeinanderfolgenden längeren Phasen abwechselnd schnelleren oder langsameren Wachstums von endogener Zyklizität äußert. Der Konjunkturforscher Josef A. Schumpeter[1], der den schon von N. Kondratieff (1926) verwendeten Ansatz in den dreißiger Jahren weitergeführt und ausführlich begründet hat, glaubte, in Schwingungen von rund fünfzigjähriger Amplitudenlänge (sog. ›Kondratieffs‹) langfristige Reaktionen auf Innovationen, Investitionstätigkeit, Kreditausweitung und ähnliche Impulse zu erkennen, die aus wirtschaftlichen Gründen nicht kontinuierlich, sondern schubweise einträten. Innovationsschübe dieser Art lassen sich in der Industriegeschichte durchaus erkennen (vgl. Abbildung 1, S. 90). Schumpeter identifizierte für Deutschland einen ersten langen Zyklus der Industrialisierung in den Jahren von 1843 bis 1897. Die Aufschwungsphase dieser langen Welle (1843-1872) wurde wesentlich vom Anbruch des Eisenbahnzeitalters geprägt. Mit der Sättigung des Eisenbahnbooms schlug die Wirtschaftslage aber um und wich einer eher depressiven Grundstimmung, der eine spürbare Verlangsamung des Wirtschaftswachstums entsprach. Dem »Kondratieff der Eisenbahn« folgte nach Schumpeters Periodisierung von 1897 bis 1913 der »neumerkantilistische Kondratieff«, der seinen Aufschwung in Deutschland den ›neuen‹ Industrien der Großchemie, der Elektrotechnik und des Maschinenbaus verdankte. Das Ende der Abschwungsphase dieses ›Kondratieffs‹ setzte er im Jahre 1932 an. Dagegen sieht Léon Dupriez, wie andere Konjunkturforscher auch, das Ende der Talfahrt erst im Jahre 1945 gekommen.[2] Folgt man diesem Interpretationsmuster langfristiger wirtschaftlicher Entwicklung, ist das ›Wirtschaftswunder‹ der fünfziger Jahre als die Aufschwungsphase einer neuen langen Welle zu interpretieren, die in den siebziger Jahren ihren Höhepunkt überschritten hat.

So unbestritten es ist, daß Phasen schnellen Wachstums und Wachstumshemmungen in der langfristigen wirtschaftlichen Entwicklung aufeinanderfolgen, so wenig läßt sich – gerade im deutschen Fall – nachweisen, daß sie einem inneren Bewegungsgesetz der Wirtschaft unterliegen. Auch für Deutschland steht selbst der statistische Nachweis der Existenz langer Wellen noch immer aus. In der neuentbrannten Debatte über säkulare Zyklen des wirtschaftlichen Wachstums wiegt der Verdacht schwer, daß die Nachweismethoden selber das Phänomen langer Wellen meist verstärken, wenn nicht sogar erst produzieren.[3]

Aber auch inhaltliche Einwände sprechen gegen diesen Ansatz. Typisch für ihn ist, daß Kriegs- und Nachkriegsjahre aus der Betrachtung ausgeklammert bleiben.[4] Sie gelten als ›irreguläre‹ Abweichungen vom Typus des innovationsinduzierten Langzeitzyklus. Für die Interpretation der gesamtwirtschaftlichen Entwicklung Deutschlands im 20. Jahrhundert ist es aber unumgänglich, den Zusammenhang von Kriegs- und Nachkriegswirtschaft zu

90

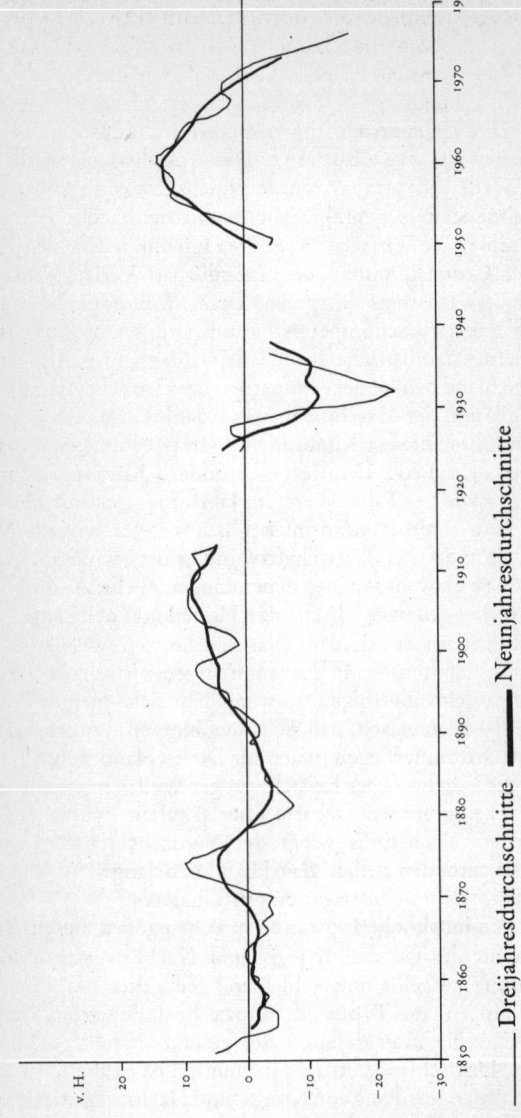

Abbildung 1: Lange Wellen des Nettosozialprodukts in Deutschland 1850–1977
(Abweichungen gleitender Mehrjahresdurchschnitte vom Trend in v. H. des Trendwertes)

—— Dreijahresdurchschnitte —— Neunjahresdurchschnitte

Quelle: H. H. Glismann u. a., Zur Natur der Wachstumsschwäche in der Bundesrepublik Deutschland, Kieler Diskussionsbeiträge 55, Kiel 1978, 13.

berücksichtigen. Schließlich ist es offensichtlich, daß zusammen mit der Kriegs- und Nachkriegsperiode gerade auch die wichtigsten Bestimmungsgründe der wirtschaftlichen Entwicklung der Bundesrepublik aus der Analyse langfristiger Wachstumsschwankungen herausfallen würden.[5] Am Ende des Krieges wurden die Weichen für einen Aufschwung gestellt, in dem jene ›irregulären‹ Kräfte des Wiederaufbaus die Hauptrolle spielten. Sie gaben den Ausgangsbedingungen der westdeutschen Wirtschaft ihre spezifische Dynamik. Als mittelbare Folge der deutschen Teilung sind sie aber auch bis Anfang der sechziger Jahre – wenn auch mit nachlassender Intensität – in Westdeutschland durch den Zustrom qualifizierter Arbeitskräfte immer wieder neu entstanden. Zugegeben, ein langfristiger Trendwechsel der wirtschaftlichen Entwicklung hätte diese Kräfte noch verstärkt. Wird jedoch die Zeit des ›Wirtschaftswunders‹ als Rekonstruktionsperiode verstanden, die ihre Dynamik besonderen Wachstumsbedingungen verdankt, deren Entstehung auf die Störungen der Kriegszeit zurückgeht, wäre ›Wachstumsschwäche‹ die falsche Diagnose für den Rückgang der Wachstumsraten in den sechziger und siebziger Jahren. Für einen Vorgang also, der die Rückkehr des Wachstums der deutschen Wirtschaft auf seinen langfristigen, aus der deutschen Wirtschaftsgeschichte vertrauten Wachstumspfad anzeigt.

Mit unterschiedlichen Interpretationen der langfristigen Wirtschaftsentwicklung ändern sich nicht nur die mutmaßlichen *Ursachen* des westdeutschen Wiederaufstiegs, sondern zugleich auch die *Perspektiven* gegenwärtiger und zukünftiger Erwartungen auf geradezu verblüffende Weise. Die Anwendung der ›Rekonstruktionshypothese‹ muß andere ›Sehweisen‹ nicht ausschließen, da auch die Kombination verschiedener Ansätze den Sachverhalt angemessen beschreiben und erklären kann. Es stellt sich jedoch die Frage, ob für ›Wellen‹- oder ›Strukturbruch‹-Hypothesen noch etwas zu erklären übrigbleibt, wenn das Wirtschaftswachstum der fünfziger Jahre im wesentlichen auf Bedingungen zurückgeführt werden kann, die am Ende des Weltkrieges gegeben waren und für die Dauer ihrer Wirksamkeit besondere Wachstumschancen boten.

Dem Modell der *Rekonstruktionsperiode* liegt die Annahme zugrunde, daß zwischen dem Wachstumspfad einer Volkswirtschaft und Störungen des wirtschaftlichen Wachstums, die von ihm wegführen, unterschieden werden könne.[6] Das vorausgesetzt, haben wirtschaftliche Wachstumsprozesse die Tendenz, nach einer Unterbrechung wieder zum Wachstumspfad zurückzukehren, weil sein Verlauf das wirtschaftlich mögliche und historisch realisierte Wachstum beschreibt. Eine solche Störung des wirtschaftlichen Wachstums, und eine besonders tiefgreifende dazu, ist ohne Zweifel spätestens 1945 eingetreten. Für kurze Zeit stand das deutsche Wirtschaftsleben still und kam nur langsam wieder in Bewegung. Damit war ein Potential an der Entfaltung gehindert, das sich bis dahin über tiefgreifende Störungen und Zusammenbrüche der Wirtschaft hinweg nahezu ungehindert weiterentwickeln konnte. Das gilt in erster Linie für den Strom des verfügbaren ›technischen Fortschritts‹ und die Qualifikationsstrukturen der Arbeitskraft, wie sie für seine Umsetzung in wirtschaftliches Wachstum eine zentrale Voraussetzung sind. Das gilt aber auch, wie die Bilanz der Ressourcen in der Ausgangslage nach dem Kriege gezeigt hat, in begrenzterem Umfang für die materiellen Produktionsfaktoren. Am Ende des Zweiten Weltkrieges ist diese Diskrepanz zwischen realer Leistung und potentieller Leistungsfähigkeit besonders groß. Aber auch vor dem Krieg lag die Leistung der deutschen Industrie noch unterhalb des Wachstumspfades, den sie 1914 bei Ausbruch des Ersten Weltkrieges verlassen hatte (vgl. Abbildung 2). Selbst dem ›Wirtschaftswunder‹ des Dritten Reiches, das nach der Überwindung des konjunkturellen Rückschlags der Weltwirtschaftskrise in den dreißiger Jahren einsetzte, war der Abbau des langfristigen Entwicklungsstaus nicht völlig gelungen.[6a] Dieser akkumulierte ›Fortschrittsüberschuß‹ (gemessen am tatsächlichen Resultat des Produktionsprozesses) erlaubte es, bis er verzehrt war, weit höhere Zuwachsraten des Sozialprodukts je Kopf zu erzielen als vor Eintritt der Störungen. Voraussetzung dafür war jedoch, daß der Aufschwung in Gang kam, und das Ausmaß, in dem diese Entwicklungspotentiale genutzt werden konnten, hing vor allem vom Tempo der Sachkapitalbildung ab. Damit ist die Frage nach jenen besonderen Bedingungen gestellt, die für das schnelle Wachstum in den Nachkriegsjahren ebenso verantwortlich waren wie ihr Ende für seine Verlangsamung.

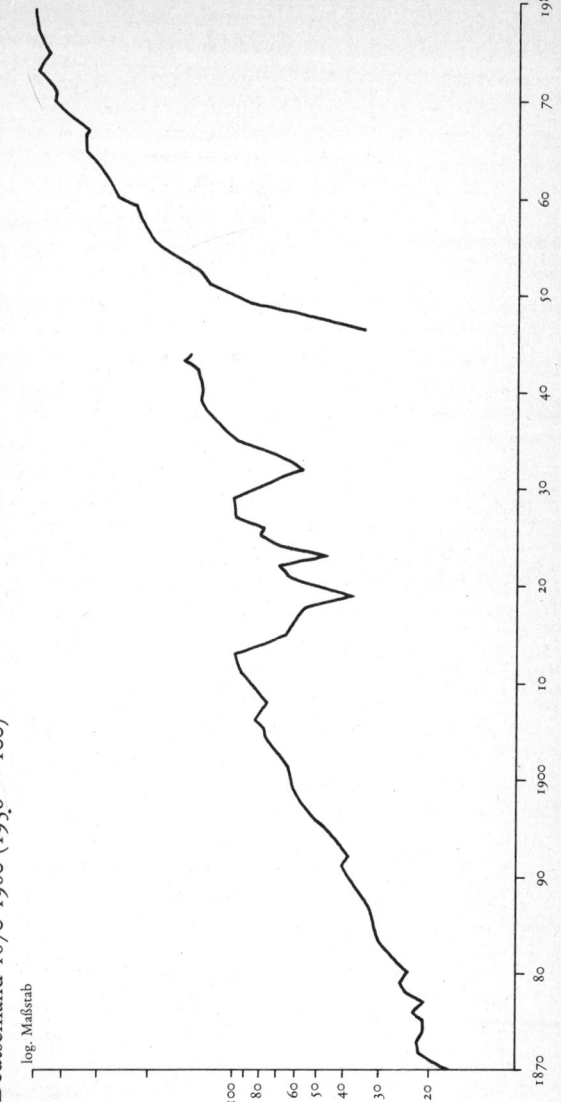

Abbildung 2: Wachstum der industriellen Nettoproduktion im Deutschen Reich u. in der Bundesrepublik Deutschland 1870-1980 (1936 = 100)

Quelle. R. Wagenführ, Die deutsche Industriewirtschaft, Berlin 1933, S. 64; D. Petzina u. a., SGA III, Materialien zur Statistik des Deutschen Reiches 1914-1945, München 1978, S. 61; Stat. BA, Lange Reihen zur Wirtschaftsentwicklung, versch. Jgg.; Tabelle 6.

b) Der Rekonstruktionsprozeß

Alle diese Voraussetzungen lagen am Anfang der fünfziger Jahre in der Bundesrepublik vor. Seit 1947 war ein Aufschwung im Gange, der sich unter dem Einfluß der Korea-Krise stabilisierte und von veränderten Weltmarktbedingungen neue, dauerhafte Impulse erfuhr. Von seiten der Ressourcen waren dem wirtschaftlichen Wachstum kaum Grenzen gezogen. Die Produktion wuchs schnell in freie Kapazitäten der Kapitalausstattung und des Arbeitsmarktes hinein. Bis etwa zur Mitte der fünfziger Jahre sind deshalb Produktionserhöhungen vor allem der besseren Anlagennutzung zu verdanken. Danach bedurfte es zur weiteren Produktionssteigerung eines starken Ausbaus der Kapazitäten. Dieser Übergang wird an dem signifikanten Anstieg des marginalen (Brutto-)Kapitalkoeffizienten deutlich. Mußten im Durchschnitt der Jahre von 1951 bis 1955, dem ersten Nachkriegszyklus der westdeutschen Wirtschaft, nur 2,4% des realen Bruttoinlandsprodukts investiert werden, um das Sozialprodukt um 1% zu erhöhen, waren im Durchschnitt des dritten Zyklus (1959-1963) dafür schon Investitionen in Höhe von 4,5% des Bruttoinlandsprodukts erforderlich.[7] Mit diesem Übergang von der extensiven Phase des ›Wiederaufbaus‹ im engeren Sinne in eine Phase kapitalintensiven Wachstums war aber noch nicht das Ende der besonderen, mit den Folgen des Krieges zu erklärenden Wachstumsbedingungen – also der Rekonstruktionsperiode – gekommen. Ihre spezifische Wirksamkeit wurde im Gegenteil erst jetzt ganz sichtbar – auch wenn sie den meisten Zeitgenossen verborgen blieb. Das eigentliche ›Wirtschaftswunder‹ begann.

War das stürmische Wachstum der westdeutschen Wirtschaft bis dahin möglich, weil materiell aus dem Vollen geschöpft werden konnte, um eine fast unbegrenzte Nachfrage zu befriedigen, machten sich jetzt die langfristig akkumulierten Reserven an ›immateriellem Kapital‹ wachstumsfördernd bemerkbar. Schnell verfügbare qualitative Kapazitätsreserven im Arbeitskräftepotential erleichterten über das normale Maß hinaus die rasche Anpassung des Kapitalstocks an den technischen Fortschritt und an sich wandelnde Strukturen der Nachfrage. Hatte das wirtschaftliche Wachstum bis zur Mitte der fünfziger Jahre die traditionelle Bereichsstruktur der deutschen Industrie wiederhergestellt – wobei starke Strukturspannungen innerhalb der Industriebereiche, die in den Jahren nach 1945 als Folge der deutschen Teilung entstanden waren, wieder beseitigt werden konnten –, änderte sich nun mit dem weiteren Ausbau der Produktionskapazität auch die Angebotsstruktur. Gerade dieser industrielle Strukturwandel zugunsten neuer Produkte und zukunftsorientierter Technologien stellte hohe Anforderungen an die Qualifikationsstrukturen des Arbeitskräftepotentials. Dabei konnte in erster Linie auf jenes ›immaterielle Kapital‹ zurückgegriffen werden, das sich, allen Störungen der wirtschaftlichen Entwicklung ungeachtet, akkumuliert hatte und im westdeutschen Arbeitskräftepotential verkörpert war.[8] Mit dem Abbau des für die Nachkriegszeit typischen mengenmäßigen und räumlichen Mißverhältnisses von Qualifikations- und Arbeitsplatzstruktur – von 1949 bis 1964 wurde z. B. die Mobilität der Arbeitskräfte durch den Bau von 8 Mio. Wohnungen gefördert – konnten diese Reserven an »Humankapital« mobilisiert werden, die anderenfalls unter Aufwendung beträchtlicher Teile des Sozialprodukts hätten ›produziert‹ werden müssen.

Auch als dieses Reservoir ausgeschöpft war, versiegte die Quelle des Rekonstruktionsprozesses nicht. Sie wurde über 15 Nachkriegsjahre hinweg ständig neu gespeist. Zum Zeitpunkt der Bevölkerungszählung von 1946 lebten 7,1 Mio. Menschen in Westdeutschland, die vor Kriegsbeginn außerhalb der Grenzen des späteren Bundesgebietes gewohnt hatten. Bis 1950 stießen weitere 2,5 Mio. zu dieser Personengruppe hinzu. Es handelte sich dabei keineswegs in der Masse um Frauen, Kinder und Alte, wie es die Erinnerung an elende Flüchtlingstrecks aus dem Osten suggerieren könnte. Es darf vielmehr auf Grund der demographischen und beruflichen Struktur der Vertriebenen angenommen werden, daß sie die entsprechenden Relationen der Gesamtbevölkerung eher günstig als ungünstig beeinflußt haben. Dies trifft noch stärker auf die 3,6 Mio. Deutschen zu, die in den Jahren 1950 bis 1962 aus der DDR in die Bundesrepublik übersiedelten. An dieser Zuwanderung waren – gemessen an 1000 der Bevölkerung der jeweiligen Altersgruppe – die Gruppe der 18- bis 21jährigen sowie der 21- bis 25jährigen mit 47,2 bzw. 36,4% am stärksten beteiligt.[9] Auf diese Altersgruppen, deren Mobilität außerordentlich hoch und deren Ausbildung in der Regel abgeschlossen war, übte der wirtschaftliche Aufschwung in der Bundesrepublik eine besonders große Anziehungskraft aus. Entsprechend lag die Erwerbsquote bei den Zugewanderten mit durchschnittlich 58% weit über der Erwerbsquote der Bevölkerung im Bundesgebiet, die zwischen 48 und 49% schwankte.

Die wirtschaftliche Bedeutung dieses Transfers von Humankapital kann nicht hoch genug angesetzt werden. Wird die durchschnittliche Investition in eine Arbeitskraft, die in der DDR ausgebildet wurde und später das Arbeitskräftepotential der Bundesrepublik bereicherte, nur mit 15 000 DM gerechnet, beläuft sich der Wert des in den fünfziger Jahren »importierten« Humankapitals auf rd. 30 Mrd. DM[10]. Dieser Ansatz wird jedoch nur den einfacheren Qualifikationen unter den Zugewanderten gerecht. Tatsächlich sind aber gerade überdurchschnittlich viele Ingenieure, Ärzte und andere hochqualifizierte Berufe in die Bundesrepublik übergewechselt. Allein im Zeitraum von 1952 bis 1963 haben weit über 20 000 Ingenieure und Techniker, 4500 Ärzte und 1000 Hochschullehrer einen Antrag auf Bundesnotaufnahme gestellt.[11] Der selektive Charakter dieser Abwanderung läßt sich indirekt am Anteil ausgebildeter Ingenieure an der jeweiligen Gesamtbeschäftigtenzahl der beiden deutschen Staaten ablesen. Während in der Bundesrepublik Deutschland 0,33% der Erwerbstätigen (1956) diese Qualifikation aufwiesen, waren es in der Deutschen Demokratischen Republik 1955 nur 0,07% (1959: 0,09%). Die DDR fiel damit völlig aus dem Rahmen des internationalen Standards in Ost und West heraus, obwohl sie im Verhältnis zur Bevölkerung annähernd doppelt so viele Ingenieure ausgebildet hatte (1958) wie Westdeutschland.[12] Über den langfristig angesammelten ›Fortschrittsüberschuß‹ hinaus hat gerade dieser Transfer dazu beigetragen, daß die öffentlichen Ausgaben für Bildung und Ausbildung in der Bundesrepublik während der fünfziger Jahre noch unter dem relativen Standard der Weimarer Republik bleiben konnten, ohne die Wachstumschancen der Wirtschaft zu verringern (vgl. Tabelle 14).

Ein – gewiß anfechtbarer – Vergleich mit den Leistungen des Europäischen Aufbauprogramms (ERP), die für die Bundesrepublik über vier Jahre verteilt einen Umfang von 1,5 Mrd. Dollar annahmen, mag in seiner Größenordnung verdeutlichen, daß die Zuwanderer aus der DDR, ebenso wie die Heimatvertriebenen, zu den wichtigsten Aktiva der westdeutschen Wirtschaft geworden sind. Der Ost-West-Transfer von Humankapital in Höhe von jährlich 2,6 Mrd. DM – im Durchschnitt von zwölf Jahren – über-

Tabelle 14: Öffentliche Ausgaben für Bildung u. Ausbildung im Deutschen Reich bzw. in der Bundesrepublik Deutschland

| | Anteil | |
Jahr	an den öffentlichen Gesamtausgaben v. H.	am Bruttosozialprodukt v. H.
1925	13,9	2,8
1951	8,0	2,4
1956	9,5	2,7
1962	9,6	3,0
1968	13,4	4,0
1975	15,8	5,5
1978	14,7	5,0

Quelle: SVR, JG 65, S. 179, Tab. 77. Der Bundesminister für Wissenschaft u. Bildung, Bildungsbericht 70, Bonn 1970, S. 26; Stat. Jb. für die Bundesrepublik Deutschland.

traf jedenfalls das Ausmaß der Marshallplanhilfe bei weitem. Es darf jedoch nicht übersehen werden, daß die massenhafte Westwanderung im Frühstadium des Wiederaufbaus zunächst vor allem die Not vergrößert hat und unter restriktiven Bedingungen zu einem kaum zu entschärfenden sozialen und politischen Sprengsatz für den westdeutschen Staat geworden wäre. Die von zeitgenössischen Beobachtern gelegentlich befürchtete ›selbstmörderische Humanität‹ des Notaufnahmeverfahrens wendete sich unter den Rekonstruktionsbedingungen jedoch bald zum Vorteil der westdeutschen Wirtschaft. In einer Entwicklungsphase, die hohe Anforderungen an die Fähigkeit von Management und Arbeiterschaft stellte, den wirtschaftlichen Strukturwandel zu bewältigen, wurde Humankapital geradezu zum Schlüssel europäischer Wachstumschancen. Sein Einsatz entschied darüber, in welchem Ausmaß Westeuropa von seinen niedrigen Ausgangspositionen im Wachstumsprozeß profitieren konnte. Am Ende der fünfziger Jahre war immaterielles Kapital deshalb ein mindestens ebenso knapper Faktor wie amerikanische Devisen am Ende der vierziger Jahre es waren. Nicht zuletzt als Ergebnis der deutschen Teilung verfügte die Bundesrepublik auf diesem Gebiet – wenn auch in abnehmendem Maße – über größere Reserven als ihre westeuropäischen Nachbarn. Sie konnte dadurch auch nach Ende der engeren Wiederaufbauphase noch relativ hohe Produktivitätsfortschritte erzielen, die ihr auf dem Weltmarkt einen Produktivitäts- und Preisvorteil sicherten und damit zur wichtigsten Voraussetzung für ihre starke Stellung im Außenhandel wurden. Von daher wirkte dieser Wachstumsimpuls auf das innere Entwicklungstempo zurück. In diesem Sinne vollzog sich der Wiederaufbau der westdeutschen Wirtschaft als Rekonstruktionsprozeß, der mit dem Wiederaufbau der Vorkriegskapazitäten und -strukturen noch nicht zu Ende war.

c) Das Ende der Nachkriegszeit

In der ersten Hälfte der sechziger Jahre mehrten sich die Anzeichen dafür, daß die besonderen Wachstumsbedingungen der westdeutschen Nachkriegswirtschaft ausliefen. Politiker und Wissenschaftler wiesen in zunächst noch vagen Worten auf das ›Ende der Nachkriegszeit‹ hin. Sie hatten so unrecht nicht.

Das Arbeitskräftepotential war ausgeschöpft, der ›technische Fortschritt‹ nicht mehr beliebig umsetzbar, die Kapitalproduktivität hatte deutlich abgenommen. Die gesamtwirtschaftliche Wachstumsrate sank auf eine Größenordnung, die sich als Annäherung an den langfristigen Wachstumspfad der deutschen Wirtschaft interpretieren läßt. Das Wirtschaftswachstum verlor zusehends an Stabilität, d. h. Schwankungen um den Wachstumstrend, die seit Anfang der fünfziger Jahre im Erscheinungsbild der wirtschaftlichen Entwicklung nicht ins Auge fielen, traten nun akzentuiert hervor. Gleichzeitig geriet die Stabilität des Geldwertes in Gefahr. Verteilungskämpfe von bis dahin unbekannter Schärfe brachen aus. Das soziale Klima wurde frostig.

Diese grundlegenden Veränderungen beschreiben einen Vorgang, in dem Ludwig Erhard, gerade vom Wirtschaftsminister zum Bundeskanzler aufgestiegen, eine Wirtschaftswende der Nachkriegszeit sah. Erhard, dessen Kanzlerschaft diese Wende nicht lange überdauerte, nannte in seiner Regierungserklärung von 1965 in erster Linie die Erschöpfung der deutschen Arbeitskraftreserven als Ursache des grundlegenden Wandels des Wachstumsmusters der westdeutschen Wirtschaft.[13] Die Verfassung des westdeutschen Arbeitsmarktes gibt ihm recht (vgl. Tabelle 15).

In der Mitte der sechziger Jahre trat die Immigration ausländischer Arbeitnehmer an die Stelle der Wanderungsgewinne aus der DDR. Die Arbeitslosenreserve war aufgebraucht; die natürliche

Tabelle 15: Quellen des Arbeitsmarktes 1951-1980
(Veränderungen der Jahresdurchschnittsbestände im Vergleich
zum Vorjahr in 1000)

	Natürliche Bevölkerungsbewegung[a]	Arbeitslosenreserve	Wanderungsgewinn	Ausländische Arbeitnehmer	Erwerbstätige
1951	+225	+148	127	[b]	+523
1955	+375	+293	161	+ 8	+835
1960	− 35	+241	56	+112	+425
1963	− 52	− 31	49	+144	+ 97
1967	−262	+298	−	−230	−790
1970	− 89	− 30	−	+441	+382
1975	−225	+492	−	−262	−763
1980	−	+ 13	−	+100	+288

a einschl. Änderungen in der Erwerbsbeteiligung.
b bei Wanderungsgewinnen enthalten.
Quelle: Sachverständigenrat, Jahresgutachten 1964/65 u. passim.

Bevölkerungsbewegung ließ mehr Erwerbstätige aus dem Arbeitsleben ausscheiden als neue hinzutreten; die Zahl der Erwerbstätigen ging zum ersten Mal absolut zurück. Auch die Qualität der Arbeitskräfte verschlechterte sich. Der wachsende Strom ausländischer Arbeitnehmer, der schon vor der Abschnürung des Massenexodus aus der DDR einsetzte, konnte nur zu einem kleinen Teil deren Funktion als stille Qualifikationsreserve übernehmen. Die Ausländer haben aber indirekt inländischen Arbeitskräften den Weg in höherqualifizierte Positionen geebnet, indem sie die minderqualifizierten Stellen besetzten. Nachdem auch eine weitere ›stille‹ Reserve, die Arbeitslosen, absorbiert worden war, machte sich der Rückstand bemerkbar, den Westdeutschland im internationalen Vergleich der Bildungs- und Ausbildungsausgaben im Hinblick auf die wichtigsten Industrieländer hatte. Während hier Mitte der sechziger Jahre der Anteil der öffentlichen Ausgaben für diesen Zweck (gemessen am Bruttosozialprodukt) noch bei 3% lag, gaben die USA schon 4,8%, Frankreich 4,6%, die Niederlande 6,2% und Schweden 6,8% für das Bildungswesen aus.[14] Was sich die Bundesrepublik bis dahin leisten konnte, weil sie über akkumulierte Qualifikationsreserven verfügte, drohte nun in eine ›Bildungskatastrophe‹ zu münden.

Zum ersten Mal in der Nachkriegszeit schien aber auch die Akkumulation des Kapitals an ihre Grenzen zu stoßen, obwohl die Bruttoinvestitionsquote mit 25,2% nach wie vor einen außerordentlich hohen Stand hielt. Auch eine Forcierung arbeitssparender Investitionen, lautete die Diagnose des ehemaligen Wirtschaftsministers, konnte »die Beengung des Arbeitsmarktes« nicht grundlegend verändern – selbst wenn sie vom finanziellen Einsatz her möglich gewesen wäre. Die Bundesrepublik war mit der ersten Rezession ihrer Wirtschaftsgeschichte konfrontiert und am Ende der Rekonstruktionsperiode angelangt. Erhard fühlte: »Die Obergrenze des möglichen Wirtschaftswachstums wird in den nächsten Jahren unter den heute gegebenen Bedingungen keinesfalls höher liegen als bisher«.[15] Diese Prognose schien schon im folgenden Aufschwung überholt zu sein, auf mittlere Sicht traf sie den Sachverhalt dagegen genauer.

Der Schock der Rezession von 1966/67 war groß, aber er hielt nicht lange an. Schon zwei Jahre später kletterten die Wachstumsraten erneut in Höhen, die an die fünfziger Jahre erinnerten. Die Stagnation von 1967 mutete im Rückblick wie die Folge eines Kunstfehlers der Wirtschaftspolitik an, der durch den Einsatz wirksamerer Instrumente behoben werden konnte. ›Angemessenes‹ Wachstum schien erneut machbar. Doch was immer auch unter dieser Zielsetzung im ›Gesetz zur Förderung der Stabilität und des Wachstums der Wirtschaft‹ von 1967 verstanden wurde, die Verhältnisse der fünfziger Jahre ließen sich nicht wiederherstellen. Noch unter Karl Schillers Ägide, der 1967 die Verantwortung für die Wirtschaftspolitik der Großen Koalition übernahm und die Regierung Brandt-Scheel 1972 wieder verließ, wurde deutlich, daß sich in den siebziger Jahren ein Tempowechsel der wirtschaftlichen Entwicklung vollzog, der sich in den sechziger Jahren bereits angekündigt hatte. Es lag nahe, darin den Beginn einer Periode der ›Wachstumsschwäche‹ der deutschen Wirtschaft zu sehen, war doch der Kontrast zur ›Growthmanship‹ der Nachkriegszeit offenkundig. Jener Optimismus der wirtschaftlichen Machbarkeit, der sich lange genug bestätigt fühlen konnte, hatte im Wachstum den Schlüssel zur inneren Stabilität von Industriegesellschaften, die Basis der Überlegenheit im Wettstreit der Systeme, die Voraussetzung zum Durchbruch in der Entwicklung der Dritten Welt gesehen. Um so größer war die Enttäuschung und um so schmerzhafter waren die Entzugserscheinungen in einer auf Expansion programmierten Wirtschaft und Gesellschaft.

d) Zurück zum Wachstumspfad?

Zu Wachstumspessimismus gibt der empirische Befund für die siebziger Jahre jedoch kaum Anlaß. Tatsächlich liegen die realen Zuwachsraten des Pro-Kopf-Sozialprodukts noch deutlich über jenen Werten, die in der deutschen Wirtschaftsgeschichte aus früheren Abschnitten des Industriezeitalters bekannt sind (vgl. Tabelle 16). Selbst im Übergang zu den achtziger Jahren, im Schatten

Tabelle 16: Säkulares Wachstum:
Wachstumsraten des realen Pro-Kopf-Sozialprodukts 1870-1980 (durchschnittliche jährliche Wachstumsraten in v. H.)

	1870-1913	1913-1950	1950-1965	1965-1980
Deutschland	1,8	0,4	5,6	3,9
USA	2,2	1,7	2,0	2,3
Großbritannien	1,3	1,3	2,3	2,0
Frankreich	1,4	0,7	3,7	4,1
Schweden	2,3	1,6	2,6	2,2

Quelle: A. Maddison, Economic Growth in the West, New York 1967, S. 30; ders., Economic Progress and Policy in Developing Countries, London 1970, S. 18; Stat. Jb. für die Bundesrepublik Deutschland.

einer weltweiten Rezession, wächst die westdeutsche Wirtschaft – im Durchschnitt des Zyklus – schneller als in ihrer Hochindustrialisierungsphase zwischen 1870 und 1913. Auch im Vergleich zu anderen wichtigen Industrieländern schneidet sie nicht schlecht ab. Es spricht deshalb vieles dafür, daß das wirtschaftliche Wachstum der Bundesrepublik nach dem Ende der Rekonstruktionsperiode in die Kontinuität der langfristigen Entwicklung der deutschen Volkswirtschaft eingemündet ist. Diese Kontinuität des Wachstumspfades im deutschen Falle zu beschreiben, fällt jedoch nicht leicht. Nicht nur die Entwicklung in der Nachkriegszeit weicht von ihm ab. Seit dem Ausbruch des Ersten Weltkrieges bis zur Mitte des Jahrhunderts fehlt offenkundig jene Stetigkeit des industriellen Aufstiegs, die der charakteristische Ausdruck des westlichen Kapitalismus in seinem ›goldenen Zeitalter‹ vor 1914 war. So unübersehbar bestimmen Kriege, wirtschaftliche Zusammenbrüche, Inflations- und Deflationskrisen gerade in Deutschland das wirtschaftliche Gesicht der Epoche, daß die gesamte Periode jeder Vorstellung ökonomischer Verlaufsgesetze von Trend und Zyklus geradezu entgegenläuft (vgl. oben: Abbildung 2).

Die Annahme, der Wachstumspfad der Hochindustrialisierungsperiode habe sich über alle Störungen des Wachstumsprozesses hinweg virtuell fortgesetzt und setze sich nun erneut durch, scheint deshalb gewagt. Ein Blick auf die langfristige Entwicklung solcher Volkswirtschaften, die wie die der Vereinigten Staaten von Amerika oder Schwedens nur schwach in die Turbulenzen der Kriege hineingezogen wurden, lehrt jedoch, daß sich seitdem die Größenordnung des wirtschaftlichen Wachstums kaum wesentlich verändert hat (vgl. oben: Tabelle 16). Inhaltlich ließe sich diese relative Konstanz des Wachstumstrends dadurch erklären, daß in der Begrenzung des ›technischen Fortschritts‹ und vor allem seiner Umsetzung in die Qualifikationsstrukturen der Arbeitskraft eine Obergrenze für das wirtschaftliche Entwicklungstempo liegt – eine Begrenzung, die während der Rekonstruktionsperiode gerade nicht wirksam war. ›Technischer Fortschritt‹ bedeutet in diesem Zusammenhang die Gesamtheit der Einflüsse, die die Effizienz des Einsatzes von Kapital und Arbeit verändern, also nicht nur die Erfindung und Innovation von Produkten und Produktionsverfahren, sondern vor allem die Entwicklung des Produktionswissens der Erwerbstätigen. Während der Strom der Erfindungen und Innovationen erfahrungsgemäß diskontinuierlich fließt, ist es dieser ›menschliche Faktor‹, der sprunghafte Entwicklungen verhindert. Auch ›industrielle Revolutionen‹ brauchen ihre Zeit, bis sie die Praxis der Industriegesellschaft erreicht haben. Diese für die Entwicklungsländer ebenso konkrete wie schmerzliche Erfahrung gilt im Prinzip auch für hochentwickelte Industriestaaten wie die Bundesrepublik Deutschland. Technologische und ökonomische Umwälzungen haben nämlich nicht nur den Wandel von Wirtschaft und Gesellschaft zur Folge – sie setzen ihn auch voraus. Die künftige Entwicklung der westdeutschen Wirtschaft wird daher, wie schon die gegenwärtige, weniger vom Trend des wirtschaftlichen Wachstums als von seinen Schwankungen und inneren Strukturveränderungen geprägt sein.

2. Konjunktur: Rückkehr zum klassischen Zyklus

a) Neue Formen der Konjunkturschwankungen?

Zyklische Entwicklungsschwankungen gehörten von Anfang an zum Erscheinungsbild der Industriewirtschaft. Regelmäßig wiederkehrende und einem inneren Bewegungsgesetz folgende Auf- und Abschwungphasen der Konjunktur schlugen weit über den engeren wirtschaftlichen Bereich hinaus den Takt der gesellschaftlichen Entwicklung. Wechselnde konjunkturelle Leitmotive der wirtschaftlichen Trendperioden prägten vor dem Ersten Weltkrieg das politische und soziale Klima der Epoche. Der Zyklus verursachte aber nur ganz selten Einbußen der Produktion. Sein Wirkungsfeld lag vielmehr in erster Linie in der Sphäre des Kapitals. Empfindlicher als auf Schwankungen der Beschäftigung reagierten Bismarcks Zeitgenossen auf das Auf und Ab der Finanzmärkte, der Renten, Zinsen und Renditen. So heftig diese Schwankungen auch empfunden wurden, so blieben sie doch alles in allem ein Vehikel für wirtschaftliches Wachstum. Selbst in der sogenannten ›Großen Depression‹ der 1870/80er Jahre setzte sich deshalb der Wachstumstrend ungebrochen fort (vgl. oben: Abbildung 2).

Das änderte sich nach 1918 auf ebenso dramatische wie bedrohliche Weise. In der Zeit zwischen den beiden Weltkriegen nahmen die Schwankungen nicht nur an Heftigkeit zu; sie verlagerten sich auch in die Produktionssphäre und entwickelten eine hohe soziale Sprengkraft, indem sie ein bis dahin für Industriegesellschaften neues Phänomen schufen: Massenarbeitslosigkeit. In der Weltwirtschaftskrise der frühen dreißiger Jahre kulminierte die konjunkturelle Instabilität einer ganzen Epoche, in der zeitgenössische Beobachter die ›Niedergangsperiode‹ des Kapitalismus sahen. Die wirtschaftlichen und sozialen Folgen der Weltwirtschaftskrise stellten – nicht nur in Deutschland – die Funktionsfähigkeit des privatkapitalistischen Wirtschaftssystems in Frage. In allen Industrieländern übernahm der Staat wichtige Funktionen in der Wirtschaft, um das notwendige Maß an wirtschaftlicher und sozialer Stabilität zu garantieren. Dennoch schien die Zukunft der Industriegesellschaften keineswegs sicher, haben doch in den meisten Ländern der westlichen Welt erst Aufrüstung und Krieg die Weltwirtschaftskrise endgültig überwunden.

Vor diesem düsteren Hintergrund hoben sich die westdeutschen Erfahrungen der fünfziger Jahre um so heller ab. Das schnelle Wirtschaftswachstum der Rekonstruktionsperiode nahm dem Problem der konjunkturellen Schwankungen seine Schärfe – wie viele Zeitgenossen glaubten: auf Dauer. Nicht wenige Beobachter hielten sogar das Ende des Zyklus überhaupt für gekommen, und die Reformen der sozialen Marktwirtschaft galten als sein Überwinder. Spätestens in der Rezession von 1966/67 wurden diese weitgespannten Hoffnungen enttäuscht. Konnten bis dahin konjunkturelle Schwankungen ebenso leicht abgefangen werden, wie es einem schnellen Radfahrer gelingt, einen Stoß auszubalancieren, drohten sie ihn nun bei langsamerer Fahrt zum Sturz zu bringen. Der zyklische Charakter der Wirtschaftsentwicklung rückte wieder ins Bewußtsein und ebenso die Erkenntnis, daß auch in der Nachkriegszeit das vertraute zyklische Muster mit großer Regelmäßigkeit in Erscheinung getreten war (vgl. Abbildung 3).

Von den Katastrophen der zwanziger und dreißiger Jahre hob sich der Konjunkturverlauf der westdeutschen Nachkriegszeit noch immer positiv ab. Der Vergleich mit der Zeit vor dem Ersten Weltkrieg korrigiert jedoch den Eindruck, die wirtschaftliche Entwicklung nach 1947 sei wesentlich stetiger verlaufen als früher. Zum einen hat sich die Zyklendauer wesentlich verkürzt. Lag der zeitliche Abstand von Hoch zu Hoch oder von Tief zu Tief vor dem Ersten Weltkrieg noch bei sieben bis neun Jahren, reduzierte er sich in den fünfziger und sechziger Jahren auf vier bis fünf Jahre. Auffallend ist auch der anfangs von Zyklus zu Zyklus sinkende Trend der durchschnittlichen Wachstumsraten (vgl. Tabelle 17). Er hat sich seit der Mitte der sechziger Jahre stabilisiert

Tabelle 17: Die Nachkriegszyklen der westdeutschen Wirtschaft (durchschnittliche Wachstumsraten pro Zyklus in v. H.)

1. Zyklus:	1950-1954	8,8
2. Zyklus:	1955-1958	7,2
3. Zyklus:	1959-1963	5,7
4. Zyklus:	1964-1967	3,6
5. Zyklus:	1968-1975	3,8
6. Zyklus:	1976-1982	2,5

Quelle: Stat. BA, Lange Reihen zur Wirtschaftsentwicklung 1976 u. 1980, Wiesbaden 1976 u. 1980, passim.

Abbildung 3: Konjunkturzyklen: Jährliche Veränderungsraten des realen Sozialprodukts im Deutschen Reich und in der Bundesrepublik Deutschland (jeweilige Grenzen)

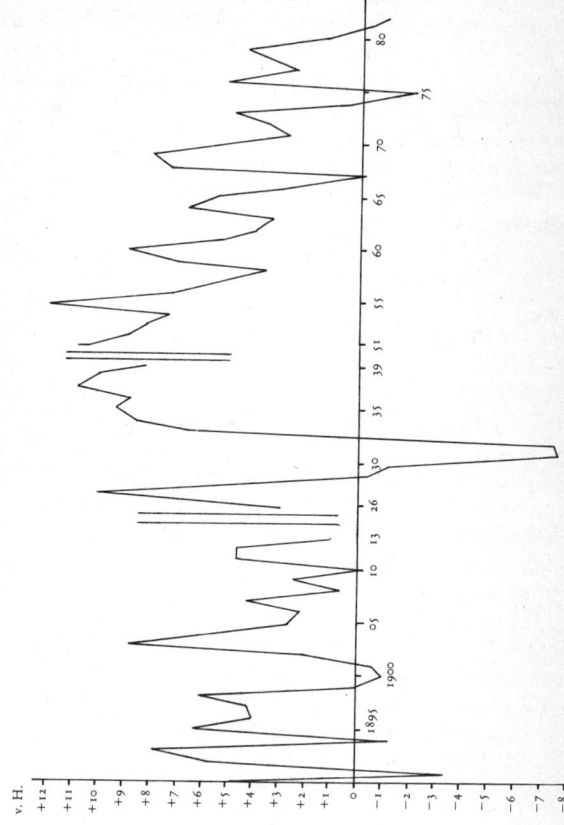

Quelle: W. G. Hoffmann u. a., Das Wachstum der deutschen Wirtschaft seit der Mitte des 19. Jahrhunderts, Berlin 1965, 827 f.; Stat. BA, Lange Reihen zur Wirtschaftsentwicklung 1976, 1982, Wiesbaden 1976, 1982, jeweils Tab. 15,1.

und damit den Rekonstruktionscharakter des Nachkriegswachstums unterstrichen. Die Tatsache, daß selbst erhebliche Schwankungen der Konjunktur bis in die sechziger Jahre an ihren Tiefpunkten noch immer reale Wachstumsraten von 7%, 4% oder 3% bedeuteten, ließ den Zyklus im öffentlichen Bewußtsein und als Problem der Wirtschaftspolitik in den Hintergrund treten. Alles in allem gesehen hat die Intensität der Schwankungen im Vergleich zur Zeit vor dem Ersten Weltkrieg aber keineswegs nachgelassen. Seit den sechziger Jahren gleicht sich das zyklische Muster vielmehr auf verblüffende Weise. Im Hinblick auf die Entwicklung bestimmter Indikatoren, wie etwa der Börsenkurse oder der Rendite von Wertpapieren, ist die Konjunktur in der Zeit nach 1950 sogar unstetiger gewesen als während der Phase der Hochindustrialisierung.[16]

b) Kein Platz für Keynesianismus

Diese Feststellung muß nicht wenig überraschen. Schließlich gehört es seit dem Ende der Weltwirtschaftskrise und ganz besonders nach dem Zweiten Weltkrieg zu den erklärten Zielen staatlicher Konjunkturpolitik, in den Wirtschaftsablauf ordnend einzugreifen, um hektische Schwankungen der Entwicklung und vor allem ihre negativen sozialen Folgen zu vermeiden. Das lag nicht zuletzt in der Absicht der ›keynesianischen Revolution‹ der Wirtschaftspolitik, die sich als Antwort auf die Herausforderung der Weltwirtschaftskrise noch in den dreißiger Jahren angebahnt und nach Kriegsende in der westlichen Welt weitgehend durchgesetzt hat.

Das keynesianische Konzept der Globalsteuerung hat in Westdeutschland jedoch erst wesentlich später als in anderen Ländern der westlichen Welt Eingang in die Wirtschaftspolitik gefunden. Erst nach 1966, als unter dem Eindruck der ersten Rezession der Nachkriegszeit – das Wirtschaftswachstum stagnierte und die Arbeitslosenquote stieg auf 2% (!) – die Regierung des Bundeskanzlers Ludwig Erhard einer ›Großen Koalition‹ aus CDU/CSU und SPD weichen mußte, wurde das keynesianische Instrumentarium der Konjunkturpolitik mit großem Erfolg zur Bekämpfung der Krise eingesetzt. Ganz neu war dieses Rezept auch in Deutschland nicht. Schon in den ersten Nachkriegsjahren hatte Keynes' Modell der indirekten Wirtschaftslenkung mit Mitteln der Geld- und Fiskalpolitik auch hier große Anziehungskraft auf die Praktiker in den Wirtschaftsverwaltungen ausgeübt. Vor allem in der SPD, aber auch bei manchem Wirtschaftsführer und Bankier der ersten Stunde genoß der Keynesianismus den Ruf, notwendige Schritte der Planung und Lenkung in der Wirtschaft zu verwirklichen, ohne gleichzeitig noch funktionierende Elemente der Marktwirtschaft zu zerstören. Sie waren von Keynes' Verheißung einer geräuschlosen und behutsamen Sozialisierung beeindruckt, die versprach, die von einem großen Teil der Öffentlichkeit unter dem Eindruck der Massenarbeitslosigkeit der Weltwirtschaftskrise für notwendig gehaltene Sozialisierung der Investitionstätigkeit »allmählich und ohne Bruch in der allgemeinen Tradition der Gesellschaft« durchzuführen.[17] Sein Konzept kam einer traditionellen Neigung der deutschen Wirtschafts- und Interessenpolitik entgegen, durch die enge Zusammenarbeit von Staat und Wirtschaft, die seit dem Ersten Weltkrieg auch die organisierte Arbeiterschaft einschloß, Risiken zu dämpfen und ein hohes Maß an *privatwirtschaftlicher* Planung zu verwirklichen. Die Berufung auf Keynes ermöglichte es aber auch, auf deutsche Erfahrungen bei der Überwindung der Weltwirtschaftskrise nach 1933 zurückzugreifen. Mit der erfolgreichen Ankurbelung der ›Staatskonjunktur‹ nahmen deutsche Konjunkturpolitiker die ›keynesianische Revolution‹ im kapitalistischen Wirtschaftssystem experimentell vorweg – auch wenn die konjunkturpolitische Absicht bald der hemmungslosen Aufrüstung geopfert wurde.

Gerade gegen diese etatistische Neigung wie auch gegen die traditionell korporatistische Verfassung der deutschen Wirtschaft zielte aber die Hauptstoßrichtung der Erhardschen Wirtschaftsreform von 1948. Der neoliberale Feldzug des ersten Wirtschaftsministers richtete sich gegen eine in der deutschen Unternehmerschaft tief verwurzelte Mentalität der Risikovermeidung, der Marktordnung und des Protektionismus ebenso wie gegen ein, wie er meinte, Übermaß an staatlichen Interventionen in der Wirtschaft. Das keynesianische Modell der Globalsteuerung lehnte er auch deswegen ab, weil es ein in weiten Grenzen abgestimmtes Verhalten der Tarifvertragsparteien untereinander und mit den Instanzen staatlicher Wirtschaftspolitik voraussetzte. Alle Vorschläge seiner wirtschaftspolitischen Widersacher, gegen die hohe Arbeitslosigkeit in den ersten Jahren nach der Währungsreform mit zusätzlichen, kreditfinanzierten staatlichen Ausgabenprogrammen vorzugehen, stießen nicht zuletzt auch deshalb auf Erhards erbitterten Widerstand.

Es waren aber nicht nur grundsätzliche Erwägungen, die den Einsatz keynesianischer Instrumente in der westdeutschen Wirtschaftspolitik verzögert haben. In den ersten Jahren nach der Währungsreform sprachen auch sachliche Gründe dagegen, allzu schnell auf das Repertoire expansiver Wirtschaftssteuerung zurückzugreifen. Zweifellos ist ein großer Teil der Arbeitslosigkeit der späten vierziger und frühen fünfziger Jahre nicht auf Schwankungen der gesamtwirtschaftlichen Nachfrage zurückzuführen, sondern das Ergebnis ›struktureller‹ Faktoren. Der nur langsam zu überwindende, noch auf Kriegszerstörungen zurückgehende große Mangel an Arbeitsplätzen einerseits und der anhaltende breite Strom der Umsiedler aus Ostdeutschland und aus der DDR waren für die Arbeitslosigkeit stärker verantwortlich als fehlende Nachfrage. Zusätzliche staatliche Ausgaben hätten in dieser Situation wenig zur Lösung des Arbeitslosenproblems beitragen können, sondern kurzfristig die Diskrepanz zwischen steigender Nachfrage und knappem Angebot eher noch verstärkt. Auch im weiteren Verlauf der fünfziger Jahre, als das Arbeitslosenproblem immer mehr in den Hintergrund trat, fehlte es an zwingenden Anlässen für staatliche Wirtschaftssteuerung. Der Konjunkturverlauf schwankte um einen ungewöhnlich hohen, wenn auch sinkenden Wachstumstrend, so daß z. B. der Rückgang der Wachstumsraten in den Jahren 1952 bis 1954 von 11% auf 9% bis 7% nicht als Rezession, sondern als Konsolidierung und Stärkung des Wachstums nach dem Korea-Boom empfunden wurde – eine Entwicklung, die staatlicher Eingriffe nicht bedurfte. Allerdings hat es auch in der Ära Erhard nicht an Interventionen wirtschaftspolitischer Instanzen in den konjunkturellen Ablauf gefehlt. Die zentrale Notenbank hat in jeder Aufschwungsphase, sei es 1948, 1950/51, 1955, 1959 oder 1964, die Mittel der Geldpolitik eingesetzt, um die Nachfrage zu dämpfen, sobald ihr die Stabilität des Geldwertes gefährdet erschien. Die Bundesbank konnte dazu auf ein weitgefächertes Instrumentarium zurückgreifen, das im Bundesbankgesetz von 1956 zusammengefaßt ist, das aber auch ihrer Vorgängerin, der Bank deutscher Länder, schon weitgehend zur Verfügung gestanden hatte. Vor allem durch den Einsatz der Diskont-, Mindestreserve- und (seit 1955) Offenmarktpolitik ließ sich eine deutliche Bremswirkung stets herbeiführen. Die geldpo-

litischen Restriktionen zielten jeweils auf die Investitionsnach-
frage ab, indem die zinsempfindlichen Investitionsvorhaben, also
vor allem die Bautätigkeit, durch Zinserhöhungen unrentabel und
durch generelle Kreditverknappung die Finanzierungsspielräume
der Wirtschaft eingeengt wurden. Diese an ihrer im Bundesbankgesetz festgeschriebenen Priorität der Geldwertstabilität orientierte, restriktive Geldpolitik der Zentralbank war jedoch wenig
geeignet, konjunkturelle Schwankungen zu glätten. Das Gegenteil
ist wahrscheinlicher. Zumindest in den Jahren 1952 und 1956,
noch mehr aber 1965/66, war die geldpolitische Gegensteuerung
der Zentralbank mitverantwortlich für das Ausmaß der rezessiven
Bewegung der Konjunktur.

Eine der Geldpolitik der autonomen Notenbank entsprechende
antizyklische Budgetpolitik der Bundesregierung hat es dagegen
bis zum Ende der Ära Erhard nicht gegeben. Von gelegentlichen
Sperrungen von Haushaltstiteln für öffentliche Bauten in den
Phasen der Hochkonjunktur und der in den Jahren 1955 und 1956
eher zufällig deflationär wirkenden, zur Finanzierung der Wie-
deraufrüstung betriebenen Vorratspolitik des Finanzministers
Fritz Schäffer (›Juliusturm‹) abgesehen, hat der Bundeshaushalt
eher prozyklisch auf Schwankungen der Konjunktur (und des
Steueraufkommens) reagiert, als sie durch antizyklische Ausga-
benpolitik zu verhindern versucht. Es hat deshalb vor 1966 eine
bewußte Ankurbelung der Konjunktur mit Hilfe der Finanzpolitik nicht gegeben. Tatsächlich ist der konjunkturelle Aufschwung
in den ersten drei Nachkriegszyklen hauptsächlich durch die Ex-
portnachfrage herbeigeführt worden, die wiederum durch die inländische Rezession selber ausgelöst wurde. Inländische Güter
wurden im Abschwung in der Regel relativ billiger als die ausländischen, die Lieferfristen verkürzten sich im Vergleich zur Welt-
marktkonkurrenz, und die westdeutschen Unternehmer pflegten
den ausländischen Markt in Zeiten schwacher Inlandsnachfrage
ganz besonders sorgfältig. Solange in- und ausländische Konjunkturschwankungen nicht synchron verliefen, wie dies bis Mitte der
sechziger Jahre der Fall war, gab es damit einen wirksamen Mechanismus der Krisenüberwindung, ohne daß staatliche Intervention in einem spezielleren, konjunkturpolitischen Sinne als notwendig erschien.

Entscheidend für die weitgehende Abstinenz staatlicher Konjunkturpolitik war aber die Entwicklung der Arbeitslosigkeit

oder, besser gesagt, der Übergang zur Vollbeschäftigung. Die Arbeitslosenquote ging von ihrem Höhepunkt Anfang 1950 (12,2%) Jahr für Jahr weiter zurück und stabilisierte sich schließlich in den Jahren von 1961 bis 1966 auf einem bis dahin kaum gekannten Niveau der Vollbeschäftigung (unter 1%) (vgl. Abbildung 4).

Abbildung 4: Arbeitslosigkeit: Die Entwicklung der Arbeitslosenquote[a] 1887-1982

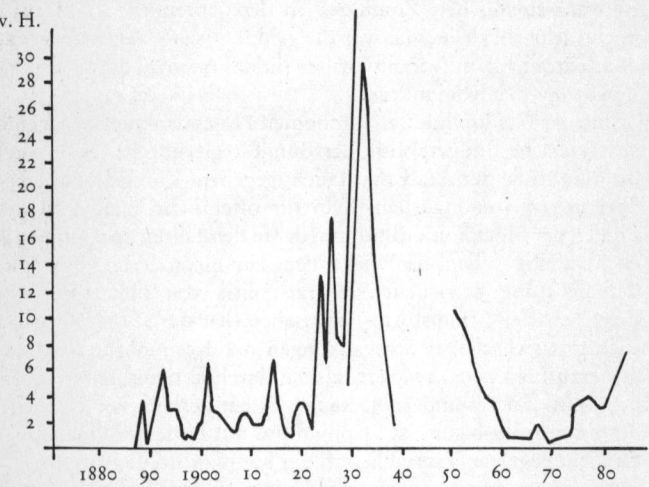

a Bis 1931 in v. H. der Gewerkschaftsmitglieder, dann in % der abhängigen Erwerbspersonen.

Quelle: B. R. Mitchell, European Historical Statistics 1750-1970, London 1975, 167 ff.; Stat. BA, Bevölkerung u. Wirtschaft 1872-1972, 148. Monatsberichte der Deutschen Bundesbank, passim.

Schon 1955 unterschritt sie die bis dahin als Grenze zur Vollbeschäftigung angesehene 5%-Marke. Damit waren die Reste kriegsbedingter und struktureller Arbeitslosigkeit praktisch überwunden. Die Arbeitslosigkeit lag in der Bundesrepublik nicht nur weit unter dem Niveau der Zwischenkriegszeit, sondern auch – soweit dies trotz der mangelhaften statistischen Überlieferung feststellbar ist – unter dem der Kaiserzeit. Die Öffentlichkeit sah in dieser Entwicklung, mit der sich das seit der Weltwirtschaftskrise unbestritten wichtigste Ziel staatlicher Wirtschaftspolitik erfüllte, weitgehend einen persönlichen Erfolg des Wirtschaftsministers und seiner Sozialen Marktwirtschaft und nicht die Folge besonderer Entwicklungsbedingungen während der Rekonstruktionsperiode. Der Einsatz staatlicher Konjunkturpolitik schien deshalb nicht nur sachlich unbegründet, sondern im Rahmen der westdeutschen Wirtschaftsordnung geradezu kontraproduktiv zu sein. Das änderte sich grundlegend unter der Schockwirkung der Rezession von 1966/67. Schon der relativ geringfügige Anstieg der Arbeitslosigkeit auf 2,1% der Erwerbspersonen im Jahre 1967 erschütterte das bis dahin verbreitete Vertrauen auf die Selbststeuerungsfähigkeit der Marktwirtschaft gründlich. Während die Öffentlichkeit auf andere Fehlentwicklungen des Erhardschen Kurses – wie sie etwa auf dem Gebiet der Einkommens- und Vermögensverteilung schon früher offen zutage getreten waren – gelassen reagiert hatte, sah sie nun *den* neuralgischen Punkt moderner Industriegesellschaften berührt. Das Beschäftigungsrisiko war zum Prüfstein erfolgreicher Wirtschaftspolitik geworden, weil es in hochentwickelten Industriegesellschaften die große Mehrheit der Bevölkerung bedroht und die zerstörerischen Wirkungen der Massenarbeitslosigkeit gerade in Deutschland bekannt waren. Nun zeigte sich, daß die Bundesrepublik nicht auf Dauer einen Sonderweg krisenfreier kapitalistischer Entwicklung eingeschlagen hatte. Am Ende der Rekonstruktionsperiode war sie eine Industrienation wie (fast) jede andere geworden.

c) Der neue Kurs

Die Krise traf die Bundesrepublik ohne Vorbereitung und schien sie an den Rand der Gefährdung ihrer politischen Ordnung zu führen. Es ist nicht ohne Symbolkraft, daß im Herbst 1966 mit Ludwig Erhard und der FDP die Protagonisten der neoliberalen Wirtschaftsreform des Jahres 1948 von der Höhe der Regierungsmacht abtraten und Platz machten für eine »Große Koalition« der Kräfte, die schon damals als wirtschaftspolitische Alternative bereit gestanden hatten, von Konrad Adenauer aber gerade zur Absicherung des Marktwirtschaftskurses an ihrer Formierung gehindert worden waren.[18] Mit Karl Schiller übernahm ein Sozialdemokrat die Rolle Erhards; er war von Anfang an als Hamburger Wirtschaftssenator im Bundesrat – und später auch im Bundestag – sein Widerpart gewesen und hatte seine entscheidenden wirtschaftspolitischen Erfahrungen nach 1933 in den Reihen der ›Keynesianer vor Keynes‹ bei der erfolgreichen Überwindung der Weltwirtschaftskrise gesammelt.

Mit dem im Jahre 1967 verabschiedeten »Gesetz zur Förderung der Stabilität und des Wachstums der Wirtschaft« (Stabilitätsgesetz), dem keynesianischen Ansatz verpflichtet und von seinen Vätern als »Meilenstein in der Entwicklung der Wirtschaftspolitik« gefeiert, schuf schließlich die Regierung der »Großen Koalition« die Grundlage für den Kurswechsel. Seitdem gehört es zu den ausdrücklichen Zielen *staatlicher* Wirtschaftspolitik, »die Erfordernisse des wirtschaftlichen Gleichgewichts zu beachten« und dabei *gleichzeitig* die Stabilität des Preisniveaus zu garantieren, das außenwirtschaftliche Gleichgewicht zu halten, zu stetigem und angemessenem Wirtschaftswachstum beizutragen und einen hohen Beschäftigungsstand zu gewährleisten (§ 1 StabG). Der Staat hatte damit die Verantwortung für den Wirtschaftsablauf übernommen und füllte seine Arsenale mit neuen wirtschaftslenkenden Instrumenten, um sich für den Eingriff in den gesamtwirtschaftlichen (globalen) Kreislauf zu wappnen. Wichtigstes Gebot der Globalsteuerung wurde die antizyklische Gestaltung der öffentlichen Ausgaben. Diese sollten im Falle einer Nachfragelücke ausgeweitet werden, um den Wirtschaftskreislauf zu stabilisieren, wobei die öffentliche Hand zusätzliche Ausgaben mit Krediten finanzieren mußte (deficit spending), nicht mit Steuern, weil sonst private Kaufkraft abgeschöpft, die Nachfrage also nur von den Privatpersonen auf den Staat verlagert worden wäre. Umgekehrt mußte die öffentliche Hand, wenn die Gesamtnachfrage die Produktionsmöglichkeiten überschritt (inflatorische Lücke), ihr Ausgabenvolumen bei gleichbleibender Entwicklung des Steueraufkommens senken und die nichtverausgabten Mittel als ›Konjunkturausgleichsrücklage‹ bei der Bundesbank stillegen.

Vor allem kam es aber darauf an, Länder und Gemeinden in die Konjunkturpolitik einzubeziehen, weil diese über ein Fünftel bzw. zwei Drittel der öffentlichen Investitionen und damit über die weitaus größte Manövriermasse einer antizyklischen Haushaltspolitik verfügen. Zu diesem Zweck sieht das Stabilitätsgesetz Gremien und Instrumente zur Koordination vor, die, wie der ›Konjunkturrat für die öffentliche Hand‹ und der Finanzplanungsrat, nur empfehlenden Charakter haben oder wie die obligatorische Konjunkturausgleichsrücklage und bestimmte

Kreditbeschränkungen (›Schuldendeckel‹) nur sehr schwierig zu handhaben sind. Während es gelang, den Haushalt des Bundes in den folgenden Jahren im großen und ganzen konjunkturgerecht zu gestalten, konnten daher alle rechtlichen Möglichkeiten nicht verhindern, daß Länder und Gemeinden ihre Investitionsausgaben gerade entgegengesetzt den konjunkturellen Erfordernissen, also prozyklisch, variierten. Obwohl die Jahre 1969 und 1970 im Zeichen einer starken konjunkturellen Überbeanspruchung der Ressourcen standen, erhöhten die Gebietskörperschaften ihre Investitionsausgaben kräftig um 14% bzw. 24%, während sie diese am Vorabend der Rezession von 1967 um 8% gesenkt hatten. Es zeigte sich, daß die Gemeinden am wenigsten in der Lage waren, Investitionen aus konjunkturellen Gründen hintanzustellen, weil sie unter dem Druck der Öffentlichkeit standen, verkehrs-, bildungs- und gesundheitspolitische Ziele zu verwirklichen, die im Zeichen ›innerer Reformen‹ als zwingend geboten erschienen.

In ihrer Wirksamkeit ähnlich begrenzt erwiesen sich die steuerpolitischen Instrumente der neuen Konjunkturpolitik. Das Stabilitätsgesetz sieht auf diesem Gebiet Investitionsprämien sowie Variationen der steuerlichen Abschreibungssätze und der Einkommen- und Körperschaftsteuer durch Zu- und Abschläge vor. Von diesen Eingriffsmöglichkeiten wurde Anfang der siebziger Jahre zwar Gebrauch gemacht – 1970/71 erhob die Bundesregierung vorübergehend sogar einen zehnprozentigen (rückzahlbaren) Konjunkturzuschlag auf die Einkommen-, Lohn- und Körperschaftsteuer –, doch blieb ihnen der große Erfolg versagt. Restriktive Maßnahmen waren in der Regel politisch erst zu einem Zeitpunkt durchsetzbar, als sie schon fast zu spät kamen; expansive Maßnahmen dagegen beeinflußten die Investitionsneigung der Unternehmer nur indirekt. Der Staat konnte die Pferde zwar zur Tränke führen, aber saufen mußten sie selber.

Ziel der Schillerschen Wirtschaftsreform war es nicht zuletzt auch, alle für den Wirtschaftsprozeß verantwortlichen sozialen Gruppen an der Formulierung und Durchführung der gesamtwirtschaftlichen Rahmenplanung zu beteiligen und sie dabei, wie im Stabilitätsgesetz vorgesehen, zu gleichzeitigem aufeinander abgestimmtem Verhalten zu bewegen. Damit erhielt der traditionelle, seit Beginn der fünfziger Jahre auch in der Bundesrepublik wieder informell wirkende korporative Rahmen des wirtschaftspolitischen Interessenausgleichs eine stärker institutionalisierte

Form. Die ›Konzertierte Aktion‹ – als Gesprächsrunde von Regierung, Gewerkschaften und Verbänden unter Teilnahme der Bundesbank und des schon 1963 gegründeten Sachverständigenrates zur Begutachtung der gesamtwirtschaftlichen Entwicklung – bot dem Wirtschaftsminister Gelegenheit, die in ihrem wirtschaftlichen Verhalten weitgehend autonomen Gruppen in die Pflicht des ›stabilitätspolitisch Notwendigen‹ zu nehmen, sie auf selber erarbeitete ›Orientierungsdaten‹ festzulegen und zu einer stabilitätskonformen Aufteilung der Sozialproduktszuwächse zu bewegen. Mit dem Appell an die ›kollektive Vernunft‹ der Beteiligten allein war es dabei nicht getan. Die ›Konzertierte Aktion‹ schuf den Rahmen, innerhalb dessen ›Stabilitätsopfer‹ der einen Seite, d. h. zumeist der Gewerkschaften, durch Zugeständnisse anderer sozialer Gruppen und des Staates kompensiert werden konnten. Die ›Konzertierte Aktion‹ wurde damit zu einem Ort der Vorabstimmung zwischen der Regierung und den Spitzenverbänden der Wirtschaft und den Gewerkschaften über alle bedeutenden Fragen der Wirtschaftspolitik. Dennoch entstand mit ihr kein völlig neues Element westdeutscher Interessenpolitik; sie rückte lediglich das bestehende, informelle Muster des Interessenausgleichs in die Öffentlichkeit und zog die Beteiligten stärker in die Verantwortung. Auch ihre Problematik war nicht neu. So sehr die ›Konzertierte Aktion‹ der Versuch war, wirtschaftliche Macht durch den Staat zu instrumentalisieren und auf das Allgemeinwohl hin zu lenken, so wenig konnte auch sie – wie schon ihre informellen Vorläufer – verhindern, daß der Staat selber durch wirtschaftliche Macht veranlaßt wurde, im Interesse von Wirtschaftsgruppen zu handeln. Jedenfalls ließ die ›Konzertierte Aktion‹ dem Deutschen Bundestag bei den Themen, die sie behandelte, oft nur eine Ratifizierungsfunktion übrig. Allerdings vollzog sich dieser Prozeß der »Vorformung der Wirtschaftspolitik« (Karl Schiller) nunmehr stärker unter den Augen der Öffentlichkeit, was seine Legitimität stärkte, seinen Ergebnissen jedoch nicht immer nur fördernd zugute kam.

Hauptziel der ›Konzertierten Aktion‹ war es, auf eine stabilitätsorientierte Lohnpolitik hinzuwirken, ohne die in der Verfassung verbürgte Autonomie der Tarifvertragsparteien anzutasten. Gewerkschaften und Arbeitgeber sollten sich bei ihren Tarifabschlüssen an die Leitlinie der mutmaßlichen Produktivitätsentwicklung halten. Diese Leitlinie orientierte sich am Verteilungskonzept des Sachverständigenrates und ging davon aus, die bestehende Relation der Arbeits- und Kapitaleinkommen beizubehalten. Nach der Überzeugung des Rates war eine dauerhafte Umverteilung der Markteinkommen nicht über die Erhöhung der Nominaleinkommen möglich, weil inflatorische Effekte diese doch wieder zunichte gemacht hätten. Die Gewerkschaften dagegen forderten die Veränderung der als ungerecht empfundenen Verteilungsrelationen zugunsten der Arbeitnehmereinkommen. In der Praxis der ›Konzertierten Aktion‹ änderte sich jedoch die Einkommensverteilung zunächst *zu Lasten* der Arbeitnehmer; Lohnquote und Reallohnposition fielen 1968 auf einen Tiefstand (vgl. unten: Abbildungen 10 u. 11). Die Gewerkschaften waren in ihren Lohnforderungen den gesamtwirtschaftlichen Wachstumsprognosen der Bundesregierung gefolgt, die für 1968 und 1969 Zuwachsraten von 4% und 4,5% vorsahen. Tatsächlich wuchs das reale Sozialprodukt in diesen Jahren mit 7,3 bzw. 8,2% aber weit schneller. Dagegen setzten die Gewerkschaften in einer Abschwungsphase (1970/71) des fünften Nachkriegszyklus – um die ›soziale Symmetrie‹ wiederherzustellen – für ihre Mitglieder außergewöhnlich hohe Zuwachsraten der Durchschnittseinkommen durch, obwohl das Konzept der stabilitätsorientierten Einkommenspolitik gerade im Abschwung lohnpolitische Zurückhaltung erfordert hätte. Es zeigte sich, daß die wirtschaftspolitischen Instanzen nicht in der Lage waren, gegen Lohnerhöhungen – aber auch gegen sonstige Preiserhöhungen –, die den von den Orientierungsdaten abgesteckten Rahmen sprengten, Sanktionen zu ergreifen und die Tarifvertragsparteien mit den Mitteln der Fiskal- und Geldpolitik zu stabilitätsbewußtem Verhalten zu drängen. Um so notwendiger wurde es in den siebziger Jahren, den Sozialpakt auf alle wichtigen Fragen der Wirtschaftspolitik auszudehnen. Für die Gewerkschaften, auf deren Inkorporierung die ›Konzertierte Aktion‹ vor allem zielte, war in diesem Zusammenhang die Erweiterung der Mitbestimmung der Arbeitnehmer in Großunternehmen der Wirtschaft von besonderer Bedeutung. Sie waren bereit, ihre Lohnpolitik am Stabilitätsziel zu orientieren und ihren Umverteilungsanspruch stillschweigend zurückzustellen, wenn sie dafür ihrem Ziel der paritätischen Mitbestimmung näherkamen. Als das ›Gesetz über die paritätische Mitbestimmung der Arbeitnehmer‹ Mitte 1976 schließlich für die Unternehmen mit mehr als 2000 Beschäftigten in Kraft trat, blieb es jedoch deutlich hinter den gewerkschaftlichen Forderungen – und hinter den seit 1947 praktizierten paritätischen Mitbestimmungsrechten in der Montanwirtschaft – zurück, weil die Arbeitnehmerseite der »paritätisch« besetzten Aufsichtsräte unter den verschiedenen Arbeitnehmergruppen aufgesplittert und der Stichentscheid den Anteilseignern vorbehalten blieb. Für die Arbeitgeberseite gingen diese Regelungen aber weiter, als sie hinzunehmen bereit waren. Sie erhob deshalb gegen das Gesetz Verfassungsbeschwerde, die das Bundesverfassungsgericht im März 1979 jedoch verwarf. Die Gewerkschaften sahen ihrerseits in der Klage der Unternehmer gegen das von allen Parteien des Deutschen Bundestages getragene Gesetz einen Bruch des sozialen Grundkonsens' und verließen die ›Konzertierte Aktion‹ aus Protest. Als Institution war die ›Konzertierte Aktion‹ damit gescheitert, doch blieb der Auftrag des Stabilitätsgesetzes bestehen, ein gleichzeitiges, aufeinander abgestimmtes Verhalten der Gebietskörperschaften, Gewerkschaften und Unternehmerverbände zustande zu bringen, um den Zielen des Gesetzes zu entsprechen.

d) Zurück zum klassischen Zyklus

Ungeachtet seiner offenkundigen Schwächen war der neue Kurs zunächst beschäftigungspolitisch äußerst erfolgreich: Die Vollbeschäftigung wurde wiederhergestellt und blieb bis Mitte der siebziger Jahre erhalten (vgl. oben: Abbildung 4). Dagegen rückten jetzt die Probleme der Geldwertstabilität stärker in den Vordergrund. Unter dem Eindruck eines explosionsartigen Preisanstiegs in den meisten Industrieländern der westlichen Welt stiegen 1973 die Verbraucherpreise auch in der Bundesrepublik um 6,9% und überschritten damit die Grenze des – bei Vollbeschäftigung – wirtschaftspolitisch Tolerierbaren. Damit verlagerte sich der Schwerpunkt der Stabilitätsbemühungen von der Fiskalpolitik auf die Geldpolitik und von der öffentlichen Hand auf die Bundesbank. Der Ausbruch der ›Ölkrise‹ verstärkte Ende 1973 den Konflikt zwischen Geldwertstabilität und Beschäftigung noch mehr; die sprunghafte Verteuerung von Erdölprodukten leistete dem Preisauftrieb neuen Vorschub. Schon im Oktober hatten sich die Preise der wichtigsten Rohstoffe im Vergleich zum Vorjahr um 70% erhöht.[19] Die Bundesbank, dem Ziel der Währungssicherung besonders verpflichtet, entschloß sich zu monetären Restriktionen, die, weil außenwirtschaftlich abgesichert, ungewöhnlich scharf wirkten. Schon im März hatte sich ihr Spielraum für eine autonome Stabilitätspolitik entscheidend vergrößert, nachdem sie von ihrer Interventionspflicht zur Stützung des Dollars befreit war und der Kurs der DM im Block mit den übrigen Währungen der Europäischen Gemeinschaft gegenüber dem Dollar frei schwankte. Solange der feste Wechselkurs zum Dollar bestanden hatte, war sie dagegen gezwungen, binnen Jahresfrist Devisen im Wert von mehr als 36 Mrd. DM aufzukaufen und gegen ihren Willen die Zentralbankgeldmenge um 16% zu erhöhen. Nun gelang es der Bundesbank, die Geldmenge so zu verknappen, daß die Finanzierungsspielräume bei stark steigenden Zinsen sehr eng wurden. Die Fiskalpolitik unterstützte diesen Kurs mit einer elfprozentigen Investitionssteuer und dem Aussetzen der degressiven Abschreibung. Die Wirtschaft reagierte schnell auf das Bremsmanöver. Noch im Frühjahr 1973 brach der Aufwärtstrend der Konjunktur und stürzte steil ab (vgl. oben: Abbildung 3). Die Bundesrepublik erlebte ihre bisher schärfste Rezession. Nicht nur das reale Sozialprodukt schrumpfte um 1,8%, auch die Zahl der beschäftigten Arbeitnehmer sank von 1973 bis 1976 um 1,3 Mio. Während aber der Aufschwung der Produktion 1976 wieder einsetzte, blieb das frühere Niveau der Vollbeschäftigung von nun an unerreichbar. Zum ersten Mal hatte sich die Zahl der Arbeitsplätze auf Dauer vermindert – von 1973 bis 1976 allein um annähernd 800 000.[20]

Auch die Verstetigung des zyklischen Musters blieb aus. Lediglich eine Tendenz zu längerer Zyklendauer (›Superzyklus‹) zeichnet sich ab (vgl. oben: Tabelle 17). Die Intensität der Produktionsschwankungen hat sich unter dem Einfluß der Globalsteuerung nicht verringert (vgl. oben: Abbildung 3). Der milde Charakter des Abschwungs nach dem Boom von 1969/70 schien jene Erwartungen zu rechtfertigen, die sich vom Einsatz des neuen konjunkturpolitischen Instrumentariums eine Verstetigung der Entwicklung erhofft hatten. Schon der tiefe Einbruch des Jahres 1975 enttäuschte jedoch diese Hoffnungen, zumal auch die Arbeitslosigkeit wieder stieg.

1975 waren auch die Grenzen einer Konjunktursteuerung durch expansive Finanzpolitik sichtbar geworden. Die Fiskalpolitik stand unmittelbar nach der Rezession nicht nur vor der Aufgabe der Ankurbelung. Um sich wieder Handlungsspielraum zu verschaffen, mußte sie auch das sprunghaft gestiegene Defizit der öffentlichen Haushalte konsolidieren. In diesem Dilemma verlor sie viel von ihrer früheren Wirksamkeit. Sowohl das zyklische Muster der gesamtwirtschaftlichen Entwicklung als auch die Schwankungen des Beschäftigungsstandes nähern sich seitdem – wie auch schon der Wachstumspfad – stark dem aus der Zeit vor dem Ersten Weltkrieg bekannten Erscheinungsbild.

Es liegt deshalb nahe, sowohl den Übergang zur Vollbeschäftigung in den fünfziger und ihre Stabilisierung in den sechziger Jahren als auch die Destabilisierung der Beschäftigung seit der Mitte der siebziger Jahre nicht der konjunkturellen Entwicklung und der Konjunkturpolitik als vielmehr anderen Determinanten der wirtschaftlichen Entwicklung nach dem Zweiten Weltkrieg zuzuschreiben. Während diese Einflußfaktoren bis in die sechziger Jahre hinein in der Gunst der Rekonstruktionsbedingungen zu suchen sind und durch sie hauptsächlich erklärt werden können, lassen sich die Ursachen der jüngsten Entwicklung dagegen nicht leicht ausmachen. Erklärungsversuche, welche die sich verschlechternde Beschäftigungslage auf weltwirtschaftliche Krisenherde und deren Ausstrahlung auf Deutschland zurückführen wollen, sind wenig plausibel. Es ist im Gegenteil gerade der Außenhandel, der bis in die frühen achtziger Jahre hinein zu den zuverlässigsten Stützen der westdeutschen Konjunktur zählt. Daß angesichts wachsender weltwirtschaftlicher Probleme das nicht so bleiben muß, gehört zu den Risiken der wirtschaftlichen Entwicklung in den achtziger Jahren. Auch das Versagen keynesianischer Rezepte in der Wirtschaftspolitik – so offenkundig es seit der Mitte der siebziger Jahre ist – verliert angesichts der langfristigen Stabilität des zyklischen Musters viel an Erklärungskraft. Daher liegt es nahe, den Grund der seit 1975 wieder steigenden Arbeitslosigkeit weniger in konjunkturellen als in ›strukturellen‹ Vorgängen zu sehen. Dahinter verbirgt sich der Wandel, der das Verhältnis der Wirtschaftssektoren zueinander und zur Gesamtwirtschaft verändert und erhebliche Verschiebungen in der Arbeitsplatzstruktur der Bundesrepublik verursacht hat.

3. Von der Industrie- zur Dienstleistungsgesellschaft: Der Wandel der Produktionsstruktur

a) Vom ›Agrarstaat‹ zum ›Industriestaat‹

Unter dem Eindruck der Zerstörungen des Bombenkrieges und des wirtschaftlichen Zusammenbruchs des Reiches sahen viele Deutsche ihr Land auf die Anfänge seiner industriellen Entwicklung zurückgeworfen. Aus der Perspektive von 1945 schien es deshalb nicht zweifelhaft, wo die Zukunft der westdeutschen Wirtschaft liegen mußte. Es galt, durch »Neu-Industrialisierung« (Karl Schiller) den zerstörten Kapitalstock wiederherzustellen, den Bevölkerungsdruck von Vertriebenen, Flüchtlingen und Umsiedlern wirtschaftlich aufzufangen und die Konsequenzen aus der Verkleinerung des Wirtschaftsraumes zu ziehen. Das Urteil über die Ausgangslage war, wie sich bald zeigen sollte, unzutreffend. Die empfohlene Re-Industrialisierungsstrategie hatte jedoch einen realen Hintergrund. Zum ersten Mal seit der Berufszählung von 1882 – wahrscheinlich aber seit dem Beginn der Industrialisierung in Deutschland überhaupt – war der Industrialisierungsprozeß unterbrochen worden und der industrielle Sektor deutlich geschrumpft. In der britischen Besatzungszone, dem industriellen Kernland Westdeutschlands, sank sein Anteil an der ›Volkswirtschaft‹ (gemessen an der Zahl der Beschäftigten) von 45,5% im Jahre 1939 auf 40,7% im Jahre 1947. Die Landwirtschaft konnte dagegen ihren Anteil von 9,6 auf 23,6% erhöhen. Die Landflucht, noch in den dreißiger Jahren, der Blut-und-Boden-Ideologie des NS-Regimes zum Trotz, das Charakteristikum des wirtschaftlichen Strukturwandels, war längst ins Gegenteil umgeschlagen. In den ländlichen Regionen Westdeutschlands, die noch am ehesten Wohnung und Nahrung boten, drängten sich die Ausgebombten und Evakuierten, die Verschickten und Umgesiedelten, Flüchtlinge und Vertriebenen. Deutschland schien, auch ohne daß es der Realisierung des Morgenthau-Planes bedurft hätte, wieder zum ›Ackerland‹ zu werden.

Seit dem Beginn der deutschen Industrialisierung in der Mitte des 19. Jahrhunderts lief jedoch der Trend der Entwicklung der Sektoralstruktur in die entgegengesetzte Richtung. Der Anteil der Landwirtschaft am Sozialprodukt und an der Gesamtbeschäftigtenzahl fiel kontinuierlich zugunsten der Industrie und des Tertiären Sektors, der neben den Dienstleistungen alle wirtschaftlichen Tätigkeiten umfaßt, die weder landwirtschaftlicher noch industrieller Art sind (vgl. Abbildung 5). Die Produktivität in der Landwirtschaft stieg schneller als die Nachfrage nach ihren Produkten. Auch wenn die agrarische Produktion weiter wuchs, waren dazu doch immer weniger Arbeitskräfte nötig – eine Folge des technischen Fortschritts, die grundsätzlich für alle seine Schauplätze gilt, auch für den industriellen Sektor.[21]

Der Prozeß des strukturverändernden Wachstums verlief nicht ohne Spannungen. Den Forderungen des Arbeitsmarktes nach Anpassungsmobilität standen die Wünsche von Einzelnen und sozialen Gruppen nach Beharrung und Einkommenssicherung

Abbildung 5: Gesamtwirtschaftliche Produktionsstruktur
a Beschäftigte nach Wirtschaftssektoren 1880-1980
v. H.

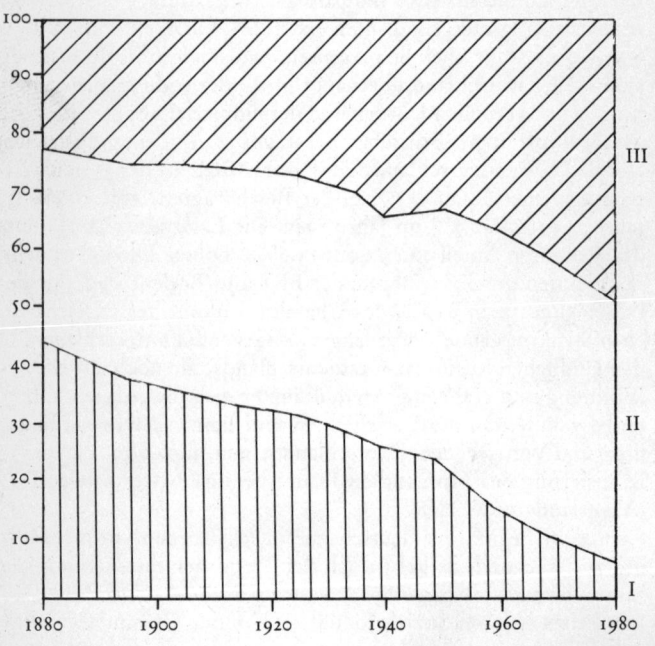

b Beiträge der Wirtschaftssektoren zum Sozialprodukt
1890-1980

v. H.

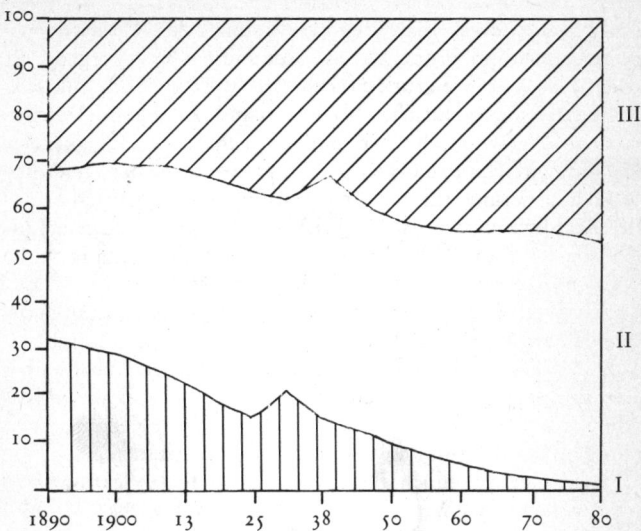

I Primärer Sektor (Landwirtschaft und Forsten,
  Fischerei)
II Sekundärer Sektor (Industrie)
III Tertiärer Sektor (Dienstleistungen, Staat)

Quelle: Stat. Jb. für das Deutsche Reich u. die Bundesrepublik Deutschland,
versch. Jgg.

scheinbar unversöhnlich gegenüber. Entscheidend waren jedoch
die Bedingungen, unter denen sich der Strukturwandel vollzog. Je
intensiver und schneller der Wachstumsprozeß ablief, desto
rascher setzte sich der Wandel in Wirtschaft und Gesellschaft
durch. Mit den Spannungen verhielt es sich umgekehrt. Je schneller das wirtschaftliche Wachstum, desto geringer waren die Opfer,
die der Einzelne dem Strukturwandel bringen mußte. Höhere
Einkommen und bessere Lebensbedingungen erleichterten die
Anpassung. Allerdings verschob sich der Konflikt auf die poli-
tisch-gesellschaftliche Ebene und verschärfte sich dramatisch, als

die herrschende Lebens- und Wirtschaftsweise einer ganzen Epoche im Prozeß der ›schöpferischen Selbstzerstörung‹ des wirtschaftlichen Wachstums unterzugehen drohte. Das war die Lage zu Beginn des 20. Jahrhunderts in Deutschland.

Die Industriewirtschaft überholte erstmals den Agrarsektor als Arbeitgeber und Produzent an Bedeutung – ein Vorgang, der ebenso lebhafte wie grundsätzliche Debatten über die Zukunftsperspektiven der deutschen Wirtschaft auslöste.[22] Sollte Deutschland ein ›Agrarstaat‹ bleiben, um sich nicht in Abhängigkeit von der Weltwirtschaft zu begeben? Waren die Folgen der verstärkten Industrialisierung für die Lebensbedingungen (Verstädterung), das Bevölkerungswachstum (Rückgang der Geburtenziffer) und der soziale Wandel (Proletarisierung) nicht eher negativ zu beurteilen? Oder bot der Übergang zum ›Industriestaat‹ die Chance, gerade durch sozialen (und politischen) Wandel sowie durch materiellen Fortschritt die ›Soziale Frage‹ zu lösen und Deutschlands Weg zur Weltmacht zu ebnen? In der öffentlichen Debatte überwog die Skepsis den Fortschrittsoptimismus, wobei auf verblüffende Weise die Argumentation der 1970er Jahre vorweggenommen wurde, als es um die ›Grenzen des Wachstums‹ ging.[23]

Tatsächlich ließ jedoch die reale Entwicklung der Sektoralstruktur der deutschen Wirtschaft keinen Raum für wirtschaftspolitische Optionen dieser Art. Weder die Politik des Agrarprotektionismus noch die zur schrumpfenden *wirtschaftlichen* Bedeutung des Agrarsektors in keinem angemessenen Verhältnis stehende Überrepräsentation agrarischer Interessen in der Politik des Reiches und der Einzelstaaten konnten den Trend aufhalten. Allerdings, so ist zu vermuten, bremste der interessenpolitische Widerstand den Schrumpfungsprozeß der Landwirtschaft, der tatsächlich weit hinter den Verhältnissen in Großbritannien, dem Pionierland der Industriellen Revolution, zurückblieb. Er erschwerte – nicht nur damit – den Übergang Deutschlands zum modernen demokratischen Industriestaat. Noch in der Weimarer Republik war es großen Teilen der deutschen Gesellschaft nicht möglich, sich als Industriegesellschaft zu verstehen. Dieses gestörte Verhältnis zur wirtschaftlichen Realität äußerte sich in einer pessimistisch gestimmten Kulturkritik des Bürgertums ebenso wie in der Fortschrittsfeindlichkeit eines Teils des in seinen Zukunftserwartungen verunsicherten Mittelstandes und der Landbevölkerung. Im Kampf gegen Verstädterung, Geburtenrückgang und eine für alles verantwortlich gemachte, als übermäßig empfundene Industrialisierung glaubten sie in der nationalsozialistischen Bewegung schließlich ein politisches Mittel gefunden zu haben, um die alles verändernden und damit zerstörenden Kräfte der Technik und des wirtschaftlichen Strukturwandels unter Kontrolle zu bringen. Mit der Wirklichkeit des nationalsozialistischen Wirtschaftsalltags ließen sich die Sehnsüchte der kleinbürgerlichen Massen nach Stetigkeit und Harmonie in der wirtschaftlichen und gesellschaftlichen Entwicklung jedoch nicht vereinbaren. Es gab im 20. Jahrhundert im Gegenteil bis dahin keinen Zeitabschnitt der deutschen Geschichte, der schnelleres Wachstum und gründlicheren Strukturwandel mit sich brachte als die dreißiger Jahre unter nationalsozialistischer Herrschaft. Paradoxerweise hat gerade das stürmische Wachstum während des NS->Wirtschaftswunders< – wie die Zeitgenossen auch diese Rekonstruktionsphase nach der Weltwirtschaftskrise genannt haben –, indem es die Opfer des Strukturwandels milderte und die Identifikation mit der Industriegesellschaft erleichterte[24], während die Verlangsamung des Wirtschaftswachstums in der Weimarer Epoche die schon im Kaiserreich bewußt gewordene Problematik des gesellschaftlichen Wandels noch verschärft hat.

b) Vorrang für die industrielle Expansion

Als Ergebnis dieser »gewaltsamen Modernisierung« (Ralf Dahrendorf) während des >Dritten Reiches< hatte die deutsche Gesellschaft der Nachkriegszeit ihre sozioökonomische Identität gefunden; mehr noch, sie setzte in den *industriellen* Wiederaufbau alle ihre Hoffnungen. Tatsächlich wuchs nicht nur die industrielle Produktion, sondern auch der Anteil der in der Industrie Beschäftigten nahm kräftig zu. Schon 1953 war der Vorkriegsstand überschritten, 1965 stand die westdeutsche Industriewirtschaft im Zenit ihrer relativen Ausdehnung: 49% aller Erwerbstätigen waren in ihr beschäftigt (vgl. Abbildung 6, S. 124). Bei allen Problemen, die der internationale Vergleich von Produktionsstrukturen aufwirft, zeigte die Bundesrepublik damit die bei weitem stärkste Industrieorientierung innerhalb der EWG-Staaten – von Japan und den USA ganz zu schweigen (vgl. Tabelle 18, S. 125). Gemessen an ihrem Beitrag zur Wertschöpfung schnitt die Industrie sogar noch besser ab. Weit mehr als die Hälfte des Sozialprodukts

Abbildung 6: Produktionsstruktur der Bundesrepublik Deutschland 1950-1980

———— Warenproduzierendes Gewerbe

– – – – Dienstleistungen

•••••• Land- und Forstwirtschaft

v. H.

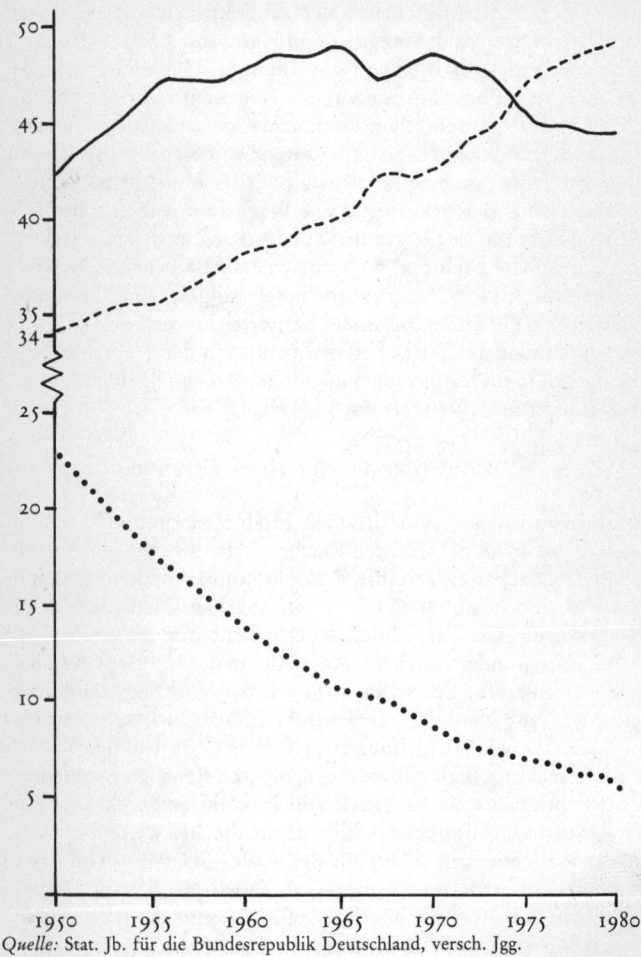

Quelle: Stat. Jb. für die Bundesrepublik Deutschland, versch. Jgg.

Tabelle 18: Produktionsstruktur im internationalen Vergleich
(Anteil am Bruttoinlandsprodukt in v. H.)

	Bundes-republik Deutschland		Groß-britannien		USA	
	1960	1971	1960	1970	1960	1970
Land- u. Forstwirt-schaft, Fischerei	5,7	2,8	3,9	2,9	4,0	2,9
Industrie	54,4	53,5	47,7	44,1	37,8	34,2
Dienstleistungen	32,6	33,9	38,6	41,4	46,1	48,2
Staat	7,2	9,8	9,8	11,9	12,1	14,8

Quelle: SVR, JG 73, S. 25.

hatte industriellen Charakter. Hinter dieser Entwicklung verbarg
sich ein Wandel der Wirtschaftsstruktur – und auch der Industriestruktur selber –, der bis dahin beispiellos war.

Zunächst sorgte der Rückstau im Entwicklungspotential für die
Beschleunigung des Wandels zugunsten der produktiveren Berei-
che der Industrie und damit für höhere Zuwachsraten des Sozialprodukts. Dieser Struktureffekt des westdeutschen Wirtschaftswachstums, d. h. der Einfluß des Übergangs von Erwerbstätigen
aus unterdurchschnittlich produktiven Wirtschaftsbereichen (wie
z. B. der Landwirtschaft) in solche mit hohen Beiträgen zur Ge-
samtproduktivität (wie z. B. der Industrie), ist bis Anfang der
sechziger Jahre beträchtlich gewesen. Von 1951 bis 1962 läßt sich
fast ein Sechstel des Produktivitätsfortschritts auf diesen Struktureffekt zurückführen (vgl. Tabelle 19, S. 126). Allerdings nahm
er tendenziell ab, so daß der Teil der Zuwachsrate des Sozialprodukts, der auf solche Strukturverschiebungen zurückzuführen ist,
seit 1963 nicht nur absolut unbedeutend, sondern auch im Vergleich mit dem gesamten Produktivitätsfortschritt klein geworden
ist. Von den Produktivitätsunterschieden der Wirtschaftsbereiche
her gesehen, gab es zwar 1965 noch genauso große Möglichkeiten,
die gesamtwirtschaftliche Arbeitsproduktivität durch den Wandel
der intersektoralen Beschäftigungsstruktur zu erhöhen wie 1951,
doch war die bei Kriegsende vorhandene Dislokation der Arbeitskräfte, das Auseinanderfallen von Arbeitsplatz- und Qualifika-
tionsstruktur, nun weitgehend beseitigt. Der Strukturwandel
nahm einen ruhigeren Verlauf. Dem entspricht auch die Entwick-

Tabelle 19: **Struktureffekt des wirtschaftlichen Wachstums**

Jahr	Produktivität	Struktureffekt
	Zuwachs gegenüber dem jeweiligen Vorjahr in v. H.	
1951	8,7	1,6
1952	7,4	1,1
1953	5,8	0,8
1954	5,0	1,1
1955	8,2	1,2
1956	4,2	1,1
1957	3,9	0,9
1958	2,8	0,6
1959	6,2	0,6
1960	7,4	0,7
1961	4,5	0,5
1962	3,3	0,1
1963	2,8	−0,1

Quelle: Peter Schwanse, Beschäftigungsstruktur u. Wirtschaftswachstum in der Bundesrepublik Deutschland 1950 bis 1963, Sonderhefte des DIW, 74, Berlin 1965, S. 26.

lung des Anteils des primären Sektors an der Gesamtbeschäftigung. Der Agrarsektor lieferte während der fünfziger Jahre den wichtigsten Beitrag zur gesamtwirtschaftlichen Strukturkomponente. Der Abwanderungsprozeß aus der Landwirtschaft vollzog sich dreimal schneller als im Durchschnitt der vorangegangenen hundert Jahre. Bis zum Ersten Weltkrieg nahm der Anteil der Landwirtschaft an der Gesamtzahl der Beschäftigten dagegen mit gleichbleibender Rate ab (vgl. Abbildung 7). Danach verringerten Krieg und die krisenhafte Entwicklung in der Zwischenkriegszeit die Sogkraft der Industrie und der Dienstleistungen für agrarische Arbeitskräfte. Das Phänomen der Landflucht verlor vorübergehend an Bedeutung. In diesen langlebigen Zusammenhang ist das in den fünfziger Jahren außerordentlich schnelle Tempo des Rückgangs im primären Sektor einzuordnen: als Rekonstruktion des säkularen Trends in der Entwicklung der sektoralen Produktionsstruktur. Erst mit dem Beginn der sechziger Jahre ist der Agrarsektor wieder im Einklang mit der langfristigen Entwicklung. Arbeiteten um die Mitte des 19. Jahrhunderts noch mehr als die Hälfte aller Erwerbstätigen in der Landwirtschaft, waren es zu diesem Zeitpunkt noch 13%, 1980 nur noch knapp 6%.

Abbildung 7: Trend und Anpassung des Agrarsektors: Anteil an der Zahl aller Erwerbspersonen im Deutschen Reich und in der Bundesrepublik Deutschland 1860-1977

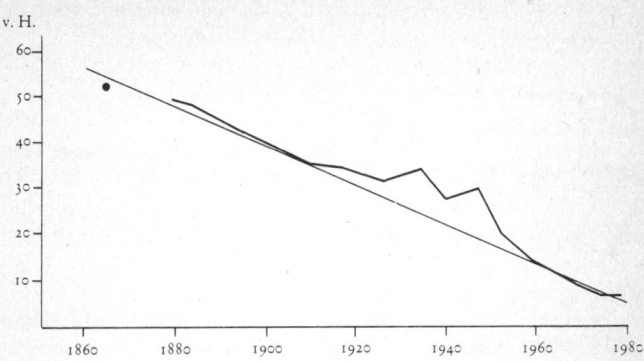

Quelle: W. G. Hoffmann u. a., Wachstum, 35; Stat. BA, Bevölkerung u. Wirtschaft 1872-1972, 142; Stat. Jb. für die Bundesrepublik Deutschland 1978.

In der Bundesrepublik Deutschland hat der Strukturwandel zugunsten der Industrie selbst dann noch angehalten, als sich in den Ländern mit grundsätzlich vergleichbarem Entwicklungsniveau, wie den USA, bereits ein deutlicher Umbruch zugunsten des Tertiären Sektors vollzogen hatte (vgl. oben: Tabelle 18). Daran wird deutlich, daß die westdeutsche Wiederaufbaustrategie der industriellen Expansion den Vorrang gab und dabei auf Entwicklungsreserven zurückgreifen konnte, die der sekundäre Sektor in Deutschland nach den Rückschlägen der Weltwirtschaftskrise und des Zusammenbruchs von 1945 in sich barg. Seit der Rezession von 1966/67 ist jedoch der industrielle Anteil tendenziell zurückgegangen, und selbst in der konjunkturellen Aufschwungsphase der späten sechziger Jahre konnte das frühere Niveau nicht wiederhergestellt werden. Seit den siebziger Jahren nimmt das Gewicht des industriellen Sektors kontinuierlich ab, wenn auch – in Übereinstimmung mit dem Wachstumsrhythmus der Dekade – der Rückgang in der ersten Hälfte des Jahrzehnts schneller vonstatten ging als in der zweiten. Von 1965 bis 1981 ist die Zahl der in der Industrie Beschäftigten auch absolut um 1,8 Mio. zurückgegangen. Es handelt sich dabei nicht allein um die Folge von Konjunkturschwankungen, sondern vielmehr in erster

Linie um ›strukturelle‹ Verluste an Arbeitsplätzen. Anders als in früheren Aufschwungsphasen hat sich die Zahl der in der Industrie Beschäftigten seit 1975 nicht mehr erhöht. Die deutsche Industrie sieht sich auf zahlreichen Gebieten einer nur langsam wachsenden oder stagnierenden Nachfrage gegenüber, während ihre Produktivität nach wie vor beachtliche Zuwachsraten ausweist, so daß ihre Leistungsfähigkeit in den siebziger Jahren um nicht weniger als 40% gestiegen ist.

Damit stellt sich seit dem Ende der Rekonstruktionsperiode, also seit Mitte der sechziger Jahre, ganz dringend das Problem der Absorption der im industriellen Bereich – wie schon vorher im Agrarsektor – freigesetzten Arbeitskräfte. Innerhalb des sekundären Sektors selbst ist der Rückgang der Erwerbstätigkeit bis etwa 1970 durch das verarbeitende Gewerbe kompensiert worden, während in der Energiewirtschaft seit der Mitte der fünfziger Jahre, im Baugewerbe seit der Mitte der sechziger Jahre Arbeitskräfte freigesetzt werden. In den siebziger Jahren ist dann auch die Erwerbstätigkeit im verarbeitenden Gewerbe zurückgegangen (vgl. Abbildung 8).

c) Im Übergang zur Dienstleistungsgesellschaft

Die Hauptlinie des Strukturwandels der vergangenen Jahre verlief jedoch zwischen Industrie und Tertiärem Sektor. Allein der Dienstleistungssektor konnte seinen Anteil an der Gesamterwerbstätigkeit kontinuierlich erhöhen (vgl. oben: Abbildung 6). Er war jedoch nur bis 1973 in der Lage, den Beschäftigungsrückgang der übrigen Sektoren durch Mehreinstellungen auszugleichen. Innerhalb des Tertiären Sektors hat der Staat und etwas schwächer der Bereich der sonstigen Dienstleistungen die meisten neuen Arbeitsplätze geschaffen. Während ersterer die Gebietskörperschaften und die Sozialversicherung umfaßt, zählen zum letzteren das Gaststätten- und Beherbergungsgewerbe; die Wohnungsvermietung; Wissenschaft, Bildung, Kunst und Publizistik; die freiberuflichen Dienstleistungen; die Wäschereien; das Friseur- und anderer Körperpflegegewerbe sowie Organisationen ohne Erwerbscharakter und die von ihnen betriebenen Einrichtungen. Auf niedrigerem Niveau trugen auch die Banken und Versicherungen zur Vermehrung der Zahl der Arbeitsplätze bei, während die Entwicklung im Bereich Handel und Verkehr seit

Abbildung 8: Industriestruktur der Bundesrepublik Deutschland: Anteil an den gesamten Erwerbstätigen

——— Verarbeitendes Gewerbe
– – – Baugewerbe
•••••• Energie und Bergbau

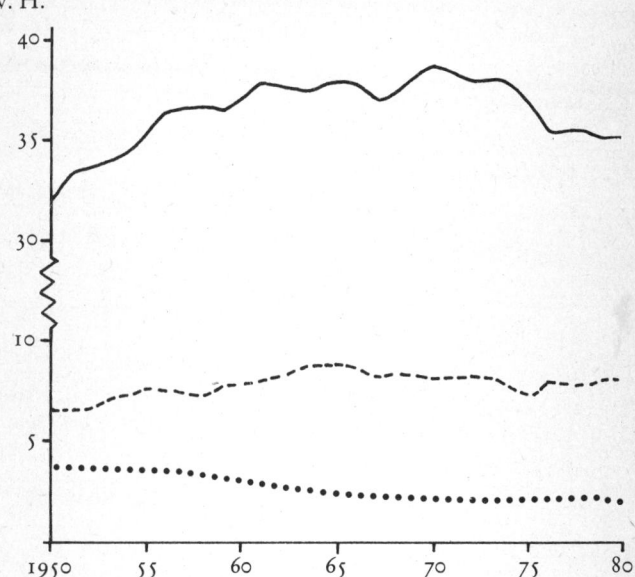

v. H.

Quelle: Stat. Jb. für die Bundesrepublik Deutschland, versch. Jgg.

Anfang der sechziger Jahre nahezu stagniert (vgl. Abbildung 9, S. 130). Der Dienstleistungssektor hat damit in der Bundesrepublik Deutschland, wie in anderen hochentwickelten Industriestaaten, die Führung im Entwicklungsprozeß übernommen. Seit den siebziger Jahren vollzieht sich auch hier der Übergang von der Industrie- zur Dienstleistungsgesellschaft.

Es ist oft übersehen worden, daß die Industrielle Revolution gleichzeitig auch eine ›Tertiäre Revolution‹ ausgelöst hat. Auch wenn sie zunächst im Schatten der quantitativ dominierenden industriellen Entwicklung stand, ist die Expansion des Tertiären Sektors doch ebenso alt wie die Industrialisierung selber. Zuerst

Abbildung 9: Die Struktur des Tertiären Sektors in der Bundesrepublik Deutschland:
Anteil an den gesamten Erwerbstätigen
———— Handel
– – – – Sonstige Dienstleistungen
•••••• Staat

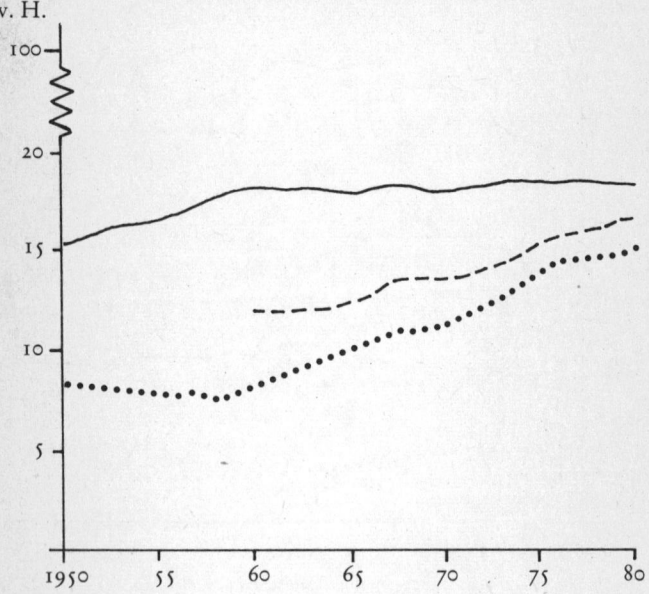

Quelle: Stat. Jb. für die Bundesrepublik Deutschland, versch. Jgg.

waren es Dienstleistungen wie Handel, Banken und Verkehr, die zusammen mit der materiellen Produktion einen steilen Aufstieg nahmen. Schon gegen Ende des 19. Jahrhunderts revolutionierte der Fortschritt von Wissenschaft und Technik aber auch die industrielle Produktion. Vor allem die Chemische Industrie, deren Aufstieg sich zum großen Teil in Deutschland vollzog, setzte unmittelbar wissenschaftliche und damit tertiäre Vorleistungen voraus. Seitdem baut die ›Produktionskraft Wissenschaft‹ ihre zentrale Bedeutung für den Produktionsprozeß weiter aus.

Seit dem Ende des Zweiten Weltkriegs zeichnete sich diese

wachsende Bedeutung der tertiären Produktion für die Produktivität der Gesamtwirtschaft immer deutlicher ab – auch wenn die Produktivität im Tertiären Sektor selber charakteristischerweise deutlich unter dem Standard von Landwirtschaft und Industrie blieb, weil sich die Produktion von Dienstleistungen zumeist dem Einsatz arbeitssparenden Kapitals entzog. Dieser Zusammenhang gilt jedoch nicht für alle tertiären Tätigkeiten zu jeder Zeit, wie beispielsweise die jüngste Entwicklung im Bankwesen zeigt. Für den Tertiärsektor als ganzes ist er aber zwingend, zumal sich die Bedürfnisstruktur und damit auch die Nachfrage in den tertiären Bereich verschiebt, während die Nachfrage nach Industriegütern tendenziell stagniert (vgl. Tabelle 20).

Tabelle 20: Nachfragestruktur der privaten Haushalte[a] nach Ausgabenarten 1950-1980 (in v. H.)

	1950	1960	1970	1980
Nahrungs- und Genußmittel	43,0	38,6	30,6	28,1
Kleidung und Schuhe	15,4	12,5	10,6	9,3
Wohnungsmiete	7,2	7,6	12,5	16,4
Elektrizität, Gas, Brennstoffe	3,0	3,9	3,7	6,5
Übrige Haushaltsführung[b]	12,1	13,5	12,3	9,4
Verkehr und Nachrichtenübermittlung	5,7	7,8	13,6	14,0
Körper- und Gesundheitspflege	3,2	3,6	4,6	3,0
Bildung und Unterhaltung[c]	6,6	7,6	7,3	8,6
Persönliche Ausstattung[d]	3,8	4,9	4,8	4,8

a 4-Personen-Arbeitnehmerhaushalt mit mittlerem Einkommen.
b Möbel, Hausgeräte etc.
c Radio- und Fernsehgeräte, Bücher, Theater, Kino etc.
d Darunter auch Dienstleistungen des Beherbergungsgewerbes, Pauschalreisen.
Quelle: Stat. Jb. für die Bundesrepublik Deutschland, versch. Jgg.

Während der rückläufige Anteil der Nahrungs- und Genußmittel einem schon bekannten säkularen Trend entspricht (›Engelsches Gesetz‹) ist der Rückgang der Ausgabenanteile für industrielle Güter wie Möbel, Haushaltsgeräte, Kleidung und Schuhe ein Phänomen der Nachkriegszeit; bei den langlebigen Konsumgütern ist er sogar erst neuesten Datums. Westdeutschland trat nach dem Zweiten Weltkrieg mit großer Verspätung gegenüber anderen Industrieländern in das ›Zeitalter des Massenkonsums‹

(W. W. Rostow) ein, wobei der Nachholbedarf zuerst bei den industriellen Konsumgütern gestillt worden ist. Im Massenkonsum tertiärer Güter und Dienstleistungen gibt es, wie die Entwicklung der Produktionsstruktur ausweist, nach wie vor einen Rückstand gegenüber vergleichbaren Ländern. Die Verlagerung der Nachfrage hin zu tertiären Produkten ist um so stärker, als ein großer Teil von ihnen vom Staat unentgeltlich oder doch unter dem Marktpreis zur Verfügung gestellt wird, wie im Bildungssektor, und sich die Preisrelationen zugunsten des industriellen Warenangebots verschoben haben.

Solange das Angebot dieser Entwicklung folgte, kompensierte der Dienstleistungssektor dadurch Arbeitsplatzverluste, die durch Rationalisierungseffekte im Bereich der industriellen Produktion eintraten. Verlangsamt sich aber das Expansionstempo auch dort – wie dies seit 1975 der Fall ist –, ist der Weg in die ›strukturelle‹ Arbeitslosigkeit nahezu unvermeidlich.

Eine der wesentlichen Ursachen der tertiären Angebotslücke liegt in der Rolle des Staates als wichtigstem Arbeitgeber in diesem Bereich. Nur zu einem kleinen Teil erfüllt der Tertiäre Sektor seine arbeitsmarkt- und entwicklungspolitische Kompensationsfunktion über den Marktmechanismus. Lediglich bei den ›sonstigen Dienstleistungen‹ sind wirtschaftliche Anpassungsprozesse an die Nachfrageentwicklung die Regel. Im staatlichen Sektor dagegen – er reicht in der Bundesrepublik weit über die statistisch den Gebietskörperschaften und der Sozialversicherung zugerechneten 12% (1980) der Wertschöpfung hinaus und dürfte etwa dasselbe Gewicht wie die privaten Dienstleistungsunternehmen repräsentieren – unterliegt die Schaffung neuer Arbeitsplätze vor allem politischen Entscheidungen, die wiederum nicht zuletzt von der Haushaltslage der Gebietskörperschaften abhängig sind. Vor diesem Dilemma steht die Wirtschaftspolitik der Bundesrepublik seit 1975.

4. Einkommens- und Vermögensverteilung: Jenseits der Klassengesellschaft?

a) Auf dem Weg in die ›nivellierte Mittelstandsgesellschaft‹?

Aus der Perspektive des Jahres 1945 blieb die Frage nach der gerechten Verteilung der Einkommen und Vermögen eine Zeitlang von untergeordneter Bedeutung. Zerstörung, Zusammenbruch und bittere Not, der sich auch die ehemals Reichen nicht ganz entziehen konnten, hatten in den Augen der meisten Deutschen für jenes Maß an ›Gleichheit‹ gesorgt, das Klassenunterschiede in den Hintergrund treten ließ. Selbst diejenigen unter den aktiv Handelnden der Nachkriegszeit, die, wie der Generalsekretär des Zonenbeirats in der britischen Zone, Gerhard Weisser, die Verteilung von Einkommen und Besitz im Zonen-Deutschland für »schlechthin sinnlos und für das Produkt blinder Zufälle« hielten, stellten nicht die Umverteilung von Werten, sondern den Ausgleich der Lasten in den Vordergrund des Interesses.[25] Vor allem das industrielle Produktivvermögen, soweit es den Bombenkrieg und die Demontage überstanden hatte, schien auf absehbare Zeit seinen besonderen gesellschaftspolitischen Stellenwert verloren zu haben, weil die großen industriellen Vermögen in den ersten Nachkriegsjahren der Kontrolle der Alliierten unterworfen waren, welche die Eigentümer zunächst daran hinderten, Produktivvermögen in wirtschaftliche Macht und diese in politischen Einfluß umzusetzen. Selbst die Währungsreform von 1948, obwohl sie die bestehende Ungleichheit in der Verteilung des Produktivvermögens nicht angetastet hatte, verfestigte noch das zeitgenössische Stereotyp der gleichen Ausgangsbedingungen, die jeder Westdeutsche nach 1945 gehabt habe. Jedermann hatte schließlich am 21. Juni 1948 mit einem ›Kopfgeld‹ von DM 40 anfangen müssen. Erwies sich diese Vorstellung gleicher Startchancen im Lichte der Verteilungswirkungen der Währungsreform auch sehr rasch als Illusion, nährte die Verbesserung der Konsumgüterversorgung alsbald eine neue. Mit dem Übergang zum Stadium des Massenkonsums, in das die Bundesrepublik während der fünfziger Jahre eintrat, verfehlten eine bisher unbekannte Gleichheit im Konsum und eine Tendenz zur Vereinheitlichung des Lebensstils ihren Eindruck auf Politiker und Wähler nicht. Der Erfolg der Sozialen Marktwirtschaft schien die Überwindung der Klassengesellschaft anzuzeigen, indem traditionelle Schicht- und Klassenunterschiede in einer breiten, verhältnismäßig einheitlichen Gesellschaftsschicht, der »nivellierten Mittelstandsgesellschaft« (H. Schelsky), aufgingen.

In der Entwicklung der Einkommens- und Vermögensverteilung findet diese These jedoch keine Bestätigung. Weder die funktionelle Verteilung des Volkseinkommens zwischen den Produktionsfaktoren Arbeit (Lohnquote) und Kapital (Gewinnquote), noch die personelle Verteilung des Gesamteinkommens nach Einkommensklassen, noch die Verteilung des Vermögens und schon gar nicht die Verteilung des Produktivvermögens lassen einen entsprechenden Trend zur Nivellierung erkennen. Der Dokumentation der Verteilungsverhältnisse sind aber aus praktischen und methodischen Gründen enge Grenzen gesetzt. Vor allem auf dem Gebiet der personellen Einkommens- und Vermögensverteilung fehlt es noch immer an repräsentativen und zuverlässigen primärstatistischen Erhebungen, weil den statistischen Ämtern dazu bisher die entsprechende Ermächtigung durch den Gesetzgeber verweigert wurde. So exakt die Bundesstatistik über die Höhe der Weinmosternte und die Zahl der Honigbienen Auskunft gibt, so wenig leistungsfähig zeigt sie sich im politisch-sensiblen Bereich der gesellschaftlichen Distribution.

b) Die funktionelle Einkommensverteilung

Am günstigsten liegen die Verhältnisse noch bei der funktionellen Einkommensverteilung (vgl. Abbildung 10). Die Lohnquote, d. h. der Anteil der Einkommen aller abhängig Beschäftigten am Volkseinkommen, blieb bei Betrachtung der in der Statistik ausgewiesenen globalen Rohdaten bis zum Ende der fünfziger Jahre nahezu unverändert, obwohl in den Jahren von 1950 bis 1959 der Anteil der Arbeitnehmer an der Zahl der Gesamtbeschäftigten, die sich in diese Quote teilen mußten, von 72% auf 78% anstieg. Erst seit dem Beginn der sechziger Jahre, als die Rekonstruktionsperiode der westdeutschen Wirtschaft ihrem Ende zuging und Vollbeschäftigung herrschte, konnten die Arbeitnehmer ihren Anteil am Volkseinkommen deutlich ausbauen. Die Verschiebung der Relation zwischen Arbeit und Kapital wird jedoch in der globalen Betrachtung weit überschätzt, weil sie nicht deutlich macht, daß sich in eine steigende Lohnquote eine immer größere Zahl abhängig Beschäftigter teilen müssen, weil die Zahl der Selbständigen trendmäßig sinkt. Wird die Entwicklung der funktionellen Einkommensverteilung von diesem Effekt bereinigt – etwa indem (wie in Abbildung 10) eine konstante Basisstruktur der Beschäftigung unterstellt wird –, zeigt sich, daß die Umverteilung zwischen den Produktionsfaktoren äußerst schwach geblieben ist. Für die fünfziger Jahre läßt sich eine leicht sinkende, für die sechziger

Abbildung 10: Entwicklung der Lohnquote 1925-1980
– – – – global
—— bereinigt (konstante Beschäftigungsstruktur 1950)

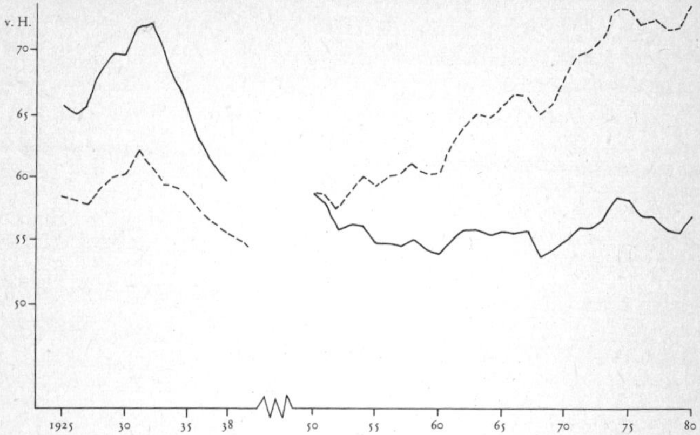

Quelle: D. Petzina u. a., SGA III, Materialien zur Statistik des Deutschen Reiches 1914-45, München 1978, 102.
SVR, JG 64 und passim.

Jahre eine leicht steigende Tendenz ablesen. Zwischen 1960 und 1968 erhöhte sich das Einkommen je Arbeitnehmer um 78%, jenes der Selbständigen um 73%, so daß zumindest eine Angleichung der Zuwachsraten, wenn auch keine Annäherung der absoluten Unterschiede stattfand. Dies war, der Tendenz nach, erst in den siebziger Jahren der Fall, als das Einkommen je Arbeitnehmer um 93% (1970 bis 1977), das Privateinkommen je Selbständigen aber nur um 78,5% anstieg. Die strukturbereinigte Lohnquote verbesserte sich zwar in den siebziger Jahren spürbar, ging aber nicht wesentlich über das Ausgangsniveau von 1950 hinaus, als die Einkommensrelation zwischen Abhängigen und Selbständigen etwa 1:3 betrug. Daran hat sich in den vergangenen dreißig Jahren wenig geändert.

Immerhin haben aber die Arbeitnehmer in der Bundesrepublik ihre Reallohnposition verbessern können. Die Reallöhne, d. h. die von inflationären Effekten bereinigten Geldlöhne, partizipierten auf die Dauer gesehen sogar stärker am Produktivitätsfortschritt als die Gewinne. Das gelang, ohne den durch die Produktivitätsentwicklung gezogenen Rahmen völlig zu sprengen und damit die Verteilungsrelationen nachhaltig zu verändern, wie dies in den zwanziger Jahren dieses Jahrhunderts der Fall gewesen war. Die Kurve der kumulierten Reallohnposition (Abbildung 11) zeigt in

Abbildung 11: Kumulierte Reallohnposition der Arbeitnehmer 1925-1977
(Basis 1960 = 0)

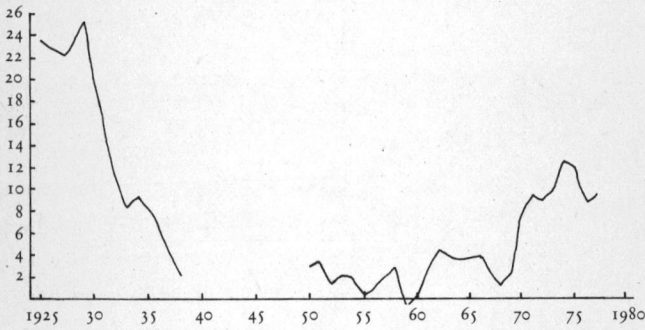

Quelle: H. H. Glismann u. a., Zahlenanhang.

etwa die Abweichung der durchschnittlichen Reallöhne der Arbeitnehmer von einer durch die Entwicklung der gesamtwirtschaftlichen Produktivität definierten Norm an. Die Kurve bewegt sich oberhalb der Linie neutraler Verteilungswirkung, wenn die Reallöhne stärker zunehmen als die Produktivitätsentwicklung. Ihre Bewegung kann als Indiz für die Verhandlungsmacht der organisierten Arbeiterschaft gelten und signalisiert in ihrer kumulierten Darstellung langfristige Veränderungen der Einkommensverteilung zwischen Arbeitnehmern und Arbeitgebern. Aus dem Verlauf der Kurve lassen sich zwei für die Einkommenspolitik der Tarifvertragsparteien sowie für die Verteilungsverhältnisse der Bundesrepublik Deutschland entscheidende Aussagen herleiten. Zum einen macht er deutlich, daß es gerade während der Wiederaufbauphase, aber auch noch bis zum Ende der sechziger Jahre, eine stillschweigende Orientierung der Lohnpolitik an der Produktivitätsentwicklung gegeben hat und die Gewerkschaften damit in schwieriger Zeit darauf verzichteten, die Verteilungsposition der Unternehmer anzugreifen. Zum zweiten zeigt der Vergleich mit der Zwischenkriegszeit, daß funktionelle Verteilungsrelationen nicht unmittelbar auf den Lebensstandard und die Lebenslage der breiten Schichten der Bevölkerung durchschlagen müssen. Die für die Arbeitnehmer günstige Verteilungsrelation in den zwanziger Jahren entsprach lediglich einem *relativ* hohen, am absoluten Niveau gemessen aber extrem niedrigen Lebensstandard, während die ›verteilungsneutrale‹ Entwicklung der Reallöhne nach 1950 von raschem Wirtschaftswachstum und verbesserten Konsumchancen für die Arbeitnehmer begleitet war.

Es wäre gewiß unzulässig, darin einen ursächlichen Zusammenhang zu sehen. Weder für die ›Wirtschaftskrisen‹ der zwanziger Jahre noch für das ›Wirtschaftswunder‹ der fünfziger Jahre war die Entwicklung der Löhne von entscheidender Bedeutung. Sie ist viel eher geeignet, den Verteilungskampf selber zu kennzeichnen, der in der Bundesrepublik bis Anfang der fünfziger Jahre in ausgesprochen milden Formen verlief. Wenn sich die Gewerkschaften – wie die Entwicklung der kumulierten Reallohnposition belegt – während der Rekonstruktionsperiode mit ihrer Lohnpolitik im Rahmen der gegebenen Verteilungsverhältnisse bewegten, hatte dies eine doppelte Ursache. Zum einen stellte sich das Umverteilungsproblem so lange nicht dringend, wie starkes Wirtschaftswachstum hohe *absolute* Zuwächse des Reallohns ermöglichte. Zum anderen waren Umverteilungsforderungen vor dem Hintergrund hoher Arbeitslosigkeit, wie sie für den Arbeitsmarkt der fünfziger Jahre noch kennzeichnend war, nur schwer durchzusetzen.

Das änderte sich Ende der sechziger Jahre grundlegend. Es herrschte Vollbeschäftigung, und der Staat hatte gerade seinen Willen bekundet, sie mit allen Mitteln zu halten. Die Gewerkschaften hatten bei der Überwindung der Rezession von 1967 ein Stabilitätsopfer gebracht und ihre Forderungen – wie sich im Aufschwung bald zeigte – stärker zurückgenommen, als es im Hinblick auf die ›soziale Symmetrie‹ gerechtfertigt war. Jetzt verlangten sie die Korrektur der bestehenden Verteilungsrelationen – zumal kompensatorische Gesellschaftsreformen hinter den Vorstellungen der Arbeiterschaft weit zurückblieben. Der Erfolg blieb begrenzt. Schon nach 1974 – unter dem Druck wachsender Arbeitslosigkeit – schwächte sich die Reallohnposition der Arbeitnehmer wieder ab.

Auch die personelle Einkommensschichtung, d. h. die Verteilung der Einkommen nach ihrer Höhe und nicht nach Art und Herkunft, vermittelt, soweit sie sich überhaupt statistisch erfassen läßt, den Eindruck relativer Konstanz der Verhältnisse. Faßt man die oberen (reichsten) 10% der Einkommensbezieher zusammen und ordnet ihnen ihren Anteil am Gesamteinkommen zu, erhöhte sich dieser Anteil zwar von 1950 bis 1961 beträchtlich von 34% auf 38%, fiel jedoch schon 1965 wieder ab und kehrte 1974 noch unter das Ausgangsniveau zurück. Entsprechend sank der Anteil der mittleren 40% der Einkommensbezieher von 46% im Jahre 1950 auf 40% im Jahre 1961 und stieg dann fast wieder auf den alten Wert an. Der Anteil der unteren (ärmsten) 50% stieg leicht von 20% auf 22% (1961) an und verharrt seitdem auf diesem Niveau (vgl. Tabelle 21). An dieser notwendigerweise sehr groben Betrachtung wird erneut die Problematik der ›nivellierten Mittelstandsgesellschaft‹ deutlich, haben doch gerade die mittleren Einkommensklassen in den dynamischen fünfziger Jahren im Vergleich zu den oberen und unteren kräftig an Boden verloren.

Tabelle 21: Personelle Einkommensverteilung: Schichtung vor Steuerabzug 1913-1974

v. H. der Einkommensbezieher	v. H. des Gesamteinkommens		
	10	40	50
1913	40	36	24
1928	37	38	25
1936	39	43	18
1950	34	46	20
1961	38	40	22
1965	35	43	22
1974	33	45	22

Quelle: D. Petzina, Materialien zum sozialen u. wirtschaftlichen Wandel in Deutschland seit dem Ende des 19. Jahrhunderts, in: H. Winkel Hg., Wirtschaftliche Entwicklung u. sozialer Wandel, Darmstadt 1981, S. 335; Stat. BA, WiSta, versch. Jgg.

Ein anderes Bild ergibt sich im Vergleich mit der Weimarer Republik. 1928 war die Verteilungsposition jener mittleren Einkommensklassen deutlich schwächer – zugunsten des oberen Zehntels und der unteren Hälfte der Einkommensbezieher. Dennoch darf mit einigem Recht angenommen werden, daß gerade diese mittleren Schichten ihren Lebensstandard nicht im Vergleich mit der Weimarer Republik definierten. Entscheidend für das mittelständische Wohlstandsimage der zweiten Republik war vielmehr der Anstieg des realen Pro-Kopf-Einkommens um das Dreieinhalbfache, der die materielle Lebenslage der mittleren Schichten und noch weit über sie hinaus seit 1950 nachhaltig verbessert hat. Eine der sichtbarsten Folgen dieser bis dahin einmaligen Einkommensexpansion war ein hoher Standard in der Grundausstattung der Haushalte mit langlebigen Konsumgütern, so daß 1980 von 100 Haushalten 98 einen Kühlschrank, 93 ein Fernsehgerät, 86 eine elektrische Waschmaschine, 70 ein Telefon und 62 ein Auto besaßen. Der hohe Einkommenszuwachs erweiterte aber auch die Möglichkeiten kultureller Partizipation, verbesserte die Wohnbedingungen und eröffnete ganz neue Wege der Freizeitgestaltung.

d) Die Verteilung der Vermögen

Darüber hinaus bot die positive Einkommensentwicklung auch den Arbeitnehmern die Chance, Vermögen zu bilden – ein Anspruch, dem vor allem die Anhänger der Sozialen Marktwirtschaft große Bedeutung für die Stabilität der Wirtschafts- und Sozialordnung zumessen. Erhard sah gerade in der Vermögensverteilung seinen »strategischen Punkt« und setzte in ihre Veränderung große Hoffnung: »Wenn es gelingt, immer breitere Schichten zu besitzenden Bürgern zu machen, haben die Feinde unserer Ordnung eine Schlacht verloren.«[26] Ginge es allein nach der öffentlichen Meinung über die Verteilungsgerechtigkeit in der Bundesrepublik, wurde diese Hoffnung enttäuscht. Die Zahl der Kritiker der bestehenden Vermögensverteilung wuchs seit den sechziger Jahren schnell an. 1970 waren es schon 61% der Bundesbürger, die bei Meinungsumfragen bekannten, sie hielten die herrschende Verteilung des Vermögens für ungerecht.[27] Die Ursachen dieses Unbehagens zu überprüfen, ist nicht einfach. Weder der diesem Urteil zugrundeliegende Vermögensbegriff noch die Aussagekraft der wenigen verfügbaren Daten ist unumstritten. So werden zwar Rentenansprüche gegenüber privaten Lebensversicherungsgesellschaften zum Privatvermögen gezählt, nicht aber das ›Sozialvermögen‹, d. h. Ansprüche aus der gesetzlichen Sozialversicherung und auf Beamtenpensionen, obwohl die Funktion beider ›Vermögensarten‹ – die Altersvorsorge – weitgehend identisch ist. Diese aus anderen Gründen durchaus zweckmäßige begriffliche Trennung hat erhebliche Konsequenzen für die Aussagekraft gängiger Meßziffern der Vermögenskonzentration. Jeder der Versicherungspflicht unterliegende Arbeitnehmer bringt gegenwärtig immerhin monatlich 18,5% seines Bruttoeinkommens für die Altersversicherung auf, wobei unerheblich ist, daß davon die Hälfte (bei Beamten der gesamte Betrag) vom Arbeitgeber abgeführt werden muß. Unter diesen Bedingungen erreichte das ›Sozialvermögen‹ in der Bundesrepublik der siebziger Jahre eine Größenordnung, die mehr als dem doppelten Volumen der Vermögensbildung der privaten Haushalte entsprach, und es ist relativ gleichmäßig unter den Anspruchsberechtigten verteilt. Die Tatsache, daß Ansprüche an die Sozialversicherung nicht in die Verteilungsrechnung eingehen, muß daher berücksichtigt werden, wenn ein Urteil über die Verteilungsgerechtigkeit gefällt werden soll. Ähnliches gilt für das öffentliche Vermögen, dessen Verteilungswirkungen jedoch sehr viel schwerer zu beurteilen sind. Der individuelle Nutzen staatlichen Vermögens ist höchst unterschiedlich. Während gewisse Aspekte des ›öffentlichen Reichtums‹, z. B. im Bildungssektor, zur Gleichheit der Erwerbs- und Lebenschancen beitragen, kommen andere Teile staatlicher Infrastruktur stärker den Besitzern von Produktivkapital zugute als den Arbeitnehmern.

Wird der Vermögensbegriff auf ertragbringendes Sachvermögen und zinstragende Forderungen begrenzt, wie dies üblich ist, ergeben sich für das Jahr 1973 folgende Relationen:[28] 30% aller Haushalte mußten sich mit 1,5% des gesamten privaten Vermögens begnügen, d. h. diese Haushalte besaßen nur ein Zwanzigstel des Vermögens, das ihnen bei Vermögens*gleich*verteilung zukäme. Andrerseits besaß ein Viertel aller Haushalte vier Fünftel des gesamten privaten Vermögens. Diese reichsten 25% der Haushalte hielten also 80% des gesamten Vermögens in ihren Händen.

Die Differenzierung nach den einzelnen Vermögensarten ergibt ein sehr unterschiedliches Bild. Bausparen und Sparvermögen waren besonders gleichmäßig verteilt. Ihre Konzentration war nur halb so groß wie diejenige des Gesamtvermögens. Dagegen konzentrierten sich das Wertpapiervermögen, der Haus- und Grundbesitz und das Produktivvermögen stärker auf wenige Eigentümer. Dies wirkte sich auf die Gesamtverteilung deshalb besonders stark aus, weil der Haus- und Grundbesitz 63% und das Produktivvermögen (ohne Aktien) 10% des gesamten privaten Bruttovermögens ausmachen.

Die Verteilung des Produktivvermögens ist von besonderem Interesse, weil es nicht nur eine Einkommensquelle unter vielen ist, sondern darüber hinaus – und gesellschaftspolitisch sehr viel bedeutsamer – mit der Verfügungsgewalt über den Produktionsapparat verknüpft ist und damit in der Marktwirtschaft auch politische Macht repräsentiert. Um so größer war die Resonanz in der Öffentlichkeit auf Schätzungen der personellen Verteilung des Produktivvermögens, die auf Veranlassung der Regierung der »Großen Koalition« angestellt wurden.[29] Danach verfügten 1960 1,7% der Haushalte über 70% des Produktivvermögens, aber ›nur‹ über 35% des Gesamtvermögens. Auf derselben Grundlage geschätzt verstärkte sich dieses Konzentrationsmaß noch bis 1966, so daß nunmehr auf denselben Personenkreis über 74% des Produktivvermögens fielen. Nach derselben Untersuchung tendierte dagegen die Verteilung des Gesamtvermögens zu mehr Gleichheit. 1,7% der Haushalte besaßen 1966 ›nur‹ noch 31% des gesamten privaten Vermögens. Spätere Schätzungen, die sich anderer methodischer Ansätze bedienten, kamen für die Jahre 1969 und 1973 zu Ergebnissen, die davon sowohl der Höhe als auch der Tendenz nach deutlich abweichen.[30] Nach dieser ebenfalls sehr groben und allenfalls die Untergrenze der Konzentration wiedergebenden Schätzung besaßen 1969 die reichsten 1,7% der Haushalte zwischen 55 und 60% des Produktivvermögens und sank dieser Anteil bis 1973 auf 51% (vgl. Tabelle 22, S. 142). Realistische Werte dürften vermutlich irgendwo dazwischen liegen.

Überraschend ist dieses Ergebnis nicht, spiegelt es doch lediglich einen säkularen Konzentrationsprozeß in der Industriewirtschaft wider, der sich auch in der Entwicklung der Sozialstruktur der erwerbstätigen Bevölkerung niederschlägt. So ist der Anteil der Selbständigen an der Gesamtzahl der Erwerbspersonen im Zeitraum von 1950 bis 1980 stetig von 16% auf 9% zurückgegangen; 1882 hatte er demgegenüber noch 32% betragen.

Tabelle 22: Daten zur personellen Vermögensverteilung
1960-1973

| | 1,7 v. H. der privaten Haushalte verfügten ... über ... v. H. des | |
	Gesamtvermögens	Produktivvermögens
1960	35	70
1966	31	74
1969	24[a]	55-60[a]
1973	b	51

a Unterschiedliche Schätzgrundlagen lassen einen Vergleich der Zahlen nicht zu. Werte für 1969 und 1973 sind *Mindest*werte und beruhen auf relativ grober Schätzung.
b Eine weitere erhebliche Abschwächung der Konzentration kann angenommen werden, vgl. Mierheim, Wicke, Vermögensverteilung, S. 262.

Quelle: Wie Anm. 28 u. Anm. 29, S. 177.

e) Vermögenspolitik in der Marktwirtschaft

Die hohe Konzentration des Produktivkapitals steht aber für den Mißerfolg der Bemühungen, durch die Propagierung des ›Volkskapitalismus‹ das Eigentum an den Produktionsmitteln weiter zu streuen, um damit das Konzept der Sozialen Marktwirtschaft auf eine breitere materielle Grundlage zu stellen. Zahlreiche Privatisierungsaktionen im Hinblick auf den Industriebesitz des Bundes, die seit dem Ende der fünfziger Jahre diesem Ziel dienen sollten, blieben offenbar ohne große Wirkung. Gerade bei den spektakulärsten Aktionen dieser Art, der Privatisierung von 120 Mio. DM des Kapitals des staatlichen Montankonzerns Preussag im Jahre 1959, der Teilprivatisierung (360 Mio. DM) des Volkswagenwerkes im Jahre 1960 und des Verkaufs von 528 Mio. DM Aktienkapital des Energiekonzerns Vereinigte Elektrizitäts- und Bergwerks AG (VEBA) im Jahre 1965, blieb der Erfolg weitgehend aus, weil die Volksaktien trotz zahlreicher Vorkehrungen in den Sog der Spekulation gerieten und ihr Kurs die hochgespannten Erwartungen nicht erfüllen konnte, die das breite Publikum an sie knüpfte.

Die hohe Konzentration des Produktivkapitals belegt auch die geringe Umverteilungswirkung des Lastenausgleichs. Unmittelbar nach Kriegsende war daran gedacht worden, auch das vorhandene Produktivvermögen neu zu verteilen, um kriegsgeschädigten Vertriebenen die Möglichkeit einer Existenzgründung zu geben. Von 14 Mio. Menschen, die aus den deutschen Ostgebieten vertrieben wurden, gelangten 8 Mio. in das Gebiet der späteren Bundesrepublik, und auch dort hatten mehr als 3 Mio. Menschen Vermögensschäden durch Luftangriffe und andere Kampfhandlungen erlitten. Doch schon zum Zeitpunkt des der endgültigen Regelung vorausgehenden ›Soforthilfegesetzes‹ vom 8. August 1949 dachten seine Schöpfer nicht mehr daran, das vorhandene Realvermögen kurzfristig umzuverteilen. Ein massiver steuerlicher Zugriff auf die Vermögenssubstanz hätte im Rahmen einer Wiederaufbaustrategie, die dem privaten Unternehmer eine führende Rolle zuwies, Handlungsspielräume beschnitten und private Initiative gelähmt, ohne mit Sicherheit neue Chancen zu eröffnen. So sah zwar das Lastenausgleichsgesetz vom 21. April 1952 – neben einer Hypothekengewinn- und einer Kreditgewinnabgabe – endgültig auch eine Vermögensabgabe auf das am Stichtag der Währungsreform vorhandene Vermögen in Höhe von 50% vor. Ihrer Berechnung wurden aber die – für das Grundvermögen relativ niedrigen – steuerlichen Einheitswerte zugrunde gelegt, großzügige Freibeträge und Abzüge für selber erlittene Schäden gewährt, und die Abgabeschuld wurde mit gleichbleibenden Annuitäten über den Zeitraum bis 1979 verteilt, wobei die zu entrichtenden Raten nach der für die einzelnen Vermögensarten zu erwartenden Ertragslage differenziert wurden. Die Vermögensabgabe ist daher als eine Steuer konzipiert worden, die de facto aus den laufenden Vermögenserträgen bestritten werden konnte und auch sollte. Selbst 1950 machte die Belastung aus Unternehmertätigkeit und Vermögen lediglich 5% aus, in den folgenden Jahren, in denen die Vermögenserträge stark zunahmen, ging diese Belastung noch weiter, nahezu bis zur Bedeutungslosigkeit zurück. Deshalb sind im Rahmen des Lastenausgleichs bis 1979, als die Abgabepflicht erlosch, zwar rund 100 Mrd. DM an Leistungen aufgebracht und verteilt worden und werden bis zum Ende seiner Wirksamkeit jenseits des Jahres 2000 insgesamt 140 Mrd. DM ausgegeben worden sein, doch hat er in die Verteilung des Produktivvermögens praktisch nicht eingegriffen. Da andrerseits die Steuergesetzgebung seit der Währungsre-

form – das DM-Eröffnungsbilanzgesetz, der § 7 des Einkommen-
steuergesetzes und der § 36 des Investitionshilfegesetzes sind
dafür besonders prägnante Beispiele – die Kapitalbildung stark
gefördert und prämiert hat, ist die Annahme berechtigt, daß gerade in den fünfziger Jahren die ursprüngliche Ungleichverteilung
des Vermögens noch kräftig verstärkt worden ist. Diese Politik
trug zweifellos der Tatsache Rechnung, daß angesichts des Nach-
holbedarfs der Bevölkerung an Konsumgütern mit freiwilliger Er-
sparnis im notwendigen Ausmaß nicht zu rechnen war. Auf die
eine oder andere Weise mußte daher auch zwangssparendes Publikum zur Finanzierung der Wiederaufbauinvestitionen beitragen. Nicht notwendig war jedoch, daß die Eigentumstitel an dem
neugeschaffenen Sachvermögen einseitig den Alteigentümern des
Produktivkapitals zuflossen.

Das stieß nicht nur aus sozialpolitischen Überlegungen, sondern
auch wegen der damit verbundenen Machtkonzentration schon in
den fünfziger Jahren auf wachsende Kritik. Die Überlegungen,
wie eine breitere Vermögensstreuung erreicht werden könnte,
zielten nicht auf die Umverteilung des bestehenden, sondern vielmehr auf die Korrektur der Verteilung des künftigen Vermögenszuwachses. 1953 wurden allzu exzessive Möglichkeiten der
Selbstfinanzierung eingeschränkt, indem entsprechende Steuer-
vorteile zurückgenommen wurden. Gleichzeitig förderte das
Wohnungsbauprämiengesetz (17. März 1952) das Bausparen.
1959 kam das Prämiensparen hinzu, das staatliche Zusatzprämien
zwischen 20% und 30% bzw. 42% für langfristige Einlagen vorsah. Die Einführung der ›Kleinaktien‹ im Aktiengesetz vom
6. September 1965 – auf welche die Bedingungen des Sparprä-
miengesetzes analog angewandt wurden –, die Belegschaftsaktien
(seit 1960) und die Ausgabe von Volksaktien sollten die Anlage-
form der Beteiligung an Kapitalgesellschaften beim Publikum po-
pularisieren und damit eine breitere Streuung des Produktivvermögens bewirken. Auch auf die Förderung des Eigenheimbaus
zielten eine ganze Reihe von Maßnahmen ab. Sie begünstigten
aber vor allem die Bezieher hoher Einkommen, weil sie meist an
Steuermerkmale anknüpften. Als in den sechziger Jahren die
öffentliche Diskussion über die Vermögensbildung in Arbeitneh-
merhand anhob, wurde schließlich 1961 das Gesetz zur Förderung der Vermögensbildung für Arbeitnehmer verabschiedet, wonach bestimmte Leistungen der Arbeitgeber, sofern sie 312 DM

im Jahr nicht überstiegen und langfristig angelegt wurden, geringer besteuert und von Sozialversicherungsabgaben befreit waren.

Das zweite Vermögensbildungsgesetz, das im April 1965 in Kraft trat, erweiterte diese Maßnahmen, die nunmehr völlige Steuerbefreiung vorsahen, auch auf tarifvertraglich vereinbarte Leistungen und schloß die Arbeitnehmer des öffentlichen Dienstes ein. Dennoch blieb seine Wirkung dürftig. Erst als das dritte Vermögensbildungsgesetz vom 4. Juni 1970 den Freibetrag auf 624 DM anhob und an die Stelle der Steuerfreiheit eine gestaffelte Sparprämie des Arbeitgebers setzte, die dieser wiederum von der Lohnsteuer absetzen konnte, wurde auch den Beziehern kleiner Einkommen geholfen, die von einer Steuerbefreiung kaum profitieren konnten. Tatsächlich verdoppelte sich die Zahl der Arbeitnehmer, die das Gesetz in Anspruch nahmen, schlagartig. Ihr Anteil an der Gesamtzahl stieg von 26% (1969) über 49% (1970) auf 76% (1977) – eine Entwicklung, die sich in der Höhe des prämienbegünstigt angelegten Gesamtbetrages noch stärker niederschlägt.[31]

Es ist gewiß teilweise dieser Gesetzgebung zuzuschreiben, daß die Konzentration des Gesamtvermögens seit den sechziger Jahren offenbar abnimmt (vgl. oben: Tabelle 22). Anders als beim Produktivvermögen sprechen die Zahlen hier – was die Richtung des Prozesses angeht – eine klare Sprache, auch wenn die absoluten Werte des Konzentrationsmaßes ebenso vorsichtig interpretiert werden müssen wie beim Produktivvermögen. So hat sich beispielsweise das durchschnittliche Nettovermögen der Arbeiter im Zeitraum von 1969 bis 1973 um 91% erhöht, während der Zuwachs für alle Arbeitnehmer 76% und für die Gesamtzahl der Haushalte rund 55% ausmachte.[32] Ausschlaggebend für diese Expansion war vor allem der Zuwachs, den das Eigentum der Arbeitnehmer an Haus- und Grundvermögen genommen hat. Ihr Anteil an dieser Vermögensart stieg im selben Zeitraum von 56% auf 64%. Für diese positive Entwicklung gibt es verschiedene Gründe. So führte der Rückgang der Zahl der Selbständigen, vor allem in der Landwirtschaft, nicht selten dazu, daß Haus- und Grundbesitz in die soziale Gruppe der Arbeiter oder Arbeitnehmer im weiteren Sinne eingebracht wurde. Zweifellos war aber auch das starke Anwachsen der Masseneinkommen seit dem Ende der sechziger Jahre dafür verantwortlich, daß Angehörige der unteren Einkommensschichten erstmals in nennenswertem Umfang sparen und dabei die von staatlicher Seite angebotenen Förderungsmaßnahmen in Anspruch nehmen konnten.

f) Auf dem Weg aus der Klassengesellschaft?

Ist also die Gesellschaft der Bundesrepublik Deutschland auf dem Weg, ihren Klassencharakter zu verlieren? Die Verteilung des Produktivvermögens spricht eine andere Sprache. Sie unterstreicht die Existenz einer Klassengrenze im klassischen Sinne. Der kleinen Zahl von Produktionsmittelbesitzern steht eine wachsende Mehrheit der Bevölkerung gegenüber, die nicht über Produktionsmittel verfügt. Alle Bemühungen, unter der Ägide der Sozialen Marktwirtschaft die soziale Legitimität der bundesrepublikanischen Wirtschaftsverfassung zu stärken, waren insoweit erfolglos. Der Antagonismus der Besitz- und Erwerbsklassen ist allem Anschein nach in den vergangenen dreißig Jahren noch größer geworden. Es wäre auch gefährlich, das Problem einer nichtdemokratisch legitimierten Machtzusammenballung, welche die Konzentration des Produktivkapitals in wenigen Händen mit sich bringen kann, zu unterschätzen. Gerade die Entwicklung der Vermögensverteilung in der Bundesrepublik muß vor der Illusion warnen, diese Frage würde sich mit der Zeit von selbst lösen.

Es wäre jedoch ebenso irreführend, dem Antagonismus der Klassen eine dominierende Rolle im Verhältnis der sozialen Gruppen untereinander und für die Lebenslage großer Bevölkerungsteile in der Bundesrepublik zuzumessen. Weder hat die Besitzrente ihre früher dominante Bedeutung als Sicherheit in Notlagen und im Alter beibehalten, noch hat die fortschreitende Normierung der Sozial- und Wirtschaftsverfassung allzuviel von der sozialen Wirksamkeit von Besitzrentnern übriggelassen. Vor allem bestimmen die Verfügungschancen über das Eigentum an Produktionsmitteln nicht mehr im gleichen Maße die *Lebenslage* eigentumsloser Bevölkerungsteile.[33] Die Chance der Bodenrentner, über Pacht- und Schuldverhältnisse die Lebenslage der Agrarbevölkerung zu bestimmen, schwand in demselben Maße, wie der agrarische Anteil an der Gesamtbevölkerung geschrumpft ist; den Mieter schützen die Mietgesetze vor der Verfügungswillkür der Eigentümer; die Gegenmacht der Gewerkschaften, aber auch staatliche Normierung mindern die Chance der Kapitalrentner, die Lebenslage der Arbeiter und Angestellten stärker zu beeinflussen, als dies durch das Kapitalverhältnis selber bestimmt ist.

Auch wenn die Bedeutung der Besitzklassen in der Bundesrepublik sowohl quantitativ als auch qualitativ zurückgegangen ist, bleibt ihnen aber doch die spezifische Privilegierung ihrer Lebenslage, die aus dem Kreislauf von Vermögen, höheren Erwerbschancen, höheren Einkommen und der erneuten Chance zur Vermögensbildung resultiert. Dagegen ist die auf Eigentumsrechten begründete Handlungsautonomie von den Besitzenden selber zum großen Teil auf die besitzlose Intelligenz oder auf angestellte Manager übergegangen, soweit diese private Unternehmen leiten. Die Bedeutung des Eigentums ist damit nicht mehr auf die Verfügungsfreiheit der *Eigentümer* beschränkt. Aus dieser Perspektive stellt der Klassenantagonismus, der sich im Eigentum an Produktionsmitteln zeigt, 1980 andere Probleme als noch in der Startphase der Bundesrepublik.

5. Außenwirtschaft: Abhängigkeit vom Weltmarkt

a) Die Neuordnung der Weltwirtschaft

Die Bundesrepublik Deutschland hatte nicht die Wahl, ihre Außenwirtschaftsstrategie selbst zu bestimmen. Sie mußte die Rolle übernehmen, die ihr von den Besatzungsmächten im Rahmen der Neuordnung der Weltwirtschaft nach dem Zweiten Weltkrieg zugewiesen wurde. Die USA hatten seit Dezember 1947 (›Lovett-Strang-Agreement‹) die faktische Federführung für die westdeutsche Wirtschaftspolitik übernommen. In ihr Konzept eines liberalisierten, multilateralen und offenen Systems des Welthandels mußte sich Westdeutschland fügen.

Über die Notwendigkeit, den Außenhandel weit über das Vorkriegsvolumen hinaus anzukurbeln, herrschte auch im deutschen Lager Einigkeit. Die Exportquote war schließlich unter der autarkistischen Ägide des ›Neuen Plans‹ des Wirtschaftsministers Schacht in den Jahren 1935 bis 1938 auf 6% zurückgegangen, nachdem schon der Zusammenbruch des Weltmarktes in der

Weltwirtschaftskrise der frühen dreißiger Jahre zu empfindlichen Einbußen am deutschen Außenbeitrag geführt hatte (vgl. Tabelle 23). Schacht machte insofern aus der Not der Weltwirtschaftskrise eine ideologische Tugend, als die nationalsozialistische Autarkiepolitik und die Bilateralisierung des Außenhandels probate Mittel waren, um die deutsche Wirtschaft aus dem Strudel der weltwirtschaftlichen Kontraktionen der dreißiger Jahre herauszuhalten, ohne ganz auf die Vorteile des internationalen Warenaustausches verzichten zu müssen. Andere Welthandelsnationen standen dem Deutschen Reich in dem Bemühen, auf Kosten der Weltwirtschaft eine nationale Wirtschaftspolitik der Krisenüberwindung zu betreiben, nicht nach. Großbritannien etwa verabredete 1932 im Abkommen von Ottawa mit den Ländern des Commonwealth ein System von Handelspräferenzen, das dritte Länder diskriminierte. Schon vorher hatte es seine traditionelle Führungsrolle im Freihandel aufgegeben und war vom Goldstandard abgewichen. Auch die Vereinigten Staaten zogen der Funktionsfähigkeit der Weltwirtschaft die innere Sanierung vor, indem sie ebenfalls den Goldstandard aufgaben und hohe Zollmauern zum Schutz der eigenen Wirtschaft aufbauten.

Tabelle 23: Exportabhängigkeit der Bundesrepublik Deutschland und des Deutschen Reiches

	Exportquote als Anteil der Ausfuhren am Nettosozialprodukt zu Marktpreisen in v. H.		
1910/13	17,5	1950	9,3
1925/29	14,9	1960	17,2
1930/34	12,0	1970	23,8
1935/38	6,0	1980	26,7

Quelle: Hoffmann, Wachstum, S. 151; Stat. BA, Lange Reihen zur Wirtschaftsentwicklung 1976, 1982, passim.

Vor dem Hintergrund dieser noch frischen Erfahrungen neigten nicht nur die Schwachen unter den Handelsnationen, zu denen Westdeutschland zuerst zweifellos zählte, auch nach Kriegsende dazu, ihr Heil im Protektionismus zu suchen, zumal das Welthandelssystem seinen chronischen Schwächezustand noch nicht überwunden hatte. Bis 1947 waren allein in Europa über 200 bilaterale Abkommen abgeschlossen, verlängert oder erneuert worden, und mit Ausnahme von Belgien und der Schweiz handhaben alle europäischen Länder das Instrument der totalen Importkontingentierung. Selbst Großbritannien mußte im August 1947 unter der Drohung einer scharfen Zahlungsbilanzkrise den auf amerikanischen Druck unternommenen Versuch wieder aufgeben, das Pfund Sterling konvertierbar zu machen und die Präferenzen der Mitglieder des Sterling Blocks abzubauen.

Westdeutschland fehlten jedoch zur Reorientierung an den Praktiken der Vorkriegszeit alle Voraussetzungen. Schon der leiseste Autarkiegedanke mußte an der Verkleinerung des Wirtschaftsraumes und den damit zusammenhängenden Verschiebungen in der Wirtschaftsstruktur des Landes verzweifeln. Die großen agrarischen Überschußgebiete in Ostdeutschland standen für die Versorgung Westdeutschlands nicht mehr zur Verfügung. Hatte das Reich rund 20% seines Nahrungsmittelbedarfs aus dem Ausland einführen müssen, so war die Bundesrepublik jetzt gezwungen, sich auf diesem Gebiet zur Hälfte mit Importen zu versorgen. Die Auswirkungen der deutschen Teilung auf die Industriestruktur warfen zunächst prinzipiell ähnliche Probleme auf. Aber auch die handelspolitischen Rahmenbedingungen hatten sich verändert. Das einst bevorzugte Hinterland für bilaterale Handelsbeziehungen in Ost- und Südosteuropa rückte hinter den Eisernen Vorhang. Westdeutschland war, was sein Verhältnis zur Weltwirtschaft angeht, aus der Perspektive von 1947 zu einem »größeren Belgien« (Karl Schiller) geworden.

Die Bedingungen, unter denen es seine Rückkehr in die Weltwirtschaft antreten mußte, haben die Vereinigten Staaten gesetzt. Sie waren entschlossen, innerhalb der Weltwirtschaft die Führungsrolle zu übernehmen, um einer erneuten Destabilisierung des internationalen Wirtschafts- und Finanzsystems entgegenzuwirken. Schon im Juli 1944, auf der Währungs- und Finanzkonferenz von Bretton Woods, hatten sie den institutionellen Rahmen für die neue Ordnung entworfen und zur Neuregelung des internationalen Zahlungsausgleichs einen Weltwährungsfonds (IWF) und die Bank für Wiederaufbau und Entwicklung (Weltbank) gegründet. Beide Institutionen, die 1946 ihre Arbeit aufnahmen, sollten innerhalb eines Systems wirksam werden, das auf stabilen Wechselkursen zwischen untereinander und gegen Gold austauschbaren (konvertierbaren) Währungen beruhte und einen weitgehend liberalisierten Austausch von Waren ermöglichte. Das

System von Bretton Woods, das bis Anfang der siebziger Jahre relativ reibungslos funktionierte und damit eine der kräftigsten Expansionsphasen des Welthandels im allgemeinen und des westdeutschen Außenhandels im besonderen begleitete, bestand aus einem pragmatischen Kompromiß zwischen zwei extremen Ordnungsprinzipien der Weltwirtschaft. Einerseits vermied es die Wiederherstellung des reinen Goldwährungsmechanismus (Goldstandard), der bis zum Ersten Weltkrieg die weltwirtschaftlichen Beziehungen bestimmt hatte, dem außenwirtschaftlichen Ziel des Zahlungsbilanzausgleichs absolute Priorität einräumte und eine autonome Wirtschaftspolitik der Handelsnationen ausschloß. Der Versuch, den Goldstandard nach dem Ersten Weltkrieg wieder zu errichten, scheiterte jedoch, weil wirtschaftliche wie innenpolitische Strukturveränderungen in den wichtigsten Industrienationen eine stärkere Berücksichtigung des Wachstums- und Beschäftigungszieles verlangten. Das wurde in der Weltwirtschaftskrise der frühen dreißiger Jahre offenkundig und galt für die Zeit nach dem Zweiten Weltkrieg mehr denn je.

Andrerseits durfte die Neuordnung des Weltwährungssystems aber nicht so weit gehen, den binnenwirtschaftlichen Zielen unbedingten Vorrang einzuräumen. Es gehörte ebenfalls zu den Lehren der Weltwirtschaftskrise, daß Zahlungsbilanzungleichgewichte zu Devisenbewirtschaftung, Abwertungswettläufen, Handelshemmnissen, Diskriminierungspraktiken und schließlich zur Desintegration der Weltwirtschaft und zur Schrumpfung des Handelsvolumens und seiner Wohlfahrtseffekte führten.

Demgegenüber sah das Abkommen von Bretton Woods zwar volle Währungskonvertibilität in Verbindung mit festen Wechselkursen vor, räumte aber gleichzeitig die Möglichkeit der elastischen Anpassung des kurzfristigen Saldenausgleichs über Ziehungsrechte des Weltwährungsfonds ein und erlaubte – im Falle von ›fundamentalen Ungleichgewichten‹ der Zahlungsbilanz – sogar kurzfristige Abweichungen vom Grundprinzip selber durch Wechselkurskorrekturen und Aufhebung der Konvertibilität. Das neue System war der Versuch, die Wirkungen des Goldstandards zu simulieren, ohne seine Rigidität in Kauf zu nehmen. Gold blieb, neben dem Dollar, das wichtigste Reservemedium. Die Funktionsfähigkeit des Währungssystems war jedoch keinem Gleichgewichts*mechanismus* unterworfen. Gleichgewicht setzte vielmehr einen Kodex des Wohlverhaltens voraus, den die Vereinigten Staaten über die von ihnen kontrollierten Instrumente des Weltwährungsfonds und der Weltbank im Zweifel auch durchsetzen konnten.

b) Westdeutschlands Weg in die Weltwirtschaft

Von diesem Zustand war die Weltwirtschaft – wie der Zusammenbruch der britischen Bemühungen um die Konvertibilität des Pfundes gezeigt hatte – in den ersten Nachkriegsjahren noch weit entfernt. Im Falle Großbritanniens konnten die USA nur indirekt auf Multilateralität und Liberalisierung hinwirken, indem sie diese Forderungen an die Vergabe eines Milliardenkredits knüpften.[34] In Deutschland bestimmten sie dagegen selber das Gesetz des Handelns und konnten Westdeutschland als Hebel zur Neuordnung des Welthandelssystems einsetzen.

Zu einem ersten Schritt in diese Richtung wurde die Bundesrepublik im Rahmen des Marshallplans veranlaßt. Eines der Hauptziele des amerikanischen Auslandshilfeprogramms war es, das System von Bretton Woods mit Anfangsliquidität zu versorgen, die angesichts des europäischen Dollardefizits nötig war, um den Welthandel überhaupt wieder in Gang zu setzen. In der Absicht, den Warenaustausch innerhalb Europas selbst anzuregen, lehnte die ERP-Verwaltung jedoch alle Anforderungen auf Dollarhilfe zur Finanzierung von Waren ab, welche die Europäer auch auf dem eigenen Kontinent von Nachbarländern beziehen konnten. Den Antragstellern wurden über die Dollarhilfe hinaus ›Ziehungsrechte‹ in den europäischen Währungen zugeteilt, die zur Deckung des Bedarfs erforderlich waren. Länder mit Zahlungsbilanzüberschüssen gegenüber anderen Teilnehmerstaaten am Marshallplan bekamen dagegen ihre Dollarhilfe nur unter der Bedingung, daß sie auf die Eintreibung der auf diesem Weg entstandenen Überschüsse verzichteten. Sie gaben die ihnen zugeteilte Marshallplanhilfe insoweit an andere Länder in Form von Exportwaren weiter. Die Bundesrepublik erzielte im Rahmen dieses ›kleinen Marshallplans‹ – nach Belgien – zunächst die höchsten Überschüsse, weil sie über hohe und unausgelastete Kapazitäten in den Investitionsgüterindustrien verfügte. 1949/50 verringerte sich daher ihre Dollarhilfe von 332,9 Mio. Dollar (ohne GARIOA) ›netto‹ auf 169,0 Mio. Dollar.[35] Die deutsche Seite beklagte darin zwar einen »Konstruktionsfehler« des Marshallplans, mußte aber einräumen, daß der amerikanische Druck auf die Intensivierung der europäischen Austauschbeziehungen sich als »ungeheuer großer Schritt vorwärts zu einer europäischen Wirtschaftsgemeinschaft«[36] bemerkbar machte. Jedenfalls profitierte die westdeutsche Exportwirtschaft von diesem Wiedereinstieg in den europäischen Markt langfristig mehr, als der Bundesrepublik dadurch kurzfristig am Nettoeffekt der Dollarhilfe verlorenging.

Die handelspolitischen Bedingungen, unter denen der Wiedereinstieg sich vollzog, wurden ebenfalls weitgehend von der ERP-Verwaltung bestimmt. Durch Ratsbeschluß der Organisation für Europäische Zusammenarbeit (OEEC), dem europäischen Koordinierungsgremium des Marshallplans, verpflichteten sich die Mitgliedsstaaten im November 1949, bis Ende des Jahres die mengenmäßigen Beschränkungen (Kontingente) für mindestens 50% ihrer gesamten privaten Importe aufzuheben. Eine weitere Liberalisierung auf 60% sollte bis Ende 1950 erreicht sein. Der »Kodex der Liberalisierung«, der im September 1950 zugleich mit dem Abkommen über die Europäische Zahlungsunion (EZU) wirksam wurde, sah schließlich bis Februar 1951 einen Liberalisierungssatz von 75% vor. Die Bundesrepublik, als einziges Mitglied der OEEC nicht souverän, war – ob sie es wollte oder nicht – dazu ausersehen, auf diesem Parcours vorzupreschen.

Die Resonanz der zwangsweise eingeführten Liberalisierung war zwiespältig. Einerseits leisteten die Vertreter der Wirtschaftszweige, die sich wie die Agrarwirtschaft und manche Industriebranchen wegen der Kriegsfolgen noch nicht in der Lage sahen, dem internationalen Wettbewerb standzuhalten, hinhaltenden Widerstand. Andererseits sahen die Exportindustrien und die meisten Wirtschaftspolitiker, wie der Sozialdemokrat und Außenwirtschaftsexperte Baade und Wirtschaftsminister Erhard, in der Liberalisierung die Chance, die westdeutsche Wirtschaft wieder wettbewerbsfähig zu machen und ihr einen angemessenen Anteil am Weltmarkt zu sichern. Sie waren um so eher bereit, das Zahlungsbilanzrisiko einzugehen, als die Erfahrung mit dem ›kleinen Marshallplan‹ gezeigt hatte, daß die Nachfrage der europäischen Nachbarländer nach deutschen Investitionsgütern groß war und die westdeutsche Exportindustrie wegen ihrer günstigen Struktur dieser Nachfrage sehr weit entgegengehen konnte. Allerdings war die Wirtschaftsverwaltung davon überzeugt, daß es für eine Übergangszeit unverzichtbar sei, ›Erziehungszölle‹ zu erheben. Sie sollten überall dort, wo in der Vergangenheit der Wettbewerb verfälscht worden war, korrigierend eingreifen. Doch auch in der Zollfrage konnte sich die deutsche Seite nicht gegen die Absicht der Vereinigten Staaten durchsetzen, den Abbau der Handelsschranken in Europa zu fördern und Westdeutschland dabei vorangehen zu lassen.

Schon im Pariser Abkommen über die europäische wirtschaftliche Zusammenarbeit im Rahmen des Marshallplans vom 16. April 1948 hatten sie die künftige westdeutsche Zollpolitik weitgehend im Sinne der allgemeinen Meistbegünstigung, der Ermäßigung von Zollsätzen, der Beseitigung von Präferenzen, Diskriminierungen und Subventionen präjudiziert. Wenige Monate später verpflichteten die USA die militärisch besetzten deutschen Westgebiete, gegenüber 13 Staaten Meistbegünstigung zu gewähren und dehnten diese Absprache schließlich im August 1949 im ›Statement von Annecy‹ auf Einfuhren aus allen Ländern aus, und zwar unabhängig davon, ob die begünstigten Länder ihrerseits deutsche Ausfuhren meistbegünstigt behandelten oder nicht. Von deutscher Seite wurde diese vertragliche Bindung als einseitiges Servitut angesehen, das an die Auflagen des Versailler Vertrages erinnerte.[37] Unter diesen Vorbedingungen und bei anhaltender amerikanischer Intervention zugunsten niedriger Zölle führte die Ausarbeitung des neuen westdeutschen Zolltarifs in den Jahren 1950/51 zu einem Bruch mit der schutzzöllnerischen Tradition. Die Bundesrepublik legte schließlich einen Tarif vor, der eine mittlere Linie zwischen Hochzolländern wie Italien, Frankreich und Großbritannien und ausgesprochenen Niedrigzolländern wie Dänemark oder den Benelux-Staaten einnahm. Mit dieser ›Morgengabe‹ trat die Bundesrepublik am 1. Oktober 1951 dem ›General Agreement on Trade and Tariffs‹ (GATT) bei und gewann damit wieder ihre volle zoll- und handelspolitische Souveränität zurück. Dieser vertragliche Zusammenschluß von zu diesem Zeitpunkt 34 Handelsnationen, die rund 80% des Welthandelsvolumens repräsentierten, schuf einen lockeren institutionellen Rahmen für den konzertierten Abbau von Handelsschranken, wie ihn vor allem die Vereinigten Staaten anstrebten. Das GATT hatte bis dahin in den drei Zollsenkungsrunden von Genf, Annecy und Torquay rund 55 000 Zollzugeständnisse ausgehandelt,[38] die nun zusammen mit der unbeschränkten Meistbegünstigung auch ihrem neuen Mitglied zugute kamen. Der Beitritt einer so wichtigen Handelsnation, wie sie Westdeutschland trotz allem immer noch darstellte, bot erneut eine Gelegenheit, verkrustete Tarifstrukturen aufzubrechen und in Bewegung zu setzen. Die Vereinigten Staaten nutzten sie, indem sie die Bundesrepublik zwangen, die Rolle des Eisbrechers zu übernehmen.

c) Krise und Expansion

Der Abbau der Importkontingente zog die deutsche Handels- und Zahlungsbilanz zunächst ins Defizit. Während die Nachfrage nach Importen groß war, hielt die Liberalisierung deutscher Exporte damit nicht Schritt. 1950 konnte mit 8362 Mio. DM Export und 11 374 Mio. DM Import kein Ausgleich der Zahlungsbilanz erreicht werden. Rund 18% der Einfuhren mußten direkt oder indirekt durch den Marshallplan finanziert werden. Aus dieser vor dem Hintergrund des wirtschaftlichen Wiederaufbaus nur natürlichen Passivtendenz des westdeutschen Außenhandels entstand aber schlagartig die ›deutsche Krise‹, als der Ausbruch des Koreakriegs Ende 1950 eine Rohstoffhausse auslöste. Am Jahresende rutschte die Devisenbilanz in die negativen Zahlen; Gold- und Devisenbestände waren nicht mehr vorhanden. Die Bundesrepublik mußte ihre Quote im Rahmen der Europäischen Zahlungsunion (EZU) in Höhe von 320 Mio. Dollar voll in Anspruch nehmen und sich noch darüber hinaus verschulden. Die EZU war eine gerade gegründete multilaterale Clearing- und Kreditstelle für den westeuropäischen Außenhandel. Die USA hatten sie mit Mitteln des Marshallplanes ausgestattet, damit sie in der Lage war, durch gegenseitige Kreditgewährung unzureichende nationale Devisenreserven bei der Verrechnung der Spitzen auszugleichen. Die EZU sollte für eine Übergangszeit bis zur allgemeinen Konvertierbarkeit der europäischen Währungen, d. h. in der Praxis bis Ende 1958, die Liberalisierung des internationalen Warenaustausches fördern. Im November 1950 war sie gezwungen, der Bundesrepublik einen Sonderkredit von 180 Mio. Dollar zu gewähren, um den Zusammenbruch des Clearingsystems abzuwenden. Als auch dieser Kredit im Defizit der westdeutschen Zahlungsbilanz unterzugehen drohte, zogen die Bank deutscher Länder und die Bundesregierung die handelspolitische Notbremse. Der bis März 1951 erreichte Liberalisierungssatz von 60% wurde rückgängig gemacht, eine Bardepot-Pflicht von 50%

des DM-Gegenwertes der für Importe beantragten Devisen einge-führt und schließlich die Ausgabe von Importlizenzen völlig ein-gestellt.

Die Reaktion des Auslandes war ungewöhnlich scharf. Warnun-gen vor einem Rückfall in die Zeit der Einfuhrdiskriminierung des ›Dritten Reiches‹, im angelsächsischen Raum nach ihrem Erfinder ›Schachtianism‹ genannt, wurden laut. Die Vereinigten Staaten ge-nehmigten zwar die Unterbrechung der Liberalisierungsbemühun-gen, nahmen sie aber zum Anlaß für tiefgreifende Interventionen in die deutsche Marktwirtschaft. Schon im zweiten Halbjahr 1951 entspannte sich jedoch die Zahlungsbilanzkrise. Dieselben Kräfte, die das Defizit verursacht hatten, sorgten nun dafür, daß die Bun-desrepublik ihre Einfuhren selber bezahlen konnte. Die Rohstoffe, die zu Beginn der Koreakrise, als die Preise noch niedrig waren, eingeführt wurden, verließen nach ihrer Verarbeitung als Fertig-waren wieder die Bundesrepublik und stießen auf wachsende Nachfrage. 1952 erzielte die Bundesrepublik ihren ersten Zah-lungsbilanzüberschuß und beschritt damit den Weg, der sie in den sechziger und siebziger Jahren nach den Vereinigten Staaten zur zweitstärksten Handelsnation werden ließ (vgl. Tabelle 24, S. 156).

Eine wichtige Voraussetzung für die Reintegration der Bundes-republik in das Netz der internationalen Wirtschaft war die Wie-derherstellung ihrer Kreditwürdigkeit. Dies setzte die Bereini-gung der öffentlichen und privaten Auslandsschulden voraus. Schon am 6. März 1951 hatte die Bundesregierung die alten und neuen deutschen Auslandsschulden grundsätzlich anerkannt. Es erschien aber völlig undenkbar, daß der westdeutsche Teilstaat für alle Schulden des Reiches aufkommen konnte, auch wenn sich die Bundesrepublik als dessen Rechtsnachfolgerin versteht. Selbst die Nachkriegsforderungen der Besatzungsmächte schienen die Zah-lungsfähigkeit des gerade noch in eine Zahlungsbilanzkrise von beträchtlichen Ausmaßen verstrickten Landes bei weitem zu übersteigen.

Die Londoner Schuldenverhandlungen, die 1951 mit den drei Westmächten begannen, legten schließlich eine Transferleistung von 567 Mio. DM für die ersten fünf Jahre und von 765 Mio. DM für die Zeit danach fest. Die zu tilgende Gesamtsumme verkürzte sich im Laufe der Verhandlungen von 29,3 Mrd. auf 14,5 Mrd. DM. Die Vereinigten Staaten reduzierten ihre Nachkriegsforde-rungen aus Lieferungen des GARIOA- und des ERP-Programms

Tabelle 24: Zahlungsbilanz 1950-1980 (Salden der Teilbilanzen in Mio. DM)

Jahr	Handelsbilanz cif/fob	Dienstleistungs-bilanz	Bilanz der Übertragungen[1]	Kapitalbilanz langfristig	Kapitalbilanz kurzfristig[2]	Ausgleichsbedarf der Deutschen Bundesbank[3]	Devisenbilanz[4]
1950	− 3 021	+ 540	+ 2 065	+ 458	− 615	−	− 564
1955	+ 1 245	+ 1 794	− 834	− 381	+ 27	−	+ 1 851
1960	+ 5 223	+ 2 758	− 3 488	+ 171	+ 3 697	−	+ 8 019
1965	+ 1 203	− 1 549	− 6 377	+ 957	+ 4 483	−	− 1 952
1970	+15 584	− 3 938	− 9 059	− 2 948	+22 187	+ 738	+22 650
1975	+37 276	− 8 278	−17 879	−18 231	+ 6 080	+5 480	+ 3 260
1980	+ 8 947	−14 304	−24 288	+ 6 366	− 4 721	+2 164	−25 730

1 Hauptsächlich: Wiedergutmachung, Überweisungen der ausländischen Arbeitskräfte, Internationale Organisationen.
2 Einschl. Restposten.
3 Minderung des DM-Wertes der Gold- und Devisenpositionen der Bundesbank durch die DM-Aufwertungen, sowie die Zuteilung von Sonderziehungsrechten des IWF.
4 Veränderung der Währungsreserven der Deutschen Bundesbank.

Quelle: Monatsberichte der Deutschen Bundesbank, passim.

von insgesamt 3,2 Mrd. Dollar auf 1,2 Mrd. Dollar. Großbritannien ermäßigte seine entsprechenden Forderungen aus den UK-Contribution-Funds von 814 auf 605 Mio. Dollar. Frankreich, das ebenfalls den Anspruch erhob, seiner Besatzungszone Wirtschaftshilfe geleistet zu haben, ließ 4 von 16 Mio. Dollar der Schuld nach.[39] Die Vorkriegsschulden wurden schließlich in den Kapitalbeträgen von 8,3 auf 6 Mrd. DM und in den Zinsrückständen von 4,4 auf 1,4 Mrd. DM gekürzt. Das Reparationsproblem selber fiel nicht in den Rahmen des Londoner Schuldenabkommens, dem insgesamt 15 Staaten beitraten. Doch gingen der Leiter der deutschen Delegation, der Bankier Hermann J. Abs, ausdrücklich und die übrigen Teilnehmer stillschweigend davon aus, daß weitere Forderungen unter dem Titel ›Reparationen‹ nicht erhoben werden sollten.[40]

Die Regelung der Wiedergutmachungsleistungen an Israel blieb davon unberührt. Im Luxemburger Abkommen von 1952 verpflichtete sich die Bundesrepublik gegenüber dem Staat Israel zu einer ›Eingliederungshilfe‹ in Höhe von 3 Mrd. DM, die im Laufe von zehn Jahren in Form von Warenlieferungen geleistet wurde. Auch nach Ablauf des Abkommens leistete die Bundesrepublik Zahlungen an Israel – sei es in Form von Kredithilfe, sei es auf anderen Gebieten der Wirtschaftshilfe. Zusätzlich stellte sie der ›Jewish Claims Conference‹ 450 Mio. DM für weitere Eingliederungshilfen außerhalb Israels zur Verfügung. Darüber hinaus zahlte die Bundesrepublik bis 1982 rund 24 Mrd. DM auf individueller Basis zur Wiedergutmachung an israelische Bürger, so daß sich der Gesamtbetrag der Wiedergutmachungszahlungen für die Opfer der Judenverfolgung unter Einschluß der außerhalb Israels lebenden Empfänger von 68 Mrd. DM summierte.[41]

Aus der Perspektive von 1951/52 erschienen diese Lasten nicht leicht zu tragen, doch schon wenige Jahre später wurde deutlich, daß die Bundesrepublik keine Mühe haben würde, alle diese Zahlungen aus den steigenden Devisenerträgen ihres florierenden Außenhandels auch zu leisten. So waren z. B. die Tilgungsfristen für die Nachkriegsschulden, die das im Februar 1953 ratifizierte Londoner Schuldenabkommen auf 1,8 Mrd. Dollar herabgesetzt hatte, ursprünglich bis 1988 ausgedehnt. Der wirtschaftliche Aufschwung ermöglichte es jedoch, durch größere Vorauszahlungen in den Jahren 1959 und 1961 sowie durch eine Restzahlung im Jahre 1966 den konsolidierten Betrag vorzeitig zurückzuzahlen.[42]

Das Schuldenproblem, das nach dem Ersten Weltkrieg die internationalen Beziehungen auf das äußerste belastet hatte, war in einer für Westdeutschland günstigen Weise geregelt worden. Der Wiedereingliederung Westdeutschlands in das Finanz- und Wirtschaftssystem der westlichen Welt stand nun nichts mehr im Wege.

Zu Beginn des Jahres 1952 nahm die Bundesrepublik den Liberalisierungsprozeß wieder auf und führte ihn Ende 1956 zum völligen Abbau aller privaten Import-Kontingente aus dem OEEC-Raum. Aber auch im Handel mit den übrigen westlichen Ländern setzte sich das Prinzip des freien Außenhandels weithin durch. Lediglich Produkte, die den Marktordnungsgesetzen des Agrarbereichs unterlagen, blieben davon unberührt. Mit von Jahr zu Jahr steigenden Gold- und Devisenreserven im Rücken, näherte sich die Deutsche Mark seit 1954 schrittweise der Konvertibilität (vgl. Tabelle 25). 1958 wurde sie vollends hergestellt; Währungsreserven von knapp 20 Mrd. DM – mehr als die Hälfte davon in Gold – reichten aus, um alle Umtauschansprüche zu befriedigen.

Tabelle 25: Gold- u. Devisenbestand der Deutschen Bundesbank 1950-1980 (in Mrd. DM)

Jahr	Gesamtbestand Netto	darunter Gold	US-Dollar
1950[a]	1,1	–	–
1955	13,1	3,9	–
1960	32,8	12,5	15,0
1965	31,5	17,6	5,2
1970	49,0	14,6	28,6
1975	72,7	14,0	51,3[b]
1980	63,4	13,7	42,6[b]

a Guthaben bei ausländischen Banken.
b Devisen und Sorten insgesamt.
Quelle: Monatsberichte der Deutschen Bundesbank, passim.

d) Strukturveränderungen im westdeutschen Außenhandel

Gleichzeitig vollzog die Bundesrepublik mit dem Beitritt zum Vertrag über die Europäische Wirtschaftsgemeinschaft (EWG) am 25. März 1957, der 1958 in Kraft trat, einen wichtigen Schritt auf dem Weg zur regionalen Integration der westeuropäischen Staaten. Es ist schwer zu sagen, ob die Mitgliedschaft in der EWG der wirtschaftlichen Entwicklung der Bundesrepublik neue Impulse gegeben hat. Das Argument des größeren ›Binnenmarktes‹ mit den kostenvermindernden Wirkungen der Massenproduktion, des technischen Fortschritts und der Angebotsdifferenzierung spricht für diese Annahme. Am Beginn des wirtschaftlichen Integrationsprozesses der sechs EWG-Länder flossen rund 27% der westdeutschen Exporte in diesen Raum, aber auch ebensoviele in die Länder der ›kleinen Freihandelszone‹ (EFTA), die außerhalb des Zusammenschlusses blieben. 1971, am Vorabend der Erweiterung der Wirtschaftsgemeinschaft auf neun Mitglieder, war der Anteil der EWG auf 40% gewachsen. Nach ihrer Vergrößerung im Januar 1972 gingen schon mehr als 50% der westdeutschen Exporte in diesen Raum. Alles in allem dürften die handelsschöpfenden Wirkungen der regionalen Abgrenzung negative Effekte der Handelsumlenkung ausgeglichen und übertroffen haben. Allerdings blieb der Fortschritt in der Koordination der Wirtschafts- und Sozialpolitik unter den Mitgliedsländern weit hinter den Erwartungen zurück. Selbst nachdem im April 1973 die zweite Stufe der Wirtschafts- und Währungsunion anvisiert wurde, richtete sich die Haushaltspolitik der Teilnehmer ausschließlich an nationalen Belangen aus, so daß der mittelfristige Orientierungsrahmen nicht eingehalten wurde, blieben Fortschritte in der Steuerharmonisierung und der Kapitalmarktliberalisierung aus, gab es in der Koordinierung der Struktur-, Regional- und Beschäftigungspolitik und im Prozeß des Kompetenzübergangs auf die Gemeinschaft eher Rückschritte zu verzeichnen. Immerhin sind innerhalb der Gemeinschaft die Zölle abgeschafft worden, wenn auch zollähnliche Abschöpfungsabgaben zum Ausgleich der steuerlichen Wettbewerbsbedingungen an ihre Stelle traten. Administrative Handelshemmnisse wurden ebenfalls abgebaut, auch wenn dieser Prozeß in jüngster Zeit wieder rückläufig zu sein scheint. Mit der Verschlechterung der wirtschaftlichen Rahmenbedingungen verstärken sich erneut die Zentrifugalkräfte der westeuropäischen Integration, so wie die Prosperität der fünfziger Jahre sehr zu ihrer Schwächung beigetragen hatte.

Mit wachsender Bedeutung veränderte der westdeutsche Außenhandel auch sein Gesicht. Am stärksten fällt die Verlagerung der Handelsströme von Ost nach West ins Auge. Vor dem Krieg flossen rund 15% aller Exporte in den ost- und südosteuropäischen Raum, Anfang der fünfziger Jahre dagegen nur noch 1 bis 2%. Von allen europäischen Ländern war Deutschland auch in dieser Hinsicht am härtesten von der Teilung Europas in zwei gegnerische Lager betroffen. Es war nicht nur der Mangel an staatlicher und politischer Souveränität, der die Bundesrepublik an der Entfaltung ihres Osthandels hinderte, sondern die traditionellen Exportgüter der westdeutschen Industrie wurden auch am stärksten von den Embargobestimmungen (›Cocom-Liste‹) des Westens betroffen, die sich auf Investitionsgüter von hohem technischem Standard konzentrierten. Unter diesen Bedingungen, die sich bis heute nur wenig geändert haben, gelang es nicht, den Austausch mit den Staatshandelsländern Ost- und Südosteuropas über einen Anteil von 5% an den westdeutschen Ausfuhren zu erweitern – auch wenn die Bundesrepublik damit weit an der Spitze der Osthandelsländer liegt. Allerdings gingen in den sechziger Jahren mehr als 75% des Handels der DDR – 1980 noch zwei Drittel – nach dem Osten und kamen von dort, so daß sich die regionale Handelsbilanz in bezug auf ganz Deutschland im Vergleich zur Vorkriegszeit nicht wesentlich verändert hat.

Entsprechend stark verlagerten sich die Außenhandelsströme hin zu den westlichen Industrieländern. Mit ihnen wickelte die Bundesrepublik im Durchschnitt der sechziger Jahre mehr als 85% des Gesamthandels ab. Auf die Entwicklungsländer fielen im selben Zeitraum dagegen nur 12,8% der Exporte bzw. 8,4% der Importe. Es ist deshalb bemerkenswert, daß dabei jedoch fast die Hälfte des gesamten westdeutschen Außenhandelsüberschusses anfiel.

Auch die Zusammensetzung des Handelsvolumens änderte sich im Zuge der Expansion während der fünfziger und sechziger Jahre. Der Anteil von Gütern der Ernährungswirtschaft an der Einfuhr ging von 44,1% (1950) über 26,3% (1960) und 19,1% (1970) auf 12,7% (1980) zurück, der Anteil der gewerblichen Fertigwaren stieg dagegen von 12,6% (1950) über 32,2% (1960) und 50,0% (1970) auf 51,2% (1980) an. Innerhalb der Ausfuhr sank der Anteil der Rohstoffe von 14,0% (1950) auf 1,9% (1980). Dagegen hat sich der 1950 mit 64,9% bereits hohe Anteil gewerblicher Fertigerzeugnisse bis 1980 auf 83,4% weiter erhöht. Die Reintegration der Bundesrepublik vollzog sich also vor allem im verstärkten Austausch industrieller Fertigwaren. Darüber hinaus ist die gesamte Überschußposition der Bundesrepublik auf diesen Bereich konzentriert, wobei die Investitionsgüterindustrie mit einem Anteil am Gesamtexport von 28,5% (1960-1971) dominierte und am meisten zum Handelsbilanzüberschuß beitrug.

e) Vor- und Nachteile der Weltmarktverflechtung

Es gehört zu den festen Überzeugungen der westdeutschen Nachkriegsgeschichte, daß die enger werdende Verflechtung mit dem Weltmarkt und der permanente Zahlungsbilanzüberschuß wesentlich zum wirtschaftlichen Wachstum, zur Sicherung der Vollbeschäftigung und zur Steigerung des Lebensstandards seit den fünfziger Jahren beigetragen haben. Das trifft zumindest für die erste Dekade auch zu. Der Handelsbilanzüberschuß begünstigte den binnenwirtschaftlichen Investitionsprozeß und trug entscheidend zum Wachstum der Wirtschaft und zur Gewinnung der Vollbeschäftigung bei. Auch die Arbeitnehmer partizipierten am Erfolg im Außenhandel. 1960 betrug der exportabhängige Anteil am Bruttoeinkommen aus unselbständiger Arbeit rund 17%, nachdem er 1954 noch 15% ausgemacht hatte.[43] Der Handelsbilanzüberschuß erlaubte der Bundesrepublik darüber hinaus ein hohes Maß an außenpolitischer Handlungsfreiheit und Integrationsfähigkeit. Er ermöglichte es ihr, internationale Verpflichtungen einzugehen, die das politische Gewicht der Bundesrepublik stärkten, ohne ihre Netto-Gläubiger-Position gegenüber dem Ausland zu untergraben. Das gilt für die Finanzierung von Entwicklungshilfe ebenso wie für die Zahlung von Wiedergutmachung, und auch die Beiträge an internationale Organisationen wie NATO, IWF, Weltbank, UNESCO, EWG, OECD und UNO ließen sich aus diesen Reserven großzügig bemessen. Schließlich hat die starke Stellung in der Außenwirtschaft auch stabilisierende Effekte auf die innere Entwicklung gehabt. In konjunkturellen Abschwungsphasen bot der Export Kompensationsmöglichkeiten für schwache Inlandsnachfrage, solange die Konjunktur weltweit nicht synchron verlief. Der Außenhandel machte auch höhere Skalenerträge möglich, indem die Produktion in kostengünstige Größenordnungen hineinwachsen und bessere Kapazitätsauslastung erzielt werden konnte.

Diesen positiven Wirkungen stehen aber mindestens ebenso viele problematische Aspekte der Abhängigkeit vom Weltmarkt gegenüber[44], die sich in den sechziger und siebziger Jahren stärker bemerkbar machten. Nachdem einmal Vollbeschäftigung und ein gewisses Wohlstandsniveau erreicht waren, führte der chronische Handelsbilanz*überschuß* immer mehr zum Transfer realer Güter an das Ausland, während der Bundesrepublik lediglich Forderungen oder Devisenreserven blieben, die nicht produktiv eingesetzt werden konnten. Dem entspricht eine gesamtwirtschaftliche Wohlstandsminderung, weil die nationale Versorgung zugunsten des Auslandes niedriger ausfiel, als es nötig gewesen wäre. Problematisch ist auch die inflationäre Wirkung von Handelsbilanz- und Devisenüberschüssen (›importierte Inflation‹), die seit den sechziger Jahren zu einem Dauerproblem der westdeutschen Wirtschaftspolitik geworden ist. Der Inflationsdruck, der von der Außenwirtschaft ausging, hatte mehrere Ursachen. Zum einen war die Notenbank im Rahmen ihrer Devisenumtauschpflicht gezwungen, die im Inland umlaufende Geldmenge über das angemessene und von ihr vorgesehene Maß hinaus zu erhöhen. Zum anderen entwickelte der internationale Preiszusammenhang – weil das Preisniveau im Ausland höher lag – ähnliche Wirkungen wie spekulative Kapitalzuflüsse, die auftraten, wenn die D-Mark in Aufwertungsverdacht geriet. Das war im Verhältnis zum Dollar immer wieder der Fall, bevor 1973 flexible Wechselkurse die festen Austauschrelationen ablösten. Schließlich ist auch nicht zu übersehen, daß der chronische Handelsbilanzüberschuß, auch wenn er über Kapitalverkehrsdefizite kurzfristig ausgeglichen wurde, eine tendenziell desintegrierende Wirkung hatte, indem er in den Defizitländern Gegenmaßnahmen auslöste. In den sechziger Jahren wurden deshalb von diesen vielfach Ausgleichszahlungen verlangt und auch durchgesetzt, sowie nach der Aufwertung der DM gerufen, um das Währungsgefälle direkt oder indirekt auszugleichen. Viermal mußte der Wechselkurs der DM unter diesem Druck nach oben korrigiert werden: 1961, 1969, 1971 und 1973. Seit Ende 1972 hat sich der Außenwert der DM erneut gegenüber den Währungen der EG-Mitgliedsländer und gegenüber den 23 wichtigsten Handelspartnern (Anfang 1980) um rund 50%, gegenüber dem amerikanischen Dollar um mehr als 80% erhöht.[45] Allerdings sind alle Aufwertungen der DM bisher ohne die von den Handelspartnern gewünschte überschußdämpfende Wirkung geblieben. Stärker als kurzfristige Korrekturen der Preisrelationen wirkten sich auf mittlere Sicht ›strukturelle‹ Faktoren auf die Wettbewerbsfähigkeit der westdeutschen Außenwirtschaft aus. Dazu zählen kurze und zuverlässige Lieferfristen, hohe Qualitätsnormen, traditionelle Bindungen, aber auch ein niedrigeres Preisniveau und eine günstige Angebotsstruktur vor allem im Investitionsgüterbereich.

Die Kehrseite dieser starken Wettbewerbsposition nach außen heißt Abhängigkeit vom Weltmarkt. Sie hat seit den fünfziger Jahren ständig zugenommen. Industriezweige wie die Eisen- und Stahlherstellung oder der Maschinen- und Fahrzeugbau waren am Ende der siebziger Jahre fast zur Hälfte vom Export abhängig (vgl. Tabelle 26). Selbst die Agrarwirtschaft des Industrielandes Bundesrepublik Deutschland setzte ein Siebtel ihrer Bruttoproduktion direkt oder indirekt im Ausland ab. Lediglich im Bereich von Bergbau und Energie ist der Grad der Abhängigkeit gesunken; eine Entwicklung, die weniger den Rückgang der Bedeutung der Kohle als Energieträger, sondern die spezifische Kostenstruktur im deutschen Bergbau widerspiegelt.

Tabelle 26: Exportabhängigkeit der Bruttoproduktion nach ausgewählten Wirtschaftszweigen 1954-1977 (in v. H.)

	1954	1960	1970	1977
Landwirtschaft	5,5	7,4	12,5	14,8
Bergbau, Energie	28,0	27,3	24,0	22,0
Chemie	27,2	29,5	31,8	35,5
Eisen und Stahl	37,2	40,7	36,1	48,9
Maschinen und Fahrzeugbau	31,4	34,2	36,6	49,1
Elektrotechnik	28,7	31,2	30,5	41,5
Verkehr, Nachrichtenübermittlung	21,0	23,3	28,2	30,3
Insgesamt	16,0	18,4	19,5	23,4

Quelle: DIW, Wochenbericht 39/72, 341, Wochenbericht 42/78, 398.

Auch die gesamtwirtschaftliche Exportquote ist weit über den Stand hinaus gestiegen, der für das Deutsche Reich kennzeichnend war (vgl. oben: Tabelle 23). Zum Teil reflektiert diese Entwicklung lediglich den negativen Zusammenhang zwischen der Größe des Wirtschaftsraumes und der Höhe der Exportquote. Andererseits ist die hohe Weltmarktabhängigkeit Westdeutschlands aber auch ein Resultat seiner besonderen Lage in der Nachkriegszeit. So sehr die Außenhandelsorientierung in den fünfziger Jahren zum wirtschaftlichen Wiederaufstieg beigetragen haben mag, so hinterließ sie der Bundesrepublik doch ein Problem, zumal die Orientierung am Weltmarkt in der Folgezeit eher noch zugenommen hat. Seit den siebziger Jahren entsteht mehr als ein Viertel des Volkseinkommens im Außenhandel und damit unter Bedingungen, auf welche die westdeutsche Wirtschaftspolitik weniger Einfluß nehmen kann als auf den Binnenmarkt. Eine Reduzierung dieser Abhängigkeit erscheint seit der Mitte der siebziger Jahre schwieriger als je zuvor. Wäre bis dahin das beschäftigungspolitische Risiko eines freiwilligen oder erzwungenen Teilrückzugs vom Weltmarkt im Zeichen der Vollbeschäftigung gering gewesen, hat es seitdem wieder zugenommen. War 1960 ›nur‹ jeder siebte Arbeitsplatz exportabhängig, verdankte 1977 schon jeder fünfte Erwerbstätige seinen Arbeitsplatz der Ausfuhr (vgl. Tabelle 27). Die Außenwirtschaft trägt damit – wie Teile des Tertiären Sektors – dazu bei, das Beschäftigungsdefizit zu kompensieren, das seit der Mitte der siebziger Jahre sichtbar geworden ist.

Tabelle 27: Exportabhängigkeit der Arbeitsplätze 1960-1977 (in v. H.)

	1960	1972	1977
Erwerbstätige für die			
Ausfuhr (direkt)	7,7	9,2	11,2
Vorleistungen (indirekt)	7,1	7,8	9,3
Insgesamt	14,8	17,0	20,5

Quelle: DIW, Wochenbericht 42/78, 402.

IV. Zur Ortsbestimmung
der westdeutschen Wirtschaft

Eine Standortbestimmung der westdeutschen Wirtschaft setzt einen weiteren Bezugsrahmen voraus als ihn allein die Wirtschaftsgeschichte der Bundesrepublik bietet. Die westdeutsche Wirtschaft beginnt 1945 nicht bei Null. Ihre Geschichte greift weit vor diesen Zeitpunkt zurück. Zwar ist die Wirtschaft der Bundesrepublik nicht mit den Strukturen des Reiches identisch; sie liefert nicht einmal eine besonders gute Stichprobe seiner Wirtschaftsstruktur. Es ist jedoch offensichtlich, daß kein historischer Bruch – ob er nun militärische, politische oder wirtschaftliche Ursachen hat – radikal genug sein kann, um alle oder auch nur eine Mehrzahl der Traditionen und Entwicklungsmuster zu verändern, die bis dahin angelegt waren.[1] Die Zäsur am Ende des Zweiten Weltkriegs, der Übergang vom Reich zur Bundesrepublik, macht, das ist schon deutlich geworden, da keine Ausnahme. Was immer betrachtet wird, die wirtschaftsgeographische Lage, das Produktions- und Konsumwissen der Menschen, die traditionellen Verhaltensweisen, die natürlichen Ressourcen, der größte Teil des kodifizierten Rechts und der sozialen und wirtschaftlichen Institutionen, die überkommenen politischen, sozialen und wirtschaftlichen Verhältnisse jenseits der Grenzen, selbst die akkumulierten Bestände an Produktionsmitteln und Sozialkapital – immer bleibt mehr erhalten als zerstört wird.

Vor allem aber hat der westdeutsche Teilstaat eines nicht verloren: seine relative Position im säkularen Prozeß der Industrialisierung. Die Bundesrepublik ist auch weiterhin jenem Wachstums- und Wandlungsprozeß unterworfen, der als Industrielle Revolution im England des 18. Jahrhunderts begonnen und Mitte des 19. Jahrhunderts auch Deutschland erfaßt hat. Eine Ortsbestimmung der westdeutschen Wirtschaft muß deshalb neue Phänomene, die sich nach 1945 abzeichnen, in ein Modell kontinuierlicher Entwicklung einordnen, weil Neues nicht notwendig einen Bruch in der Mechanik des Wirtschaftsablaufs herbeiführt. Das ist offenbar, wie die Skizze der Grundlinien der wirtschaftlichen Entwicklung seit den fünfziger Jahren gezeigt hat, in der Bundesrepublik der Fall. So sehr auch der Gang der westdeutschen Nachkriegswirtschaft über ein Vierteljahrhundert von den besonderen Entwicklungsbedingungen der Rekonstruktion geprägt wurde, bestätigen diese doch nur die Fortdauer des historischen Musters der deutschen Industrialisierung. Dieses Muster ist nicht leicht zu identifizieren. In der deutschen Wirtschaftsgeschichte des 20. Jahrhunderts wird es über fünfzig Jahre hinweg, seit dem Ersten Weltkrieg, entweder durch schwere Störungen deformiert oder von Rekonstruktionsperioden überlagert. Ein Blick auf vergleichbare Industrienationen, deren Wirtschaftsgeschichte weniger bewegt verlief, aber auch auf die deutschen Erfahrungen vor dem Ersten Weltkrieg zeigt jedoch, daß es gleichwohl existiert.

Allerdings liefert es nur das Grundmuster der Entwicklung. So wenig die Sonderbedingungen der Rekonstruktion *alle* Besonderheiten der westdeutschen Wirtschaftsgeschichte in der Nachkriegszeit erklären können, schlägt auch der säkulare Trend nur das Leitmotiv der auf sie folgenden Entwicklung an. Vielfache Variationen sind möglich, wie gerade die deutsche Wirtschaftsgeschichte des 20. Jahrhunderts eindrucksvoll belegt. Ein Prognosemodell müßte das berücksichtigen. Zur Identifizierung der *gegenwärtigen* Position der westdeutschen Wirtschaft kann jedoch das Wissen über die historischen Langzeitbewegungen beitragen, nachdem sich gerade in jüngster Zeit viele jener Trends zu verändern scheinen, die vor dem Hintergrund der westdeutschen Nachkriegsgeschichte bis in die siebziger Jahre hinein als berechenbar galten. Nicht zuletzt trifft das auch für das Wirtschaftswachstum, die Formen der Konjunkturbewegung und den wirtschaftlichen Strukturwandel zu.

Während die Wachstumsraten des laufenden Zyklus aus der Perspektive des Jahres 1947 und der Folgezeit Anlaß zum Pessimismus geben und ›Wachstumsschwäche‹ zu signalisieren scheinen, fügen sich dieselben Zahlen fast nahtlos in den säkularen Trend. Die Wirtschaft der Bundesrepublik wächst auch in den siebziger und frühen achtziger Jahren keineswegs langsamer als in der Hochzeit der Industrialisierung vor dem Ersten Weltkrieg oder als es dem langfristigen Ergebnis vergleichbarer Industriestaaten entspricht. Daraus folgt, daß nicht eine sog. ›Wachstumsschwäche‹ die Ursache der gegenwärtigen Wirtschaftsprobleme ist. Jene Kalkulationen, die durchschnittliche Wachstumsraten von 5 oder 6% zur Voraussetzung der Lösung des Arbeitslosenproblems der frühen achtziger Jahre erheben, sind angesichts dieses Befundes mehr als unrealistisch. Wirtschaftsprobleme, die sich bei einem Wachstum von 2 oder 3% nicht lösen lassen – obwohl das eine Rate bedeutet, die in weniger als 24 Jahren zur Verdoppelung des realen Sozialprodukts führt und einem Menschen bei durchschnittlicher Lebenserwartung die Vervierfachung seines Einkommens ermöglicht –, müssen andere Ursachen haben. Es wäre deshalb nicht besonders aussichtsreich, den wirtschaftspolitischen Hebel zur Lösung des Beschäftigungsproblems gerade an dieser Stelle anzusetzen.

Zu einer optimistischeren Beurteilung führt auch die Einordnung der Konjunkturschwankungen in das langlebige Muster der Bewegung seit der Industriellen Revolution. Es fehlt bisher jeder Hinweis, daß die Stabilität dieses Bewegungsmusters nachgelassen hätte. Weder ist der Zyklus während der Rekonstruktionsperiode schwächer gewesen, noch hat er seitdem die auch in der Zeit vor dem Ersten Weltkrieg vorherrschende Bewegungsform des ›Wachstumszyklus‹ verlassen. Auch dieser Indikator weist weit eher auf eine langfristige Konstanz des Entwicklungsmusters als auf dramatische Veränderungen zum Schlechten hin. Das gegenwärtige Hauptproblem westdeutscher Wirtschaftspolitik, die Arbeitslosigkeit, ist jedenfalls nur zum geringeren Teil mit Konjunkturschwankungen zu erklären. Auch eine zunehmende Gesamtnachfrage und steigende Produktionsziffern werden daher das Problem der Massenarbeitslosigkeit nur geringfügig entschärfen.

Andrerseits haben sich früher bewährte Instrumente der Konjunkturpolitik soweit abgenutzt, daß sie viel von ihrer Wirkung verloren haben. Das erhöht das Risiko der Destabilisierung des zyklischen Musters für die Zukunft, wie es schon einmal in der Zwischenkriegszeit geschehen ist – zumal von der Flanke der Außenwirtschaft her zusätzliche Risiken drohen. Das Elend der Konjunkturpolitik hat viele Gründe. Zum einen ist der fiskalpolitische Spielraum der öffentlichen Haushalte verlorengegangen, weil die Verschuldung zwar im Abschwung, jedoch nicht im Aufschwung konsolidiert worden ist, wie es das Konzept antizyklischer Haushaltsgestaltung eigentlich vorsieht. Hierin ein Versagen der Parlamente zu sehen, das künftig korrigiert werden könne, hieße, von ihnen vermutlich mehr zu verlangen, als sie im Rahmen der Spielregeln demokratischer Willensbildung leisten können. Vielmehr liegt hier ein Problem der Praxis der Globalsteuerung, dem das Konzept selber Rechnung tragen müßte. Zum anderen aber haben sich die Wirtschaftssubjekte, deren Tun und Lassen durch Konjunkturpolitik beeinflußt werden soll, weitgehend auf die Folgen staatlicher Maßnahmen eingestellt, sie antizipiert und ihre nachfragestimulierende Wirkung dadurch wenigstens teilweise wieder aufgehoben. Das Konzept berücksichtigt diese ›rationalen Erwartungen‹ der Wirtschaft zu wenig, wie es auch die außenwirtschaftliche Flanke zu sehr vernachlässigt.

Es ist angesichts dieser bei weitem nicht vollständigen Bilanz der Schwächen des gegenwärtigen konjunkturpolitischen Instrumentariums leicht zu erklären, warum nicht nur in der öffentlichen Meinung, sondern auch unter den Wirtschaftswissenschaftlern erneut der Glaube an die ›Selbststeuerungskräfte‹ der Wirtschaft an Attraktivität gewinnt, wobei nicht selten an die Nachkriegszeit erinnert wird.[2] Die Überlegung ist nicht einfach von der Hand zu weisen, daß nicht der private Sektor allein, sondern die Stabilität anstrebende, aber Instabilität hervorbringende Konjunkturpolitik des Staates ebenfalls für die Konjunkturschwankungen in der Nachkriegszeit verantwortlich gewesen ist. Man müßte jedoch weit in die Wirtschaftsgeschichte zurückgehen, um Beispiele für eine funktionierende Selbststeuerung des Marktes zu finden. In den vergangenen hundert Jahren hat der Markt diese Funktion jedenfalls immer weniger allein erfüllen können und sie deshalb abgeben müssen, sei es an Kartelle und andere privatwirtschaftliche Organisationen, sei es an staatliche Instanzen und Institutionen. Es ist noch immer umstritten, ob es Fehler der staatlichen und geldpolitischen Steuerung oder zu große Abstinenz ihr gegenüber waren, die für die Weltwirtschaftskrise der frühen dreißiger Jahre verantwortlich zu machen sind.[3] Es wäre jedoch verfehlt, die ökonomischen Erfolge der fünfziger Jahre als das Ergebnis konsequenter Ordnungspolitik zu sehen: Weder war diese Politik konsequent noch gehört Wirtschaftspolitik zu den entscheidenden Determinanten des westdeutschen ›Wirtschaftswunders‹. Wo immer die Alternative zum Keynesianismus zu suchen ist, in der Wirtschaftsgeschichte der fünfziger Jahre findet sie sich nicht.

Eine Reform der Globalsteuerung ist jedoch am Anfang der achtziger Jahre gleichwohl geboten. Sie muß am Hauptproblem gegenwärtiger Wirtschaftspolitik orientiert sein, das ist die Arbeitslosigkeit. Eine der Schwierigkeiten keynesianischer

Konjunkturpolitik besteht darin, den Strom zusätzlicher Investitionsausgaben in die Richtung zu lenken, die dauerhafte Beschäftigungswirkungen verspricht und gleichzeitig zur gesamtwirtschaftlichen Produktivität und zur Befriedigung bisher offener menschlicher Bedürfnisse beiträgt. Ein solches Konzept ›zukunftsorientierter‹ Investitionen muß sich am voraussehbaren Strukturwandel der Wirtschaft ausrichten, indem es Anlagen im Tertiären Sektor bevorzugt, deren Produkte stark nachgefragt, deren Eigenproduktivität (unbeschadet ihres Beitrages zur gesamtwirtschaftlichen Produktivität) gering, deren Beschäftigungswirkung deshalb aber groß ist.

Einwände gegen dieses Konzept, die seiner Anwendung bisher im Weg stehen, richten sich schon gegen die Voraussetzung, indem sie für die Bundesrepublik den empirischen Befund des Übergangs zur Dienstleistungsgesellschaft bestreiten.[4] Die weiter fortgeschrittene Entwicklung zur tertiären Produktion in den Vereinigten Staaten oder in Schweden wird als Sonderfall dargestellt, auf die in jüngster Zeit feststellbare Verlangsamung des Rückgangs des industriellen Anteils am Sozialprodukt und an der Beschäftigung wird ebenso hingewiesen wie auf die Exportstärke der wesentlich industriell strukturierten Außenwirtschaft. Darüber hinaus sei auch der Tertiäre Sektor stark produktionsorientiert und die Einkommenselastizität keineswegs für alle Dienstleistungen gleich hoch. Schließlich könne der Tertiäre Sektor Wachstum weder auslösen noch aufrechterhalten, zumal verstärkte Konsolidierungsbemühungen bei den Staatsfinanzen ein retardierendes Moment auf dem Weg zur Dienstleistungsgesellschaft darstellten.

In langfristiger Betrachtung verlieren, das ist schon deutlich geworden, die meisten dieser Einwände an Überzeugungskraft. Die Stärke des Industriesektors in der Bundesrepublik ist nicht das Ergebnis einer wirtschaftlichen Entwicklungslogik, sondern vielmehr das Resultat der besonderen Lage der westdeutschen Wirtschaft, vor allem auch der Außenwirtschaft, in der Nachkriegszeit. Durch die industriefördernde Rezessionsbekämpfung nach 1967, die in jüngster Zeit sogar zu Einschränkungen ›klassischer‹ tertiärer Investitionen im öffentlichen Bereich zugunsten von industrieorientierten Ausgabenprogrammen geführt hat, ist dieser Effekt noch verstärkt worden.

Die Einwände unterstreichen jedoch die Schwere des Problems, das im Verlauf des Strukturwandels zutage tritt. Ohne die Schubkraft außerordentlich hoher Wachstumsraten treten seine Belastungen stärker in den Vordergrund, die sich aus der Forderung des Marktes nach Anpassungsmobilität und aus der Verlängerung der Produktionsumwege ergeben. Anders als im Übergang vom ›Agrarstaat‹ zum ›Industriestaat‹ kann der Markt allein diese Anpassung nicht leisten. Schon jetzt steht ein erheblicher Teil des Tertiären Sektors unter der Regie des Staates oder von öffentlichen Selbstverwaltungskörperschaften, und es ist gerade dieser Teil, der am stärksten expandiert. Damit wächst dem Staat noch mehr Verantwortung für die wirtschaftliche Entwicklung zu, als er sie ohnehin schon hat. Er wird diese Aufgabe nicht ohne tiefgreifende Reform seiner Organisation und seiner Finanzen übernehmen können.

Verzeichnis der Tabellen

Verzeichnis der Abbildungen

Anmerkungen

Zu Kapitel II

1 J. H. Backer, Die Entscheidung zur Teilung Deutschlands. Amerikas Deutschlandpolitik 1943-1948, München 1981, 26-32.

2 Vgl. ebd., 26 f.

3 H. Morgenthau, Germany is Our Problem, New York 1945.

4 Abgedr. bei G. Stolper, Die deutsche Wirklichkeit, Hamburg 1949, 318.

5 J. Gimbel, Amerikanische Besatzungspolitik in Deutschland 1945-1949, Frankfurt 1971, 24.

6 Detmolder Memorandum vom 17. November 1945, in: H. Möller Hg., Zur Vorgeschichte der Deutschen Mark. Die Währungsreformpläne 1945-1948, Tübingen 1961, 117.

7 Reise durch den Westen Deutschlands, in: U. Borsdorf u. L. Niethammer Hg., Zwischen Befreiung u. Besatzung, Wuppertal 1976, 48.

8 IARA, Rapport 1949, Brüssel 1950, 13.

9 Ebd., 23.

10 Ebd., 13.

11 G. W. Harmssen, Am Abend der Demontage, Sechs Jahre Reparationspolitik, Bremen 1951, 13.

11a W. Abelshauser, Wirtschaft in Westdeutschland 1945-1948. Rekonstruktion und Wachstumsbedingungen in der amerikanischen u. britischen Zone, Stuttgart 1975, 123 f.

12 Ebd., 27.

13 W. Abelshauser, Zur Entstehung der »Magnet-Theorie« in der Deutschlandpolitik. Ein Bericht von H. Schlange-Schöningen über einen Staatsbesuch in Thüringen im Mai 1946, in: VfZ 4. 1979, 661-679.

14 Ders., Wirtschaft, 136.

15 J. Gimbel, The Origins of the Marshall Plan, Stanford 1976, 161 f.

16 OMGUS, Monthly Report, 1, 6.

17 M. Manz, Stagnation u. Aufschwung in der französischen Zone 1945-1948, Diss. Mannheim 1968, 114.

18 Vgl. W. Abelshauser, Wirtschaft u. Besatzungspolitik in der französischen Zone 1945-1949, in: C. Scharf u. H.-J. Schröder Hg., Die Deutschlandpolitik Frankreichs u. die französische Zone 1945-1949, Wiesbaden 1983.

19 BICO, FAG, An Direktor VELF, BA Z 6I/188.

20 Vgl. Stenographischer Bericht über die 5. Vollsitzung des Landtages des Landes Nordrhein-Westfalen vom 4.-6. 3. 1947 und die 8.-11. Sitzung (1. Sitzungsperiode) vom 31. 7.-2. 8. 1947.

20a In: Möller, 119.

21 Zonenbeiratsgutachten vom August/September 1946, in: Möller, 321.

22 Vgl. ebd., 492-96.

23 E. Wandel, Die Entstehung der Bank deutscher Länder u. die Währungsreform von 1948, Frankfurt 1980, 130.

24 H. Röper, Geschichte der DM, Frankfurt 1968, 20.

25 18. VV des WR am 17. 6. 1948, 629.

26 Statistisches Handbuch der Bank deutscher Länder 1948-1954, 4-7.

27 BA Z 32/10, Fol 83.

28 An den Vorsitzenden des Verwaltungsrates des VWG, Frankfurt, 27. 1. 1949, BA, B, 146/189.

29 Bundesminister für den Marshallplan Hg., Wiederaufbau im Zeichen des Marshall-Planes, Bonn 1953, 24.

30 G. Keiser, Koreferat über »Das Long-Term-Programm u. die amerikanische Politik« auf der 3. Mitgliederversammlung der Arbeitsgemeinschaft deutscher wirtschaftswissenschaftlicher Forschungsinstitute am 1./2. September 1949 in München, Manuskript, Wirtschaftsarchiv des Instituts für Weltwirtschaft, Kiel.

31 M. Pohl, Wiederaufbau. Kunst u. Technik der Finanzierung 1947-1953, Frankfurt 1973, 37.

32 H. Adamsen, Investitionshilfe für die Ruhr, Wuppertal 1981, 51 f.

33 Protokoll der Sitzung des Wirtschaftspolitischen Ausschusses der SPD am 9. 11. 1951, Archiv des DGB-Vorstandes.

34 Gimbel, Origins, 161-64.

35 Antrag vom 18. Januar 1950, Deutscher Bundestag (BT), 1. Wahlperiode, Anlagen zu den Stenographischen Berichten, Drucksache Nr. 406.

36 BT-36. Sitzung vom 9. 2. 1950, Sten. Berichte I/2, 1148.

37 W. Abelshauser, Wiederaufbau vor dem Marshallplan, in: VfZ 29. 1981, 545-78.

38 Statistisches Jahrbuch für die Bundesrepublik Deutschland 1952, 209.

39 »Abkommen betreffend die Überwachung der Industrien« vom 2. 8. 1951, Artikel VI, abgedr. bei Harmssen, 190 f.

40 Presseerklärung vom 29. Juni 1951, abgedr. in: VfZ 30. 1982, 755.

41 G. Ambrosius, Die Durchsetzung der Sozialen Marktwirtschaft in Westdeutschland 1945-1949, Stuttgart 1977, 195-213.

42 A. Müller-Armack, Genealogie der Sozialen Marktwirtschaft, Bern 1982².

43 Protokoll der Gutachtertagung über Grundfragen der Wirtschaftsplanung u. Wirtschaftslenkung am 21. u. 22. 6. 1946 in Hamburg, abgedr. bei W. Abelshauser, Freiheitlicher Sozialismus oder Soziale Marktwirtschaft?, in: VfZ 24. 1976, 415-49.

44 V. Agartz, Sozialistische Wirtschaftspolitik, Karlsruhe o. J., 8 f.

45 H. Wallich, Triebkräfte des deutschen Wiederaufstiegs, Frankfurt 1955, 70.

46 L. Erhard, Wohlstand für alle, Düsseldorf 1957, 29.

47 BT – 36. Sitzung vom 9. 2. 1950, Stenographische Berichte I/2, 1156.

48 Abg. Dr. Lehr, 38. Sitzung des BT vom 15. 2. 1950, Stenographische Berichte I/2, 1162.

49 Abgedr. in: VfZ 30. 1982, 734-38.

50 Ebd., 753.

51 Adenauer an den geschäftsführenden Vorsitzenden der AHK, Sir Ivone Kirkpatrick, 13. Januar 1951, BA B 146/201.

52 BDI-Geschäftsbericht, 1. April 1950-31. Mai 1951, Köln 1951, 21.

53 Ebd., 22 f.

54 BDI-Memorandum zur Wirtschaftslage der Bundesrepublik Deutschland, Köln, 28. März 1951, 11.

55 »Die Welt«, 31. 12. 1949; vgl. dazu auch: Minister Erhard antwortet Herrn Otto A. Friedrich, Hamburg-Harburg, u. mit ihm der deutschen Wirtschaft, »Die Welt« vom 4. 1. 1950, abgedr. in: L. Erhard, Deutsche Wirtschaftspolitik, Düsseldorf 1962, 121.

56 Im Bereich der Wirtschaftspolitik waren dies neben Friedrich vor allem noch M. Sogemeier (DKBL) für die Kohlebewirtschaftung und der frühere Finanzminister von Württemberg-Baden, E. Kaufmann, als Devisenkommissar.

57 Diskussion im wirtschaftspolitischen Ausschuß der SPD am 9. November 1951, Protokoll im Archiv des DGB-Bundesvorstandes, 39.

58 Gutachten zur Tagung des wissenschaftlichen Beirats beim BWM am 28./29. 4. 1951 über die Investitionshilfe (Abschrift), BA B 102/12581/1.

59 Siehe dazu W. Abelshauser, Korea, die Ruhr u. Erhards Marktwirtschaft: Die Energiekrise von 1950/51, in: RhVjBll 45. 1981, 287-316.

60 Minister Erhard antwortet, 121.

61 Die deutsche Wirtschaftspolitik im Blickfeld europäischer Politik. Rede vor dem schweizerischen Institut für Auslandsforschung am 6. Februar 1952 in Zürich, in: Erhard, Wirtschaftspolitik, 181.

62 Siehe dazu W. Abelshauser, Von der Kohlenkrise zur Gründung der Ruhrkohle AG, in: H. Mommsen u. U. Borsdorf Hg., Glück auf, Kameraden! Die Bergarbeiter u. ihre Organisationen in Deutschland, Köln 1979, 415-43.

63 Erlaß vom 6. 2. 1948, BA Z 8/1800; Gesetz vom 4. 3. 1949, GVBl der Verwaltung des Vereinigten Wirtschaftsgebietes 15. 1949, 73 f.

64 Vgl. dazu A. Shonfield, Geplanter Kapitalismus, Köln 1968, 351 f.

1 A. Schumpeter, Konjunkturzyklen (1939), II, Göttingen 1961.

2 L. Dupriez, 1945 bis 1971 als Aufschwungsphase eines Kondratieff-Zyklus?, in: Ifo-Studien 18. 1972, 503 ff.

3 Vgl. dazu mehrere Beiträge in: D. Petzina u. G. van Roon Hg., Konjunktur, Krise, Gesellschaft, Stuttgart 1981.

4 So in der Studie von H. H. Glismann u. a., Zur Natur der Wachstumsschwäche in der Bundesrepublik Deutschland, Kieler Diskussionsbeiträge 55, Kiel 1978, 11.

5 Vgl. dazu W. Abelshauser u. D. Petzina, Krise u. Rekonstruktion, in: dies. Hg., Deutsche Wirtschaftsgeschichte im Industriezeitalter, Königstein 1981, 47-93.

6 F. Jánossy u. M. Holló, Das Ende der Wirtschaftswunder, Erscheinung u. Wesen der wirtschaftlichen Entwicklung, Frankfurt 1969.

6a Abelshauser u. Petzina, 56-72.

7 SVR, 1964, Ziffer 93.

8 Vgl. W. Krug, Quantitative Beziehungen zwischen materiellem u. immateriellem Kapital, in: JNSt 180. 1967, 59.

9 Im Durchschnitt der Jahre 1953 bis 1959; WiSta 1961 (Text), Abwanderung aus der Sowjetischen Besatzungszone nach dem Bundesgebiet seit 1950, 522.

10 Schätzung auf der Basis von Angaben bei F. Baade, Gesamtdeutschland u. die Integration Europas, in: Arbeitsgemeinschaft für Forschung des Landes Nordrhein-Westfalen, Heft 17, Köln 1957, 18; sowie in »Neues Deutschland« vom 28. 11. 1961 u. »Prawda« vom 30. 12. 1961.

11 Stat.Jb. für die Bundesrepublik Deutschland 1964, 74.

12 UN, ECE, Economic Survey of Europe in 1961, Teil 2, Genf 1964, V, 16.

13 Regierungserklärung vom 10. November 1965, in: K. v. Beyme Hg., Die großen Regierungserklärungen der deutschen Bundeskanzler von Adenauer bis Schmidt, München 1979, 199 f.

14 Bildungsbericht '70, Bonn 1970, 98 f.

15 Regierungserklärung, 199 f.

16 Vgl. K. Borchardt, Wandlungen des Konjunkturphänomens in den letzten hundert Jahren, in: Abelshauser u. Petzina Hg., Wirtschaftsgeschichte, 11-46.

17 The General Theory of Employment, Interest, and Money, London 1936, 378.

18 Vgl. Erinnerungen 1945-1953, Stuttgart 1965, 224-29.

19 SVR, 1973, 4.

20 SVR, 1976, 54.

21 J. Fourastié, Die große Hoffnung des 20. Jahrhunderts, Köln 1954.

22 Vgl. dazu K. D. Barkin, The Controversy over German Industrialization, 1890-1902, Chicago 1970.

23 Vgl. dazu u. a. G. Hildebrand, Die Erschütterung der Industrieherrschaft und des Industriesozialismus, Jena 1910.

24 Vgl. dazu W. Abelshauser u. A. Faust, Wirtschafts- u. Sozialpolitik: Eine nationalsozialistische Revolution? (= Nationalsozialismus im Unterricht, Teil 4), Weinheim 1983.

25 Zonenbeiratsgutachten vom August/September 1946, in: Möller, 321.

26 Vorwort zu H. Willgerodt u. a., Vermögen für alle, Düsseldorf 1971, 10.

27 Institut für Sozialforschung u. Sozialwirtschaft e. V., Saarbrücken 1970, zitiert nach: Entwurf des Berichts der Bundesregierung über die Vermögensbildung, Reihe »Dokumentation« des gesellschaftspolitischen Informationsdienstes, Bonn 1971, Anhang 1, »Meinungsumfragen«.

28 H. Mierheim u. L. Wicke, Die personelle Vermögensverteilung in der Bundesrepublik Deutschland, Tübingen 1978, 272.

29 Vgl. W. Krelle u. a., Überbetriebliche Ertragsbeteiligung der Arbeitnehmer. Mit einer Untersuchung der Vermögensstruktur der Bundesrepublik Deutschland, II, Tübingen 1968; J. Siebke, Die Vermögensbildung der privaten Haushalte in der Bundesrepublik Deutschland (Manuskript), Bonn, Mai 1971.

30 Mierheim u. Wicke, 262 f.

31 J. Bretschneider u. a., Handbuch einkommens-, vermögens- u. sozialpolitischer Daten, Köln 1982.

32 Mierheim u. Wicke, 264 f.

33 M. R. Lepsius, Soziale Ungleichheit u. Klassenstrukturen in der Bundesrepublik Deutschland, in: H.-U. Wehler Hg., Klassen in der europäischen Sozialgeschichte, Göttingen 1979, 170 f.

34 Vgl. dazu W. W. Kretzschmar, Auslandshilfe als Mittel der Außenwirtschafts- und Außenpolitik, München 1964, 158-84.

35 VfW, Konstruktionsmängel des Marshallplans, BA B 146/171.

36 Ebd.

37 Vgl. F. Jerchow, Außenhandel im Widerstreit. Die Bundesregierung auf dem Weg in das GATT 1949-1951, in: H. A. Winkler Hg., Politische Weichenstellungen im Nachkriegsdeutschland 1945-1953, Göttingen 1979, 256.

38 L. Erhard Hg., Deutschlands Rückkehr zum Weltmarkt, Düsseldorf 1953, 210.

39 Vgl. dazu Deutsche Bundesbank Hg., Deutsches Geld- u. Bankwesen in Zahlen 1876-1975, Frankfurt 1976, 336-41.

40 Vgl. dazu H. J. Abs, Das Londoner Schuldenabkommen, in: ders., Zeitfragen der Geld- u. Wirtschaftspolitik, Frankfurt 1959, 11-42.

41 Vgl. dazu Deutsche Bundesbank, 342, sowie BMF, Referat für Wiedergutmachung.
42 Vgl. dazu Deutsche Bundesbank, 336-41.
43 DIW, Wochenbericht 46/76, 403.
44 Vgl. dazu W. Glastetter, Die Stellung der Bundesrepublik Deutschland in der Weltwirtschaft, Köln 1973, 14-17.
45 Monatsberichte der Deutschen Bundesbank 1. 1983, 81.

Zu Kapitel IV

1 Vgl. dazu die Überlegungen von K. Borchardt, Die Bundesrepublik in
  den säkularen Trends der wirtschaftlichen Entwicklung, in: ders.,
  Wachstum, 125-50.
2 Vgl. dazu H. Müller-Vogg, Die Vorliebe für Keynes sinkt, in: FAZ,
  3. 2. 1983.
3 Vgl. dazu M. Friedman u. A. J. Schwartz, A Monetary History of the
  United States 1867-1960, Princeton 1963.
4 Vgl. dazu K. H. Oppenländer, Sind wir auf dem Weg in die Dienstleistungsgesellschaft?, in: Ifo-Studien 27. 1981, 263-75.

V. Auswahlbibliographie

Die folgenden Literaturangaben folgen im wesentlichen der Gliederung dieses Buches. Sie sollen dem interessierten Leser Hinweise für weitere Lektüre geben, erheben aber nicht den Anspruch einer vollständigen Bibliographie zur Wirtschaftsgeschichte der Bundesrepublik Deutschland.

1. Übergreifende Darstellungen / Statistische Quellen

Abelshauser, W. u. Petzina, D. Hg., Deutsche Wirtschaftsgeschichte im Industriezeitalter. Konjunktur, Krise, Wachstum, Königstein 1981 (Aufsatzsammlung mit Beiträgen von K. Borchardt zur Wandlung des Konjunkturphänomens, W. Abelshauser u. D. Petzina zur Interpretation der gesamtwirtschaftlichen Entwicklung im 20. Jahrhundert und H. Nussbaum zum Staatsmonopolistischen Kapitalismus der Bundesrepublik)

v. Alemann, U. Hg., Neokorporatismus, Frankfurt 1981 (Sammlung von Beiträgen zur neueren Diskussion um das Muster der deutschen Interessenpolitik)

Altvater, E. u. a., Vom Wirtschaftswunder zur Wirtschaftskrise. Ökonomie u. Politik in der Bundesrepublik, Berlin 1979 (Wirtschaftsgeschichte der Bundesrepublik Deutschland vom marxistischen Standpunkt)

Aubin, H. u. Zorn, W. Hg., Handbuch der deutschen Wirtschafts- und Sozialgeschichte, II, Stuttgart 1976

v. Beyme, K. Hg., Die großen Regierungserklärungen der deutschen Bundeskanzler von Adenauer bis Schmidt, München 1979

Bolte, K.-M., Deutsche Gesellschaft im Wandel, Opladen 1967[2]

Borchardt, K., Wachstum, Krisen, Handlungsspielräume der Wirtschaftspolitik, Göttingen 1982 (Aufsatzsammlung mit wichtigen Beiträgen zur Geschichte von Konjunktur und Wachstum)

Dahrendorf, R., Gesellschaft u. Demokratie in Deutschland, München 1968

Deutsche Bundesbank Hg., Deutsches Geld- u. Bankwesen in Zahlen 1876-1975, Frankfurt 1976

dies., Währung u. Wirtschaft in Deutschland 1876-1975, Frankfurt 1976

Grosser, A., Geschichte Deutschlands seit 1945. Eine Bilanz, München 1976[2]

Hardach, K., Wirtschaftsgeschichte Deutschlands im 20. Jahrhundert, Göttingen 1976 (enthält einen knappen, systematisch gegliederten Grundriß der wirtschaftlichen Entwicklung der Bundesrepublik)

Henning, F.-W., Das industrialisierte Deutschland 1914-1972, Paderborn 1972 u. ö.

Hoffmann, W. G. u. a., Das Wachstum der deutschen Wirtschaft seit Mitte des 19. Jahrhunderts, Berlin 1965
(Sammlung von langen Reihen zur wirtschaftlichen Entwicklung bis 1959)

Kaltefleiter, W., Wirtschaft u. Politik in Deutschland, Köln 1968

Neelsen, K., Wirtschaftsgeschichte der BRD. Ein Grundriß, Berlin/DDR 1971

Statistisches Bundesamt Hg., Bevölkerung u. Wirtschaft 1872-1972, Wiesbaden 1972

dass., Lange Reihen zur Wirtschaftsentwicklung, Wiesbaden 1974, fortlaufend

dass., Statistische Jahrbücher für die Bundesrepublik Deutschland, Wiesbaden 1950, fortlaufend

Stolper, G. u. a., Deutsche Wirtschaft seit 1870, Tübingen 1966[2]
(der Abschnitt von Häuser zur ›Vorwährungszeit‹ entspricht nicht mehr dem Stand der Forschung)

Winkel, H., Die Wirtschaft im geteilten Deutschland 1945-1970, Wiesbaden 1974
(informatives Arbeitsbuch zur wirtschaftlichen Entwicklung der Bundesrepublik und der DDR)

2. Wirtschaftliche Weichenstellungen in Westdeutschland

Abelshauser, W., Wirtschaft in Westdeutschland 1945-1948. Rekonstruktion u. Wachstumsbedingungen in der amerikanischen u. britischen Zone, Stuttgart 1975

ders., Korea, die Ruhr u. Erhards Marktwirtschaft: Die Energiekrise von 1950/51, in: RhVjBll 45. 1981, 287-316

ders., Wiederaufbau vor dem Marshallplan. Westeuropas Wachstumschancen u. die Wirtschaftsordnungspolitik in der zweiten Hälfte der vierziger Jahre, in: VfZ 29. 1981, 545-78

Abs, H. J., Zeitfragen der Geld- u. Wirtschaftspolitik, Frankfurt 1959 (mit Beiträgen zum Londoner Schuldenabkommen von 1953)

Adamsen, H. R., Investitionshilfe für die Ruhr. Wiederaufbau, Verbände u. Soziale Marktwirtschaft 1948-1952, Wuppertal 1981 (quellenorientierte Studie zur Praxis der Sozialen Marktwirtschaft)

Ambrosius, G., Die Durchsetzung der Sozialen Marktwirtschaft in Westdeutschland 1945-1949, Stuttgart 1977 (erste quellenkritische Darstellung zum Thema)

Backer, J. H., Die Entscheidung zur Teilung Deutschlands. Amerikas Deutschlandpolitik 1943-1948, München 1981

Balabkins, N., Germany under Direct Controls, New Brunswick 1964

Becker, J. u. a. Hg., Vorgeschichte der Bundesrepublik Deutschland, München 1979 (Aufsatzsammlung, im wesentlichen zur politischen Geschichte)

Borsdorf, U. u. Niethammer, L. Hg., Zwischen Befreiung u. Besatzung, Wuppertal 1976

Bundesminister für den Marshallplan Hg., Wiederaufbau im Zeichen des Marshallplans 1948-1952, Bonn 1953

Bundesminister für Wohnungsbau Hg., Der Wohnungsbau in der Bundesrepublik Deutschland. Zwischenbilanz u. Vorschau, Bonn 1951

v. Buttlar, W., Sowjetische Deutschlandpolitik 1945-1947, München 1981

Clay, L. D., Entscheidung in Deutschland, Frankfurt 1951 (Erinnerungen des US-Militärgouverneurs)

Deutsches Institut für Wirtschaftsforschung Hg., Die deutsche Wirtschaft zwei Jahre nach dem Zusammenbruch, Berlin 1947 (materialreiche zeitgenössische Studie)

dass., Wirtschaftsprobleme der Besatzungszonen, Berlin 1948 (zeitgenössische Bilanz des Zustands der deutschen Wirtschaft nach dem Krieg)

Federau, F., Der Interzonenhandel Deutschlands von 1946 bis Mitte 1955, in: Vierteljahrshefte zur Wirtschaftsforschung 1955

Gimbel, J., Amerikanische Besatzungspolitik in Deutschland 1945-1949, Frankfurt 1971 (erste quellenkritische Arbeit auf der Grundlage amerikanischen Archivmaterials)

ders., The Origins of the Marshall Plan, Stanford 1976 (erste quellenkritische Arbeit auf der Grundlage amerikanischen Archivmaterials)

Harmssen, G., Reparationen, Sozialprodukt, Lebensstandard. Versuch einer Wirtschaftsbilanz, Heft 1 bis 4, Anlagen, Bremen 1947/48 (Standpunkt des deutschen Reparationsbeauftragten)

ders., Am Abend der Demontage. Sechs Jahre Reparationspolitik, Bremen 1951

Henning, F. W., Wege und Wirkungen des Marshallplans, in: Scripta Ercaturae, 15. Jg. 1981, H. 2, 91-112

Herbst, L., Krisenüberwindung u. Wirtschaftsneuordnung. L. Erhards Beteiligung an den Nachkriegsplanungen am Ende des Zweiten Weltkrieges, in: VfZ 25.1977, 305-40

Heusgen, C., L. Erhards Lehre von der Sozialen Marktwirtschaft. Ursprünge, Kerngehalt, Wandlungen, Bern 1981

Hockerts, H. G., Sozialpolitische Entscheidungen im Nachkriegsdeutschland. Alliierte u. deutsche Sozialversicherungspolitik 1945 bis 1957, Stuttgart 1980 (erste quellenkritische Arbeit zum Thema)

Huster, E.-U. u. a., Determinanten der westdeutschen Restauration 1945-1949, Frankfurt 1972 (mit einem nützlichen Quellenanhang)

Jerchow, F., Deutschland in der Weltwirtschaft 1944-1947. Alliierte

Deutschland- u. Reparationspolitik u. die Anfänge der westdeutschen Außenwirtschaft, Düsseldorf 1978 (gründliche Quellenarbeit zum Thema)

Länderrat des amerikanischen Besatzungsgebietes Hg., Statistisches Handbuch von Deutschland 1928-1944, München 1949

Manz, M., Stagnation u. Aufschwung in der französischen Zone 1945-1948, Diss. Mannheim 1968 (Standardwerk zur Wirtschaftsgeschichte der Französischen Zone)

Mayer, H. C., German Recovery and the Marshall-Plan 1948-1952, Bonn 1969

Möller, H. Hg., Zur Vorgeschichte der Deutschen Mark. Die Währungsreformpläne 1945-1948, Tübingen 1961

Morgenthau, H., Germany is Our Problem, New York 1945

Müller, G., Die Grundlegung der westdeutschen Wirtschaftsordnung im Frankfurter Wirtschaftsrat 1947-1949, Frankfurt 1982

Ott, E., Die Wirtschaftskonzeption der SPD nach 1945, Marburg 1978

Piéttre, A., L'Economie Allemande Contemporaine (Allemagne Occidentale) 1945-1952, Paris 1952

Pohl, M., Wiederaufbau. Kunst u. Technik der Finanzierung 1947-1953, Frankfurt 1973 (beschreibt die Rolle der Kreditanstalt für Wiederaufbau)

Pünder, T., Das bizonale Interregnum. Die Geschichte des Vereinigten Wirtschaftsgebiets 1946-1949, Köln 1966

Richter, R., Currency and Economic Reform. West Germany after World War II, in: ZfGS 135, Tübingen 1979

Röper, R., Geschichte der DM, Frankfurt 1968

Scharf, C. u. Schröder, H.-J. Hg., Politische u. ökonomische Stabilisierung Westdeutschlands 1945-1949, Wiesbaden 1978 (Aufsatzsammlung u. a. mit Beiträgen von M. Knapp zum Marshallplan und G. Kiersch zur französischen Deutschlandpolitik)

dies. Hg., Die Deutschlandpolitik Großbritanniens u. die Britische Zone 1945-1949, Wiesbaden 1979 (Sammelband)

dies. Hg., Die Deutschlandpolitik Frankreichs u. die Französische Zone 1945-1949, Wiesbaden 1983 (Aufsatzsammlung, erste forschungsorientierte Bilanz zum Thema, u. a. mit Beiträgen von W. Abelshauser u. R. Laufer zur Wirtschaftspolitik und von H. Rothenberger zur Ernährungswirtschaft)

Schlange-Schöningen, H. Hg., Im Schatten des Hungers – Dokumentarisches zu Finanzpolitik u. Ernährungswirtschaft in den Jahren 1945-1949, Hamburg 1955 (offiziöse Darstellung der Verwaltung für Ernährung, Landwirtschaft u. Forsten)

Schmidt, E., Die verhinderte Neuordnung 1945-1954, Frankfurt 1973[3] (diskutiert die Rolle der Gewerkschaften u. der Sozialdemokratie)

Schwarz, H. P., Vom Reich zur Bundesrepublik Deutschland, Neuwied 1966/Stuttgart 1982[2] (Standardwerk zur politischen Geschichte)

Treue, W., Die Demontagepolitik der Westmächte nach dem Zweiten Weltkrieg, Göttingen 1967 (berücksichtigt vor allem die Verhältnisse in Niedersachsen)

Wallich, H., Triebkräfte des deutschen Wiederaufstiegs, Frankfurt 1955 (bemerkenswert nüchterne Darstellung eines amerikanischen Währungsexperten)

Wandel, E., Die Entstehung der Bank deutscher Länder u. die Währungsreform von 1948, Frankfurt 1980

Willis, F. R., The French in Germany 1945-1949, Stanford 1962

Winkler, H. A. Hg., Politische Weichenstellungen im Nachkriegsdeutschland 1945-1953, Göttingen 1979 (Aufsatzsammlung mit Schwerpunkt auf der Geschichte der Arbeiterbewegung u. der Sozialisierungsfrage)

Wirtschaftswissenschaftliches Institut der Gewerkschaften Hg., Deutschland in Zahlen 1950, Köln 1951 (Sammlung nicht-amtlicher Daten zur Wirtschaft der ›Vorwährungszeit‹)

3. Grundlinien der wirtschaftlichen Entwicklung der Bundesrepublik Deutschland

a) Übergreifende Darstellungen, Statistische Quellen

Arndt, H., Die Konzentration der westdeutschen Wirtschaft, Pfullingen 1966

Bartholomäi, R. u. a. Hg., Sozialpolitik nach 1945, Bonn 1977 (Aufsätze von Wissenschaftlern u. Praktikern)

v. Bethusy-Huc, V., Das Sozialleistungssystem der Bundesrepublik Deutschland, Tübingen 1965

Bogs, W. u. a., Soziale Sicherung in der Bundesrepublik Deutschland, Bericht der Sozialenquête-Kommission, Stuttgart 1966

Bundesminister für Arbeit u. Sozialordnung Hg., Wirtschaftlicher u. sozialer Wandel in der Bundesrepublik Deutschland. Gutachten der Kommission für wirtschaftlichen u. sozialen Wandel, Göttingen 1977

Deutsche Bundesbank Hg., Monatsberichte der Deutschen Bundesbank, Frankfurt, fortlaufend

Erhard, L., Wohlstand für alle, Düsseldorf 1957 (Erhards Darstellung des ›Wirtschaftswunders‹)

ders., Deutsche Wirtschaftspolitik. Der Weg der Sozialen Marktwirtschaft, Frankfurt 1962 (Sammlung von Reden)

Fürstenberg, F., Die Sozialstruktur der Bundesrepublik Deutschland, Opladen 1976[5]

Giersch, H., Kontroverse Fragen der Wirtschaftspolitik, München 1971 (Aufsatzsammlung)

Glastetter, W., Die wirtschaftliche Entwicklung der Bundesrepublik Deutschland im Zeitraum 1950 bis 1975, Berlin 1977

Hartwich, H.-H., Sozialstaatspostulat u. gesellschaftlicher Status quo, Köln 1970

Hüttenberger, P., Wirtschaftsordnung u. Interessenpolitik in der Kartellgesetzgebung der Bundesrepublik 1949-1957, in: VfZ 24, 1976, 287-307

Huffschmid, J., Die Politik des Kapitals. Konzentration u. Wirtschaftspolitik in der Bundesrepublik, Frankfurt 1969

Hunold, A. Hg., Wirtschaft ohne Wunder, Zürich 1953 (Aufsatzsammlung zur Ideologie der ›Sozialen Marktwirtschaft‹)

Jaeggi, U., Kapital u. Arbeit in der Bundesrepublik, Frankfurt 1973 (Studie zur sozialen Struktur der Bundesrepublik)

Jánossy, F. u. Holló, M., Das Ende der Wirtschaftswunder. Erscheinung u. Wesen der wirtschaftlichen Entwicklung, Frankfurt 1969 (theoretische Darstellung des Konzepts der Rekonstruktionsperiode)

Krug, W., Quantitative Beziehungen zwischen materiellem u. immateriellem Kapital, in: JNST 180, 1967

Lampert, H., Die Wirtschafts- u. Sozialordnung der Bundesrepublik Deutschland, München 1981[7]

Leptin, G., Die deutsche Wirtschaft nach 1945. Ein Ost-West-Vergleich, Opladen 1970

Löwenthal, R. u. Schwarz, H.-P. Hg., Die zweite Republik, Stuttgart 1974[2] (Aufsatzsammlung)

Maddison, A., Economic Growth in the West. Comparative Experience in Europe and North America, London 1964

Memorandum '81, Demokratische Wirtschaftspolitik gegen Marktmacht u. Sparmaßnahmen, Köln 1981 (sowie weitere Memoranden dieser Gruppe, fortlaufend)

Mötteli, C., Licht u. Schatten der sozialen Marktwirtschaft, Erlenbach 1961 (ideologiekritische Studie)

Müller-Armack, A., Genealogie der Sozialen Marktwirtschaft, Bern 1982[2] (Sammlung zeitgenössischer Aufsätze zum Problem des Wiederaufbaus)

Ortlieb, H.-D., Das Ende des Wirtschaftswunders, Wiesbaden 1962

Peter, H., Freiheit der Wirtschaft, Kritik des Neoliberalismus, Köln 1953 (Argumentation auf der Basis des freiheitlichen Sozialismus)

Rüstow, H.-J., Die Nachkriegsentwicklung der deutschen Wirtschaft, Ifo-Studien 18, 1972

Sachverständigenrat zur Begutachtung der gesamtwirtschaftlichen Entwicklung, Jahresgutachten 1964/65, fortlaufend

Shonfield, A., Geplanter Kapitalismus. Wirtschaftspolitik in Westeuropa u. USA, Köln 1968 (Versuch einer Typologisierung des ›realen‹ Kapitalismus in Westeuropa und Nordamerika)

United Nations, Economic Survey of Europe in 1961. Some Factors in Economic Growth in Europe during the 1950's, Genf 1964

Wulff, M., Die neoliberale Wirtschaftsordnung. Versuch einer dynamischen Analyse der Konzeption und der Realität, Tübingen 1976

b) Wachstum und Konjunktur

Baumgart, E. u. a., Die Finanzierung der industriellen Expansion in der Bundesrepublik Deutschland während der Jahre des Wiederaufbaus, Berlin 1966

Dupriez, L., 1945 bis 1971 als Aufschwungsphase eines Kondratieff-Zyklus? Ifo-Studien 18, 1973

Edding, F. Hg., Die Vertriebenen in Westdeutschland, 3 Bde., Kiel 1959

Glismann, H. u. a., Zur Natur der Wachstumsschwäche in der Bundesrepublik. Eine empirische Analyse langer Zyklen wirtschaftlicher Entwicklung, Kiel 1978

Hopp, R., Schwankungen des wirtschaftlichen Wachstums in Westdeutschland 1945-1967, Meisenheim 1969

Krengel, R., Anlagevermögen, Produktion u. Beschäftigung der Industrie im Gebiet der Bundesrepublik 1924-1956, Berlin 1958

Mandel, E., Die deutsche Wirtschaftskrise. Lehren der Rezession 1966/67, Frankfurt 1971[6]

Ott, A. E., Wachstumszyklen. Über die neue Form der Konjunkturschwankungen, Berlin 1973

Petzina, D., Krisen gestern u. heute – die Rezession von 1974/75 u. die Erfahrungen aus der Weltwirtschaftskrise, Dortmund 1977

ders. u. van Roon, G. Hg., Konjunktur, Krise, Gesellschaft. Wirtschaftliche Wechsellagen u. soziale Entwicklung im 19. u. 20. Jahrhundert, Stuttgart 1981 (Aufsatzsammlung zur neueren Diskussion)

Reuss, F. G., Fiscal Policy for Growth Without Inflation. The German Experiment, Baltimore 1963 (untersucht die Rolle des Staates bei der Kapitalbildung in den fünfziger Jahren)

Roskamp, K. W., Capital Formation in West Germany, Detroit 1964

Schiller, K., Preisstabilität durch globale Steuerung der Marktwirtschaft, Tübingen 1966 (Reden)

Schröder, W. u. Spree, R., Historische Konjunkturforschung, Stuttgart 1981 (Aufsatzsammlung mit Beiträgen zur Konjunkturgeschichte der Bundesrepublik)

Schumpeter, J. A., Konjunkturzyklen. Eine theoretische, historische u. statistische Analyse des kapitalistischen Prozesses, 2 Bde., Göttingen 1961 (klassische wirtschaftshistorische Begründung der ›Lange Wellen‹-These)

Vogt, W., Die Wachstumszyklen der westdeutschen Wirtschaft 1950-1965 u. ihre theoretische Erklärung, Tübingen 1968

Wagner, A., Die Wachstumszyklen in der Bundesrepublik Deutschland, Tübingen 1972

Weinstock, U., Das Problem der Kondratieff-Zyklen, Berlin 1964

c) Produktionsstruktur

Bell, D., Die nachindustrielle Gesellschaft, Frankfurt 1975 (soziologische Studie zur Zukunft der Industriegesellschaft)

Fourastié, J., Die große Hoffnung des 20. Jahrhunderts, Köln 1954 (Standardwerk zur Rolle des Tertiären Sektors)

König, H. Hg., Wandlungen der Wirtschaftsstruktur in der Bundesrepublik Deutschland, Berlin 1962

Oppenländer, K. H., Sind wir auf dem Weg in die Dienstleistungsgesellschaft? Ifo-Studien 27, 1981, 263-75

Schatz, K.-W., Wachstum u. Strukturwandel der westdeutschen Wirtschaft im internationalen Verbund, Tübingen 1974

Schwanse, P., Beschäftigungsstruktur u. Wirtschaftswachstum in der Bundesrepublik Deutschland 1950-1963, Berlin 1963

d) Einkommens- und Vermögensverteilung

Bretschneider, J. u. a., Handbuch einkommens-, vermögens- u. sozialpolitischer Daten, Köln 1982 (Loseblattsammlung schwer erreichbarer Daten zum Thema)

Bundesminister für Arbeit u. Sozialordnung Hg., Einkommens- u. Vermögensverteilung 1977, Bonn 1977 (Auswahl aus der amtlichen u. verbandlichen Statistik)

de la Chevallerie, O., Die Verteilung des Vermögenszuwachses in der Bundesrepublik Deutschland, Berlin 1968

Hardes, H.-D., Einkommenspolitik in der BRD. Stabilität und Gruppeninteressen: Der Fall Konzertierte Aktion, Frankfurt 1974

Krelle, W. u. a., Überbetriebliche Ertragsbeteiligung der Arbeitnehmer. Mit einer Untersuchung der Vermögensstruktur der Bundesrepublik Deutschland, 2 Bde., Tübingen 1968 (der zweite Band enthält die ersten fundierten Schätzungen der Verteilung des Produktivvermögens)

dies., Vermögensverteilung u. Vermögenspolitik in der Bundesrepublik Deutschland. Ein Überblick, in: ZfGS 129, 1973

Mierheim, H. u. Wicke, L., Die personelle Vermögensverteilung in der Bundesrepublik Deutschland, Tübingen 1978 (neueste Schätzungen zur Vermögensverteilung)

Petzina, D., Gesellschaft in der Bundesrepublik Deutschland – Aspekte sozialen Wandels seit dem Zweiten Weltkrieg, in: H. Ueberhorst Hg., Geschichte der Leibesübung, Bd. 3/2, Berlin 1982, 743-58 (Überblicksdarstellung)

Skiba, R. u. Adam, H., Das westdeutsche Lohnniveau zwischen den beiden Weltkriegen u. nach der Währungsreform, Düsseldorf 1970

Wehler, H.-U. Hg., Klassen in der europäischen Sozialgeschichte, Göttingen 1979 (Aufsatzsammlung, u. a. mit einem Beitrag von M. R. Lepsius zur sozialen Schichtung der Bundesrepublik)

Willgerodt, H. u. a., Vermögen für alle, Düsseldorf 1971

e) Außenwirtschaft

Balabkins, N., West German Reparation to Israel, New Brunswick 1971

Deppe, F. Hg., Europäische Wirtschaftsgemeinschaft (EWG). Zur politischen Ökonomie der westeuropäischen Integration, Hamburg 1975 (Aufsatzsammlung)

Deutsche Bundesbank Hg., Internationale Organisationen und Abkommen im Bereich von Währung und Wirtschaft, Frankfurt 1978

Erhard, L., Deutschlands Rückkehr zum Weltmarkt, Düsseldorf 1954² (offiziöse Darstellung)

Glastetter, W., Die Stellung der Bundesrepublik Deutschland in der Weltwirtschaft, WSI-Studien 25, Köln 1973

Hahn, C. H., Der Schuman-Plan, München 1953

Hardach, G., Deutschland in der Weltwirtschaft 1870-1970. Eine Einführung in die Sozial- u. Wirtschaftsgeschichte, Frankfurt 1977

Hunold, A. Hg., Die Konvertibilität der europäischen Währungen, Zürich 1954 (Aufsatzsammlung mit Beiträgen aus sieben europäischen Ländern)

Krengel, R., Die Bedeutung des Ost-West-Handels für die Ost-West-Beziehungen, Göttingen 1967

Kretzschmar, W. W., Auslandshilfe als Mittel der Außenwirtschafts- u. Außenpolitik, München 1964

Lambrecht, H., Die Entwicklung des Interzonenhandels von seinen Anfängen bis zur Gegenwart, Berlin 1965

OEEC, Sixth Report of the OEEC, From Recovery to Economic Strength, I, Paris 1955

Richter, R. u. Stolper, W. Hg., Economic Reconstruction in Europe: The Reintegration of Western Germany (= ZfGS 137, 1981, H. 3) (Themenband zum Problem des deutschen Wiederaufbaus)

Neue Historische Bibliothek in der edition suhrkamp

Herausgegeben von Hans-Ulrich Wehler

Die ersten 6 Bände:

Werner Abelshauser, Wirtschaftsgeschichte der Bundesrepublik Deutschland

Dirk Blasius, Geschichte der politischen Kriminalität in Deutschland 1800–1980

Volker Hentschel, Geschichte der deutschen Sozialpolitik 1880–1980

Kurt Kluxen, Geschichte und Problematik des Parlamentarismus

Detlef Lehnert, Sozialdemokratie zwischen Protestbewegung und Regierungspartei 1848–1983

Wolfgang Wippermann, Europäischer Faschismus im Vergleich 1922–1982

Im Oktober 1983 erscheinen:

Peter Alter, Nationalismus

Michael Geyer, Deutsche Rüstungspolitik 1860–1980

Peter Marschalck, Bevölkerungsgeschichte Deutschlands im 19. und 20. Jahrhundert

Hans-Ulrich Wehler, Grundzüge der amerikanischen Außenpolitik 1750–1900

Die weiteren Titel der Neuen Historischen Bibliothek:

Klaus Bade, Europäischer Imperialismus

Helmut Berding, Antisemitismus 1870–1980

Volker R. Berghahn, Unternehmer und Politik in der Bundesrepublik 1949–1979

Gisela Bock, Internationale Frauenbewegung

Manfred Botzenhart, Deutschland 1789–1848

Rückgabe spätestens am		
SS 87		
2 2. Sep. 1988		
2 0. Feb. 1989		
1 7. 12. 92		